생활과 세금

생활과 세금

이영환 · 김혜진 · 구자관 지음

율곡출판사

들어가는 글

아이비리그Ivy League는 미국 북동부에 있는 8개 명문대학을 뜻하는 것으로 처음에는 이들이 결성한 스포츠 리그를 부르는 말이었습니다. 학교 담에 담쟁이덩굴Ivy이 많아 1933년 뉴욕 트리뷴New York Tribune지에서 Ivy League란 단어를 사용한 것에서 유래하여 지금까지 학문적 우수성 등으로 인해 '꿈의 대학'으로 불리고 있습니다.

동양에는 공자가 은행나무 아래서 강학을 했다는 것에서 유래된 행단杏壇이 있습니다. 행단은 흔히 선비들이 학문을 정진하는 곳을 뜻하고, 이런 연유에서 서원이나 향교 등에 큰 은행나무들이 많이 있습니다. 캠퍼스에 은행나무가 많기로 유명한 곳은 일본의 도쿄대학과 와세다대학입니다. 두 대학은 일본을 상징하는 대표적인 명문대학입니다. 다른 대학들도 캠퍼스에 은행나무를 심고 싶지만, 그놈의 고약한 냄새가 발목을 잡고 있습니다.

은행 열매가 열리는 가을철 두 대학도쿄대와 와세다대 풍경은 어떨까요? 정반대입니다. 도쿄대학은 청소부가 몇 명 되지 않는데도 캠퍼스에는 고약한 냄새를 맡을 수가 없습니다. 반면, 와세다대학은 많은 청소부들이 매일 청소를 하는데도 캠퍼스에 고약한 냄새가 끊이지 않습니다.

이유가 무엇일까요? 은행나무는 암나무와 숫나무가 별도로 정해져 있는 자웅이주雌雄異株 ; 암수딴그루입니다. 숫나무는 꽃만 피우고, 암나무는 열매를 맺게 됩니다. 그렇습니다. 도쿄대학은 학문의 상징인 은행나무를 캠퍼스에 심을 때 처음부터 숫나무만 골라서 심었고, 와세다대학은 생각 없이 그저 은행나무만 심었던 것입니다.

옛날 어느 깊은 산골에 할머니 한 분이 두 무덤 앞에서 대성통곡을 하고 있었습니다. 하나의 무덤은 만든 지 며칠이 되지 않아 보였습니다. 지나가던 나그네가 도대체 무슨 영문인지를 물어보았습니다. 할머니 말씀이 "몇 년 전에 호랑이에게 할아버지를 잃었고, 며칠 전에 하나밖에 없는 외동아들을 호랑이에게 잃었다"는 것이었습니다.

그 말을 들은 나그네가 이곳 산속에는 호랑이들이 많으니 산 밑의 마을로 내려가는 것이 좋을 것 같다고 권하였습니다. 그러자 할머니는 "아이구! 모르는 소리 하지 마세요. 이곳에서는 호랑이만 피하면 되지만 마을에는 호랑이보다 더 무서운 세리稅吏 ; 세무공무원가 있기 때문에 마을로 내려갈 수 없습니다"라고 말하였습니다.

『생활과 세금』은 도쿄대학이 캠퍼스에 은행나무를 심는 것처럼 처음부터 제대로 생활 속에서 꼭 필요한 세금에 대한 상식들을 취사선택하여 알기 쉽게 표현하도록 노력하였습니다. 또한 호랑이보다 더 무서운 세금을 일목요연하게 정리함으로써 세금을 제대로 이해할 수 있도록 노력하였습니다.

아무쪼록 이 작은 책자가 사업자나 일반 국민들을 포함하여 세금을 처음 접하는 학생들이 일상생활 속에서 접하게 되는 다양한 세금들을 쉽게 이해하는 데 도움이 될 수 있기를 기대하는 바입니다. 끝으로 어려운 여건에도 불구하고 본서의 출판을 위해 물심양면으로 도와주신 율곡출판사 여러분들께 진심으로 감사를 드립니다.

2023년 3월

저 자 일동

차 례

제3장 개인의 소득과 소득세의 신고

제4장 금융소득과 금융소득 종합과세

제5장 기타소득과 연금소득

제6장 근로소득과 연말정산

제7장 사업소득과 종합소득세 신고

제8장 사업의 시작과 종료

제9장 종업원의 고용과 사업자의 의무

제10장 부가가치세

제11장 부동산의 취득과 취득세

제12장 부동산의 보유와 보유세

제13장 부동산의 양도와 양도세

제14장 재산을 증여받으면 어떤 세금을 내야 하는가?

제15장 재산을 상속받으면 어떤 세금을 내야 하는가?

제16장 "국세기본법"과 "지방세기본법"상 조세란?

제17장 "국세기본법"과 "지방세기본법"상 조세의 규범체계

제18장 기타 세금

생활 속의 세금(5W1H)

1. 세금이란 무엇인가? / 2. Who! 누가 세금을 내는가? / 3. Why! 왜 세금을 내는가?
4. What! 세금에는 어떤 종류가 있는가? / 5. When! Where! How! 언제, 어디에, 얼마나 세금을 내는가?
6. 궁금한 것은 어디에, 어떻게 물어볼 수 있는가?

1

1 세금이란 무엇인가?

몽테스키외의 『법의 정신The spirit of law』에는 "세금이란 자유의 대가로 우리가 국가에 지급하는 것이다"라고 되어 있다. 세금은 정부가 국가지방자치단체 포함의 살림살이를 위하여 필요한 재원을 구성원의 소득이나 소비행위 또는 재산부동산 등 보유 등 담세[부담]능력에 따라 구성원에게 부담시키는 것이다. 다시 말해 세금은 국가지방자치단체 포함의 살림살이에 필요한 재원을 조달할 목적으로 세법에 정한 과세요건을 충족하는 국민에게 개별적인 반대급부 없이 징수하는 금품을 말한다. 독일은 1919년 제정한 Reich "조세기본법" 제1조 제1항에서 세금을 다음과 같이 정의하고 있다. "세금은 특별급부에 대한 반대급부가 아니고, 법률이 정하는 요건을 충족하는 자 모두에 대하여 공권력단체가 수입을 얻기 위해 부과·징수하는 1회적 또는 계속적 금전급부를 말한다. 이러한 이유로 관세는 세금에 포함되지만, 수수료 및 부담금은 세금에 포함되지 않는다." 따라서 세금의 기본적 특성은 공익성이 있고, 대가성이 없으며, 강제성을 가지고 있다는 것이다. 이를 좀 더 구체적으로 살펴보면 다음과 같다.

〈세금의 특성〉

- 세금은 국가나 지방자치단체가 부과한다. 따라서 국가가 아닌 단체가 부과하는 요금은 세금이 아니다.
- 세금은 국가의 살림살이에 필요한 재원을 조달할 목적으로 징수한다.
- 세금은 법률에 정해진 과세요건을 충족하는 경우에만 부과할 수 있다. 따라서 누가, 무엇 때문에, 얼마만큼의 세금을 내야 하는지는 법률에 따라 정해지는데, 이를 '조세법률주의'라고 부른다.
- 세금은 직접적인 반대급부 없이 징수한다. 일반적인 거래는 당사자 간에 무엇

인가 주고받는 것이 있다. 그러나 세금은 그 대가로 국가로부터 직접적으로 받는 것이 없다. 국가로부터 국방, 치안, 교육 등의 간접적인 공공서비스[용역]를 제공받기는 하지만, 자신이 세금을 낸 만큼 비례적으로 받는 것은 아니다.

- 세금은 금전[돈]으로 납부하는 것이 원칙이다. 그러나 때에 따라서는 물납[토지나 주식]도 가능하다.

Tips 알송달송 세금 이야기

전기세 및 수도세도 세금인가?

세금은 국가나 지방자치단체가 공공에 사용되는 경비를 조달할 목적으로 개별적인 반대급부 없이 국민으로부터 강제적으로 징수하는 것을 말한다. 그런데 주위를 보면 전기나 수돗물을 사용하고 내는 대가를 흔히 전기세, 수도세라고 부르는 경우가 많은데, 이는 엄밀히 말하면 세금이 아니고 요금에 해당한다. 요금이란 개인적인 필요에 따라 특정한 재화나 용역을 사용하고 내는 대가를 말한다. 따라서 우리가 일상적으로 말하는 전기세나 수도세는 정확하게는 전기요금, 수도요금으로 부르는 것이 올바른 표현이다.

Add-on 4대 보험도 세금에 해당이 되는가?

4대 보험은 국민연금, 건강보험, 고용보험, 산업재해보상보험을 말한다. 4대 보험을 흔히 사회보장보험이라고 한다. 말 그대로 사회보장을 위해서 근로자와 사용주에게 급여 지급 시에 미리 받아놓는 보험료 등을 말한다. 이러한 4대 보험은 엄밀히 말하면 세금은 아니지만, 준조세[세금에 준하는]의 성격을 가지고 있다고 한다. 왜냐하면 당연히 내야 하는 의무보험이기 때문에 그렇다.

2 Who! 누가 세금을 내는가?

'누가 세금을 내는가?'라는 질문은 '누가 납세의 의무를 부담하는가?'라는 질문과 같은 말이다. "헌법" 제38조에는 "모든 국민은 법률이 정하는 바에 의하여 납세의 의무를 진다"라고 명시되어 있다. 따라서 '누가 납세의 의무를 부담하는가?'에 대한 대답은 '모든 국민'이 부담한다가 정답이다.

여기서 말하는 국민은 '자연인'뿐만 아니라 '법인'도 포함한다. 자연인은 생물학적으로 인간으로 태어난 사람을 말하며, 법인은 경제적 활동을 할 수 있는 자격을 국가로부터 인정받은 단체를 의미한다. 또한 납세의무에 대응하는 국가의 과세권은 통치행위의 일부이므로 외국인도 국내에 재산을 가지고 있거나, 과세대상이 되는 행위를 하는 경우에는 납세의무를 부담하게 된다. 그러나 예외적으로 외국인으로서 치외법권[외국 원수, 외교 사절 등이 체재하고 있는 국가의 국내법을 적용받지 않고 본국법의 적용을 받는 권리]을 누리는 자나 조약[국제법의 주체, 즉 국가 간의 문서에 의한 명시적 합의]에 따라 납세의무가 면제되는 자는 제외한다.

그러나 세금과 관련해서 '자연인'과 '법인'은 납세의 의무만 지는 것이 아니다. 국민은 납세의 의무를 부담함과 동시에 납세자로서의 권리도 가지게 된다. 납세자의 권리는 국가가 사회적인 합의 없이 자의적으로 과세할 때 이에 대항하여 자신들의 재산을 보호할 수 있는 권리이다. 따라서 국민의 재산권을 보호하기 위해서는 법률에 따른 과세, 공정하고 평등한 과세가 이루어져야 한다.

그렇다면 우리가 세금을 내지 않고도 삶을 영위할 수 있는 방법은 없을까? 애석하게도 그러한 방법은 없다. 태어나면 반드시 죽는 것처럼 세금도 우리가 태어난 이상 피할 수 있는 방법은 없다. 오히려 죽음보다 평생 수없이 반복되는 세금 문제가 더 크게 다가오는 것이 우리의 삶이 아닐까 싶다.

세금 에세이

세상을 살아가는 데는 반드시 필요한 '금'이 4가지 있다

첫째, 소금

인간은 모든 에너지를 음식을 통해서 섭취한다. 음식의 맛을 내기 위해서는 소금이 반드시 필요하다. 소금 없이 음식을 만드는 것이 어렵고, 음식 없이 인간은 살아남을 수 없기 때문에 소금은 반드시 필요하다.

둘째, 황금[돈]

인간은 재화를 모으고, 재화의 소비를 통해 만족감[효용]을 누리게 된다. 황금[돈]은 재화를 얻는 데 필요한 수단이다. 황금[돈] 없이는 우리가 가지고 싶은 재화를 가질 수 없다. 따라서 황금[돈]은 삶을 영위하는 데 반드시 필요하다.

셋째, 지금[시간]

모든 인간에게 지금[시간]은 공평하게 주어진다. 지금[시간]은 모두에게 공평하게 주어지지만, 사용은 사용하는 사람마다 다르다. 지금[시간]에 대한 사용의 다름은 우리들의 능력에 대한 차이를 가져오게 된다. 시간 중에서 지금이라는 시간은 가장 소중한 시간이다. 지금 만나는 사람이 가장 소중한 사람임을 많이들 이야기하곤 한다. 우리에게 주어진 하루 86,400초라는 시간을 우리가 어떻게 사용하느냐에 따라 우리의 인생이 달라진다.

넷째, 세금

인간은 태어나서 죽을 때까지 세금과 같이 살아갈 수밖에 없다. 세금 없이는 국민의 기본적인 존엄성이 보장될 수 없다. 근대 이전 신분사회의 노비는 납세의 의무도, 국방의 의무도 없었다. 사람이 권리의 주체가 된다는 원칙은 오랜 역사의 전통이 있었고, 이 권리의 주체는 자유인이라는 의미이면서 동시에 납세주체가 될 수 있음을 뜻한다. 지대국가에서 벗어난 조세는 자유인의 자발적 부담이다. 따라서 어떤 의미에서 자유의 대가라고 할 수 있다. 따라서 반드시 세금은 우리의 생활과 불가분의 관계를 맺고 있다.

3 Why! 왜 세금을 내는가?

우리는 국민의 한 사람으로서 어떤 형태로든 국가나 지방자치단체에 세금을 내고 있다. 이처럼 국가가 과세할 수 있는 것은 그럴 만한 필요가 있고, 그러한 필요에 대해 국민이 동의하고 있기 때문이다. 왜 세금을 부담해야 하는지는 우리가 납부한 세금이 어떤 일에 사용되는지에 대한 해답과 함께 생각해 볼 수 있다.

국가나 지방자치단체는 세금을 거두어 어디에 사용하는가? 전통적으로 가장 중요한 국가의 역할은 국방이다. 그러나 현대사회에서 국가나 지방자치단체의 역할은 국방 이외에도 국민의 생활과 복지의 영역으로 확대되고 있다. 이러한 국가나 지방자치단체의 역할 확대는 결국 국가나 지방자치단체가 필요로 하는 자원[재원]이 많아짐을 의미한다. 세금의 징수는 국가나 지방자치단체의 살림에 필요한 재원을 조달하는 가장 대표적인 방법이다. 즉, 국민은 다양한 경제활동에 참여하여 이익을 얻고, 국가로부터 재산과 생명을 보호받고 있다. 국민이 낸 세금은 개인이나 기업의 힘만으로는 해결할 수 없는 국방, 치안, 교육, 복지 등과 같은 공공사업을 위해 다양하게 사용되고 있다. 우리가 내는 세금은 주로 다음과 같은 곳에 사용되고 있다.

- **국방비** : 외부의 침략으로부터 국가를 안전하게 지키기 위해 군대를 유지하고, 군사장비 및 시설 등을 마련하는 데 사용한다.
- **교육비** : 초등학교 · 중학교 등의 의무교육과 각급 학교의 교육시설, 학술 · 예술기관의 연구활동 등을 지원하는 데 사용한다.
- **경제개발비** : 농림수산업 · 광공업이나 전력 · 교통 · 통신 등과 같은 사회간접자본 건설에 사용한다.

■ **사회개발비** : 주택, 보건, 문화, 인력개발, 사회복지 등과 같이 국민의 복지증진에 사용한다.

■ **일반행정비** : 공무원의 급여와 정부기관의 운영에 사용한다.

■ **지방재정교부금** : 국가가 지방자치단체의 행정 운영에 필요한 재정을 지원하기 위해 지급하는 교부금이다. 보통교부금과 특별교부금으로 나눠진다.

■ **예비비** : 예측할 수 없는 예산 외의 지출이 발생하거나 세출예산보다 필요경비가 많아질 경우에 대비해 용도를 결정하지 않고 미리 예산에 계상해 두는 지출 항목이다.

국민이 세금을 내는 이유가 국가의 세금 징수 때문이라면 세금 징수의 정당성은 "헌법"에서 찾아볼 수 있다. "헌법" 제38조는 '국민의 납세의무'를 규정하고 있고, "헌법" 제59조에는 '조세의 종목과 세율'은 법률로 정한다고 규정하고 있다. 이것의 의미는 세금을 납부하는 것이 '국민의 의무'이고, 그러한 세금은 국민의 대표기관인 국회에서 '법률'로 정한다는 의미이다. 납세의 의무는 국민의 5대 의무국방 · 근로 · 교육 · 납세 · 환경보전의 의무 중 하나이다.

우리나라에서는 행정부[삼권분립, 입법부, 행정부, 사법부]가 다음 해의 예산안을 편성하고, 매년 12월 2일까지 입법부[국회]가 행정부의 예산안을 심의·의결한다. 이러한 예산은 앞서 언급한 바와 같이 국가의 여러 사업에 사용되는데 국민의 세금으로 충당하는 것이 가장 보편적인 방법이고, 국채를 발행하는 등의 다른 방법도 있다.

Tips 관련 법률

"헌법" 제38조 모든 국민은 법률이 정하는 바에 의하여 납세의 의무를 진다.

"헌법" 제59조 조세의 종목과 세율은 법률로 정한다.

세금 에세이

요람에서 무덤까지 세금을 내야 한다?

요람에서 무덤까지 우리는 알게 모르게 세금을 내고 있다. 지하철을 탈 때도, 주유소에서 기름을 넣을 때도, 인터넷에서 원하는 물건을 구입할 때도, 자동차를 살 때도, 편의점에서 음료수를 구입할 때도, 친구들과 어울려 시원한 맥주 한 잔을 할 때도 세금을 내고 있다.

개인이 사업을 하고 있다면 벌어들인 소득에 대해서 종합소득세, 은행에 저금하여 이자를 받는 경우에도 이자소득세, 주식에 투자할 때도 증권거래세, 자동차나 부동산을 취득할 때도 취득세를 부담해야 한다. 또한 자동차나 부동산을 보유할 때도 재산세, 종합부동산세, 자동차세를 부담해야 한다. 반대로 가지고 있는 재산을 처분할 때는 어떠한가? 재산을 처분할 때도 이득이 있는 경우 양도소득세를 부담해야 한다. 가지고 있는 재산[돈]을 자식이나 부모에게 무상으로 이전하는 경우 증여세를 부담해야 하며, 가지고 있는 재산을 다 사용하지 못하고 사망하는 경우, 그 재산을 물려받는 후손은 상속세를 부담해야 한다.

우리가 부담해야 할 세금은 그 종류가 생각보다 많다. 많은 종류의 세금에 대한 절세 포인트를 알기만 해도 요즈음 유행하는 훌륭한 재테크가 된다. 따라서 무심히 지나치기보다는 이번 기회에 우리가 부담하고 있는 세금에 대해 조목조목 따져볼 필요가 있다. 절세 포인트를 잘 아는[세테크] 사람을 흔히 '절세미인節稅美人'이라고 부른다.

4 What! 세금에는 어떤 종류가 있는가?

우리는 어떤 형태로 세금을 내고 있을까? 이 질문에 대해서는 세금의 종류를 살펴보는 것에서 그 해답을 구할 수 있다. 사람들은 평생 돈을 벌거나 쓰면서 생활한다. 벌이가 쓰임새보다 크다면 남은 돈은 재산으로 보유한다. 세금은 이 모든 과정과 관련이 있다. 세금은 돈을 버는 과정에서도 부담하고, 돈을 쓰는 과정에서도 부담하며, 돈[재산]을 보유하는 과정에서도 부담한다. 자신이 번 소득에 대해 세금을 부담한다는 것은 상식적으로 이해할 수 있다. 그러나 소비를 하거나 소비를 위해 거래를 하는 과정 그리고 가지고 있는 돈[재산]에 대해서도 세금을 부담한다. 소비를 하거나 돈[재산]을 보유하는 것은 그만큼 세금을 부담할 능력[담세력]이 있다고 판단하기 때문이다.

Add-on 담세력이란 무엇인가?

담세력擔稅力이란 세금을 부담하는 능력을 말한다. 만약 담세력을 정확하게 측정할 수 있다면 부자는 보다 많은 세금을 부담하고, 가난한 사람은 보다 적은 세금을 부담하도록 하는 보다 공평한 과세가 가능할 수 있게 된다.

우리가 매달 받는 월급으로 가계를 꾸려나가는 과정을 생각해보자. 월급이란 돈을 버는 일이므로 월급날 받는 금액은 세금을 제외하고 남은 금액이다. 그러나 받은 월급을 쓰는 과정에서 또 다른 형태의 세금을 부담한다. 가족을 위해 의류를 구입하면 의류의 가격에는 부가가치세가 포함되어 있다. 핸드폰을 사용할 때도 핸드폰 요금에 부가가치세가 포함되어 있다. 술값이나 담뱃값에도 주세, 담배소비세, 부가가치세, 교육세 등의 세금이 포함되어 있다. 자동차에 기름을 넣을 때도 교통·에너지·환경세, 부가가치세 등이 포함되어 있다. 이렇게 소비자가 직접 세금을 납부하는 것은 아니지만, 상품의 구입가격에 세금이 포함되어 있으므로 눈에 보이지 않게 세금을 부담하고 있다. 이처럼 우리가 무언가를 소비할 때에도 세금을 내고 있다.

그렇다면 돈을 버는 행위[소득행위]나 돈을 쓰는 행위[소비행위]를 하지 않고, 돈[재산]을 보유하고만 있는데도 세금을 부담해야 할까? 해야 한다. 만약 부동산을 보유하고 있으면 재산세나 종합부동산세를 부담한다. 그 외에도 부동산을 취득하는 과정에서 내는 취득세도 있다. 보유하고 있는 재산을 배우자나 자녀에게 물려줄 때도 증여세나 상속세를 부담한다.

일생을 살면서 소득 활동이나 소비 활동을 하지 않고는 살 수가 없다. 세금으로부터 자유로워질 수 없다는 뜻이다. 그렇다면 어떻게 하는 것이 현명한 선택일까? 풍요롭고 건강한 삶을 위해 열심히 경제활동에 참가하고, 정당한 세금을 부담하는 것이 올바른 방법이다. 따라서 복잡하고 골치 아프다고 세금을 회피하지 말고, 적극적으로 세금에 관심을 가질 필요가 있다. 따라서 우리가 내는 세금에는 어떤 종류들이 있고, 그러한 세금을 제대로 부담하고 있는지에 대해 관심을 가질 필요가 있다. 그러한 관심이 우리의 경제생활을 보다 윤택하게 만들어 줄 수 있다.

세금 에세이

돈을 버는 과정에서 내는 세금에는 어떤 것들이 있는가?

한때 세계 최고의 수영선수였던 박태환의 삶 속에서 찾아보자. 유명한 수영선수였던 박태환은 대학을 졸업하고 회사에 입사하게 된다. 매월 받는 급여 중 일부는 저축하고, 일부는 주식투자도 한다. 영업실적이 좋아 회사에서 포상금도 받았고, 독특한 영업 방법에 대해 강의를 하고 강의료를 받기도 한다. 노후를 위해 연금에도 가입한다. 어느덧 50대 중반의 나이가 되자 명예퇴직을 권고받게 되었고, 개인사업을 새롭게 시작한다. 시작한 사업은 성공적이었고 매월 월세를 받는 상가도 한 채 구입하게 된다. 세월이 흘러 자녀들을 결혼시킨 후 보유하고 있던 상가를 처분하여 최소 자금만 남기고 나머지는 사회에 전부 환원한다. 이상의 사례에서 박태환은 어떤 세금을 부담하게 될까?

- **근로소득세** : 회사에서 받는 급여인 근로소득에 대한 세금
- **이자소득세** : 은행에서 받은 이자소득에 대한 세금
- **배당소득세** : 주식투자한 회사에서 받은 배당소득에 대한 세금

- **기타소득세** : 회사에서 받는 상금 및 강의료인 기타소득에 대한 세금
- **퇴직소득세** : 명예퇴직하면서 받은 퇴직소득에 대한 세금
- **연금소득세** : 가입된 연금을 받은 연금소득에 대한 세금
- **사업소득세** : 개인사업에서 벌어들인 소득에 대한 세금
- **부동산임대소득세** : 부동산임대소득에 대한 세금
- **양도소득세** : 상가를 처분하는 과정에서 얻은 양도차익에 대한 세금

이처럼 경제활동을 하면서 벌어들인 소득 또는 이익에 대해서는 어떤 형태로든 세금을 부담하게 된다. 이 중에서 소득을 벌어들이는 시간이 비교적 장기간이 소유되는 퇴직소득세와 양도소득세는 다른 소득들과 합산하여 과세하지 않고, 분리하여 과세[분류과세] 한다.

4.1 국세

국세는 크게 내국세와 관세로 나눠진다.

내국세는 우리나라의 영토 안에 있는 과세물건에 대하여 부과하는 세금으로 징수는 국세청이 담당한다. 관세는 외국으로부터 국경을 통과하여 들어오는 상품 등에 대하여 부과하는 세금으로 징수는 관세청이 담당하고 있다.

또한 세금은 징수하는 목적에 따라 보통세와 목적세로 구분된다. 보통세는 국방, 치안, 도로건설 등 일반적인 나라 살림에 필요한 경비를 조달하기 위하여 부과하는 세금이고, 목적세는 교육 여건이나 농어촌 발전 및 교통시설 확충 등의 특수한 목적에 쓰이는 경비를 조달하기 위하여 부과하는 세금이다.

4.2 지방세

지방세는 "지방세법"에 의거해 지방자치단체가 재정수입을 충당하기 위해 그의 구성원으로부터 특정한 보상 없이 강제적으로 부과·징수하는 세금을 말한다. 지방세는 세금을 부과·징수하는 주체에 따라 도세[특별시세 및 광역시세], 시·군세[구세]로 분류되며, 보통세와 목적세로 분류되기도 한다.

세금 에세이

세금의 종류에 대한 대화

"태환 아빠 연봉이 3,500만 원이니까 지금보다 소득세를 최소 약 20만 원 이상 더 내야 돼요." 초등학교 2학년인 태환이는 며칠 전 식탁에서 엄마가 아빠에게 하는 말씀을 들었다. 이번에 발표된 세제개편에 따라 세금을 더 내야 한다는 것이다. 엄마는 "애들이 커가면서 학원비가 더 들 뿐만 아니라 공과금도 많이 올랐는데 세금마저 늘어나니 살림살이가 더 힘들어질 것 같아요"라며 걱정했다. 아빠는 "복지재원 마련을 위해서 취해지는 정책이니만큼 잘 협조해야지 않겠어요"라고 답했다. 초등학교 2학년인 태환이는 아직 두 분의 말씀을 정확히 이해하지는 못해도 세금을 거둬서 나랏일에 사용한다는 점을 알게 되었다.

태환이는 아빠에게 세금의 종류가 궁금하다고 여쭤보았 다. 아빠는 성의껏 알려줬다. "초등학생인 태환이가 아직 잘 이해 안 되는 것처럼 아빠도 세금의 종류가 너무 많아 잘 모르지만 아는 데까지 알려줄게. 우선 세금은 크게 중앙정부에서 거두는 국세와 시·군·구 등 지방자치단체지자체에서 거두는 지방세로 나눌 수 있어. 국세는 내국세와 관세로 나눌 수 있지. 내국세는 무려 14가지 종류가 있단다.[1] 소득이 있는 사람에게 세금을 내게 하는 소득세와 아빠가 다니는 회사에서 내는 법인세가 있고, 재산을 자식이나 남에게 물려줄 때 내는 상속세와 증여세도 있지. 또한 부가가치세, 개별소비세, 주세, 인지세, 증권거래세도 있단다. 그 외에도 특별한 목적에 사용하는 교통·에너지·환경세, 농어촌특별세, 종합부동산세, 교육세도 있어. 내국세 말고 관세도 국세 중의 하나란다. 지방세는 시·군에 내는 세금과 도에 내는 세금으로 나뉘는데, 경주시나 구미시 등 시·군에 내는 자동차세, 재산세, 지방소득세, 주민세, 담배소비세가 있고, 도에 납부하는 등록면허세, 취득세, 지방소비세, 레저세, 지방교육세, 지역자원시설세 등도 있어." 태환이는 세금의 종류가 이렇게 많다는 것을 듣고 많이 놀랐다.

1) 정확히는 내국세는 13개 세목이고, 관세를 포함한 국세가 14개 세목이다.

4.3 세금은 어떻게 분류되는가?

앞서 살펴본 여러 가지 세금은 각 세금의 부과 주체, 과세대상, 과세방법 및 세금의 성격 등 여러 가지 요소에 따라 다음과 같이 분류하기도 한다.

■ 국세와 지방세

국세는 중앙정부의 행정관서인 국세청과 관세청에서 부과·징수하며, 국방, 치안, 교육 등과 같은 국민 전체의 이익을 위해 사용된다. 지방세는 지방자치단체인 특별시와 광역시 및 도와 시·군·구의 행정기관에서 부과·징수하며, 상·하수도 및 소방 등과 같은 지역주민의 이익과 지역발전을 위해 사용된다.

Tips 세무서와 세관

세무서는 국세청 산하기관으로서 국세 중 소득세, 부가가치세, 상속·증여세 등의 내국세를 부과·징수한다. 2023년 현재 133개의 세무서가 있다. 세관은 관세청 산하기관으로서 국세 중 관세를 부과·징수한다. 2023년 현재 34개의 세관이 있다.

■ 내국세와 관세

세금이 부과되는 장소에 따라 내국세와 관세로 구분된다. 국내에서 과세되는 조세를 내국세라고 하며, 재화가 경제적 국경을 통과할 때 과세되는 조세를 관세라고 한다. 넓은 의미에서는 지방세도 내국세라 할 수 있다.

■ 독립세와 부가세

국가 또는 지방자치단체가 다른 조세와는 상관없이 독자적으로 주체성을 지니고 부과하는 조세를 독립세라고 하며, 국가 또는 다른 지방자치단체가 부과한 조세를 기준으로 부과하는 조세를 부가세surtax라고 한다. 부가세에는 농어촌특별세, 교육세, 지방교육세와 지방소득세 등이 있다.

■ 직접세와 간접세

납세의무자와 담세자세금을 부담하는 자가 일치하는 세금을 직접세라 하고, 납세의무자와 담세자가 일치하지 않는 세금을 간접세라고 한다. 직접세에는 소득세, 법인세, 상속·증여세 등이 있고, 간접세에는 부가가치세, 개별소비세, 주세 등이 있다.

■ 인세와 물세

과세의 목표가 사람에게 있는 세금으로, 조세 주체의 개인적 사정을 고려하여 부과하는 조세를 인세라고 한다. 반면 물세는 재산 또는 수익에 대해 객관적인 금액이나 수치를 대상으로 부과되는 조세이다. 인세로는 소득세, 법인세가 대표적이며, 물세로는 재산세, 주세 등이 있다.

■ 소득과세, 소비과세, 재산과세

OECD의 조세분류 체계는 과세물건과 담세자의 내용을 기준으로 소득과세, 소비과세, 재산과세 등으로 분류하고 있다. 소득과세는 특정의 개인 및 법인에 귀속된 소득을 과세물건으로 하여 법으로 정하여진 과세요건을 충족할 때에 부과하는 조세를 말한다. 소득이 있어야 비로소 조세를 부과한다는 점에서 응능부담 원칙에 입각한 가장 이상적인 조세라 할 수 있다.

소비과세는 재화 또는 용역의 구입, 소비라는 사실에 대하여 법으로 정해진 과세요건을 충족하는 때에 부과하는 조세를 말한다. 이러한 소비과세에는 크게 나누어 일반소비세에 해당하는 부가가치세와 개별소비세에 해당하는 주세 등이 있다.

재산과세는 재산을 소유하고 있다는 사실에 대하여 법으로 정해진 과세요건을 충족할 때에 부과하는 조세를 말한다.

Add-on 응능부담의 원칙

국가 또는 지방자치단체가 주는 이익과 관계없이 각 납세자의 부담능력에 따라 조세를 배분하여 부담시키는 원칙을 말한다. 이에 반하여 국가가 제공하는 이익에 비례하여 조세를 부담시키는 것을 응익부담의 원칙이라고 한다.

▪ 종량세와 종가세

간접세의 과세표준을 물건의 수량을 기준으로 하느냐 또는 물건의 가격을 기준으로 하느냐에 따라 종량세와 종가세로 구분한다. 현행 조세 중 주세의 주정, 개별소비세 과세대상인 카지노 · 골프장 · 투전기 설치장소의 입장료, 인지세 등이 종량세에 속한다. 그 외 대부분의 조세는 종가세에 속한다. 종가세는 가격을 기준으로 과세표준이 결정되므로 가격상승과 함께 세액도 증가한다. 과세표준이 금액으로 표시되는 바 세율은 주로 백분비 또는 천분비로 되어 있다. 종량세는 상품의 수량 · 크기 · 무게에 따라 과세되므로 가격의 변화에도 세액은 변화하지 않는다. 종량세에 적용되는 세율은 백분비 등이 아니라 "금액"인 것이 특징이다.

▪ 보통세와 목적세

보통세는 국가 또는 지방자치단체가 일반적인 재정상의 경제적 수요를 충족하기 위하여, 즉 특정한 지출 목적을 정하지 아니하고 부과하는 조세이다. 이에 반해 목적세는 국가 또는 지방자치단체의 특정한 목적을 달성하기 위한, 즉 특정한 재정상의 경제적 수요를 충족시키기 위하여 부과하는 조세이다. 현행 국세 중에서 목적세는 교육세, 농어촌특별세, 교통 · 환경 · 에너지세 등이 있고, 지방세 중에서 목적세는 지방교육세와 지역자원시설세 등이 있다.

5 When! Where! How! 언제, 어디에, 얼마나 세금을 내는가?

5.1 세금은 언제 낼까?

세금은 아무 때나 내면 되는 걸까? 급여를 받는 근로자가 가계생활이 어려워 퇴직 시점에 세금근로소득세을 내겠다고 한다면 가능할까? 주택을 양도하고 차익을 본 납세자가 마음 내킬 때 아무 때나 세금양도소득세을 납부해도 될까? 아버지로부터 시가 5억 원 상당의 주식을 증여받은 박태환이 현재 여유자금이 없다고 주식이 팔리는 대로 세금증여세을 납부하겠다고 할 수 있을까? 이런 모든 개인적인 사정을 들어줄 수 없기 때문에 국가나 지방자치단체는 납부해야 할 시기를 정하고 있다. 이를 '납부기한'이라고 한다. 조세의 종목과 세율만 법률로 정해지는 것이 아니라 납세자가 세금을 납부해야 할 납부기한도 법률로 정해져 있다.

다시 말해서 납부기한이란 세금을 내야 하는 기한으로 세금의 종류별로 다르게 정해져 있다. 소득세는 금년에 발생한 소득에 대하여 다음 해 5월 1일부터 5월 31일까지의 기간 동안에 신고·납부해야 한다. 상속세는 상속개시일사망일이 속하는 달의 말일부터 6개월 이내에 신고·납부하여야 한다. 국내에 주소를 둔 개인이 거주하던 주택을 양도하고 양도차익이 발생하였다면 그 양도차익에 대해 납부해야 할 양도소득세는 양도일이 속하는 달의 말일부터 2개월 이내에 자신의 거주지 관할 세무서에 신고·납부해야 한다. 주요 세금의 신고·납부기한을 정리하면 다음과 같다.

〈주요 세금의 신고·납부기한〉

구분	신고 · 납부기한
(종합)소득세	**〈원칙〉** 다음 해 5월 1일부터 5월 31일까지 **〈예외 1〉** 부동산 매매업의 경우에는 양도소득세 신고 체계를 따르고 있어서 예정신고와 확정신고를 해야 한다. **〈성실신고확인대상 사업자〉** 다음 해 5월 1일부터 6월 30일까지 성실신고확인서를 제출함과 동시에 신고 · 납부해야 한다.
양도소득세	**〈예정신고〉** 양도일의 말일부터 2개월 이내 **〈확정신고〉** 다음 해 5월 1일부터 5월 31일까지
상속세	상속개시일(사망일)의 말일부터 6개월 이내
증여세	증여일의 말일부터 3개월 이내
법인세	사업연도 종료일부터 3개월 이내
부가가치세	**〈예정신고〉** 1기 : 4월 1일부터 25일까지(법인) 2기 : 10월 1일부터 25일까지(법인) **〈확정신고〉** 1기 : 7월 1일부터 25일까지 2기 : 다음 해 1월 1일부터 25일까지 **〈간이과세자〉** 1년치 신고분을 그다음 해 1월 25일까지 한 번만 신고
취득세	취득일로부터 60일 이내
재산세	건물과 주택(50%)은 7월 16일부터 31일까지 토지와 주택(50%)은 9월 16일부터 30일까지
종합부동산세	12월 1일부터 15일까지

5.2 세금은 얼마나, 어떻게 납부해야 할까?

세법에 규정된 납부기한을 알고 있다고 하더라도 납세자는 또 다른 문제에 직면하게 된다. 내야 할 세금이 얼마인지 계산하는 것과 납부 방법의 문제이다. 이 문제는 납세의무의 확정 방식이라 말할 수 있는데, 세법이 정하는 바에 따라 납부할 세액을 구체적으로 확정하는 것을 의미한다. 납세의무를 확정하는 방식에는 신고납부제와 정부부과제가 있다.

(1) 신고납부제도

신고납부제도는 납세자가 과세표준과 세액(세금액)을 신고함으로써 납세의무가 확정되는 방식이다. 즉, 국민 스스로 내야 할 세액을 계산해서 납부하는 방법이다. 소득세, 법인세, 부가가치세 등 대부분의 세금이 신고납부제도로 운영되고 있다. 신고납부제도에서는 납세자가 세액을 신고하면 그대로 납세의무가 확정되지만, 그 신고·납부가 적정한지에 대하여 세무조사를 받을 수 있다. 조세 시스템이 선진화되고 자유민주주의가 발전된 국가일수록 자진신고 납부의 비중이 커진다. 스스로 세금을 계산해서 납부하는 자율적인 점이 장점이지만, 스스로 세금을 계산할 만큼 지식을 갖춰야 하는 어려움이 있다. 신고납부제도는 국민의 올바른 납세정신이 뒷받침되어야만 효과적으로 운영될 수 있다.

(2) 정부부과제도

정부부과제도는 과세관청이 납세의무를 확정하는 방식이다. 즉, 국가나 지방자치단체가 세액을 계산해서 고지하는 금액을 납부하는 방법을 말한다. 상속세 및 증여세, 농어촌특별세 등이 정부부과제도로 운영되고 있다. 그러나 정부부과제도에서도 어떤 세목은 납세자에게 신고의무를 부여하고 있기도 하다. 다만, 이러한 신고의무는 협력의무에 불과하며 납세의무는 정부의 부과로서 확정된다. 예를 들어 증여세의 경우 납세자가 증여세 과세표준과 세액을 신고하면, 세무서는 신고한 내용 등을 바탕으로 세액을 결정해서 납세자에게 통지하고 있다.

과세권자의 입장에서는 세금의 납부 방법을 세금을 징수하는 방법이라고 할 수 있다. 세금을 징수하는 방법에는 납세자의 신고나 정부의 부과 외에 대리납부 방법이 있다. 세금을 납부해야 하는 사람을 대신해서 다른 사람이 세금을 납부하는 것이다. 주로 다른 사람에게 소득을 지급하는 사람이 지급액의 일부를 세금으로 징수하여 납부하는 방식이다. 예를 들면 회사에서 근로자에게 월급을 지급할 때 월급의 일부를 징수하여 세무서에 납부하고 있다. 이런 방식을 원천징수라고 한다. 현행 세법에서는 신고납부, 정부부과납부와 원천징수납부의 3가지 방식을 세금 납부 방법으로 인정하고 있다.

5.3 세금은 어디에 납부해야 하는가?

우리가 납부해야 할 세액과 납부기한을 안다면, 다음으로 그 세금을 납부해야 할 곳이 어디인가 하는 문제가 남게 된다. 만약 납부금액이나 납부기한만 지킨다면 전국의 어느 세무서나 지방자치단체에 납부해도 되지 않을까? 국가와 지방자치단체로 따로 구분하지 않고 합쳐서 동일한 세수만 들어온다면 아무 문제가 없지 않을까? 물론 정확한 세액을 제때 납부했다는 사실이 확인된다면 인정될 수도 있다. 그렇지만 그 확인 과정에서 과세관청은 끊임없이 우리를 괴롭히며 우리의 시간을 빼앗아 갈 수도 있다. 그렇다면 세금마다 납부해야 할 세무서나 지방자치단체를 제대로 찾아서 납부하는 것이 현명한 행동이다.

일반적으로 세금 납부는 납세자가 납세지 관할 세무서에 과세표준과 세액을 신고하고, 납세지 관할 세무서가 지정한 금융기관 또는 체신관서에 세금을 납부하는 것으로 진행된다. 관할 세무서를 정하는 기준은 우리의 납세지가 어디인지에 따라 달라진다.

세금을 관할하는 장소인 납세지는 세금의 종류에 따라 다르게 정해지며, 때로는 납세자가 개인이냐 또는 법인이냐에 따라서도 달라진다.

가령 대한민국에 주소를 두고 있는 개인이라면 그 개인의 주소지를 관할하는 세무서에 세금을 신고하고, 금융기관 또는 체신관서를 통해 납부해야 한다. 법인의 경우에는 주소라는 개념이 없으므로 내국법인의 본점을 관할하는 세무서에 세금을 신고하고, 금융기관 또는 체신관서를 통해 납부한다. 납부해야 할 세금을 어디에 신고하는지는 세금의 종류와 납세자에 따라 달라진다. 납세자가 개인인 경우는 거주자와 비거주자로 구분하고, 법인인 경우는 내국법인과 외국법인으로 구분하여 결정된다. 몇 개의 주요 세금에 대한 납세지를 살펴보면 다음과 같다.

(1) 종합소득세와 양도소득세

종합소득세와 양도소득세는 개인의 주소지 관할 세무서에 신고 · 납부한다. 예를 들어 박태환은 강남구에 거주하면서 종로구에서 중국음식점을 운영하고 있다고 가정해 보자. 박태환은 중국음식점을 운영해서 1년 동안 벌어들인 소득에 대해 종합소득세를 납부해야 하는데, 이때 납세지는 영업장이 있는 종로세무서가 아닌 자신의 주소지를 관할하는 강남세무서[정확히는 삼성세무서]가 된다. 또한 박태환이 대구에 있는 토지를 매매하여 양도차익이 발생하였다면 양도소득세를 납부해야 하는데, 이때도 자신의 주소지를 관할하는 강남세무서에 양도소득세를 신고 · 납부해야 한다.

(2) 법인세

법인세는 법인의 본점 소재지 관할 세무서에 신고 · 납부한다. 예를 들어 전국에 1,000여 개가 넘는 은행지점을 가지고 있는 KB국민은행의 경우, 본점이 여의도에 있으므로 매 사업연도에 발생한 소득에 대해 여의도 지역을 관할하는 영등포세무서에 법인세를 신고 · 납부해야 한다.

(3) 부가가치세

부가가치세는 소득세나 법인세와는 달리 사업장을 관할하는 세무서에 신고·납부하는 것이 원칙이다. 앞서 든 예와 같이 강남구에 거주하면서 종로구에서 중국음식점을 운영하는 박태환의 경우, 소득세는 자신의 주소지를 관할하는 강남세무서[삼성세무서]에 신고하지만 부가가치세는 식당이 위치한 종로를 관할하는 종로세무서에 신고·납부해야 한다.

Add-on 개인을 거주자와 비거주자로 나누는 기준은?

"소득세법"상 거주자는 국내에 주소지나 183일 이상의 거소지를 둔 개인을 말하며, 거주자가 아닌 개인은 비거주자가 된다.

본점과 주사무소는 어떻게 다른가?

본점은 영리법인의 사업상 본거지를, 주사무소는 비영리법인의 본거지를 말한다.

세금 에세이 재테크 산식

재테크 산식은 다음과 같이 이루어진다.

수입 = 지출 + 투자 + 저축

수입에는 여러 가지 종류가 있으며 세법에서는 수입을 종합소득, 퇴직소득, 양도소득으로 나누어 세금을 부과한다. 수입뿐만 아니라 지출을 하여도 세금을 부담해야 한다. 투자로 인해 수익이 발생하면 세금이 부과되고, 저축하여 이자소득이 생겨도 세금이 부과된다. 세법에서 비과세로 정하고 있지 않은 이상 세금은 부과된다. 세금이 부과된다고 경제활동을 하지 않을 수는 없지 않은가? 세금을 잘 통제하는 것, 즉 절세 노하우를 익혀 세금을 줄이는 것이 재테크의 기본적인 출발점이다.

6 궁금한 것은 어디에, 어떻게 물어볼 수 있는가?

일상생활을 하다 보면 세금 문제에 자주 부딪히게 되지만, 때로는 세금 문제가 있는지조차 모르고 지나치는 경우도 있다. 하지만 세금 문제가 생겼을 경우 인터넷 검색보다 세무 전문가를 찾거나 과세관청국세청이나 지방자치단체에 직접 문의하는 것이 더 좋은 방법이다. 세금과 관련한 상담기관에는 어떤 곳들이 있는지 알아보자.

가령 주택을 양도한 박태환은 양도대금으로 계약금만 받고 양수자타인에게 주택의 소유권을 이전했다고 하자. 박태환은 자신의 세금 문제를 누구에게 물어보면 좋을까? 주변에 세무 전문가가 없다면 국세청에 있는, 이러한 상담을 전문적으로 도와주는 곳을 활용할 수 있다. 가장 대표적인 곳은 '국세청 고객만족센터'이다. 전화로 상담할 수도 있고 인터넷으로 질의할 수도 있으며, 시간이 있다면 방문상담도 가능하다. 여기서 충분한 답변을 얻지 못한 경우에는 '국세청 담당세목 소관과'나 '국세청 법규과'에 질의서를 작성하고 팩스나 우편으로 접수하여 답변을 받는 방법도 있다. 이것이 불편하다면 가까운 세무서에 가서 직접 상담을 받을 수도 있다. 특히 세무서에는 '납세자보호담당관실'이 있어 납세자의 애로사항을 최대한 지원해 주고 있다.

한편 고민하는 세금이 국세가 아니라 지방세라면 어디로 가야 할까? 지방세에 관한 궁금한 사항은 관할 시·군·구청 세정과에서 전화나 인터넷 또는 방문상담을 받을 수 있다.

부자들은 대개 세무 전문가를 옆에 두고 절세 계획을 세우고 있다. 옛말에 부자유친父子有親이라는 말이 있다. 이 말을 약간 바꿔 볼 수 있다. 부자富者들은 친함有親이 있어야 하는데 뒤에 세무 전문가가 생략되었다고 생각하면 좋을 듯하다. 요즘은 무료 상담을 해주는 세무 전문가도 많으므로 이들에게 도움을 청하는 것도 하나의 방법이다.

Tips 인터넷에 떠 있는 세금 정보는 믿을 만한가?

세법은 매년 개정을 반복하고 있는데 이는 합리적이고 공평한 세금제도를 만들기 위해서 우리 사회가 부단히 노력하고 있기 때문이다. 인터넷이 많은 정보를 손쉽게 찾을 수 있는 도구인 것은 틀림없지만, 인터넷에 있는 정보는 비전문가가 작성하거나 수정되지 않은 과거 내용을 전하고 있는 경우가 많다. 따라서 인터넷 정보를 자신의 세금에 적용할 때는 세심한 주의를 기울여야 한다. 심각한 재산상의 손실을 볼 수도 있는데 그 손실에 대해 책임을 지는 이는 없기 때문이다. 세금은 잘못 신고할 경우 무시할 수 없는 금액의 가산세, 가산금, 과태료 등을 물게 될 수 있다. 세금을 신고할 때에는 본인 스스로가 판단하지 말고 세무 전문가의 도움을 받아 처리하는 것이 현명한 방법이다.

세금 에세이 우리가 내는 세금의 통계자료에는 어떤 것이 있는가?

■ **조세부담률**

조세부담률은 국내총생산GDP에서 조세가 차지하는 비율로서 국민이 1년 동안 벌어들인 소득 중에서 얼마만큼을 세금으로 부담하는지를 나타낸다. 우리나라의 2021년 조세부담률은 GDP 대비 22.1%였는데, 우리나라 총수입의 22.1%를 세금으로 납부한다는 의미이다. 따라서 연봉 5,000만 원인 회사원이라면 1년에 약 1,000만 원 이상의 세금을 부담하는 것이며, 하루에 약 27,400원 이상의 세금을 부담하는 셈이 된다.

(단위 : 조 원)

		2013	2014	2015	2016	2017	2018	2019	2020	2021
경상GDP		1,500.8	1,562.9	1,658.0	1,740.8	1,835.7	1,898.2	1,924.5	1,940.7	2,071.7
조세	계	255.7	267.2	288.9	318.1	345.8	377.9	383.9	387.6	456.9
	(조세부담률, %)	17.0	17.1	17.4	18.3	18.8	19.9	19.9	20.0	22.1
	국세	201.9	205.5	217.9	242.6	265.4	293.6	293.5	285.5	344.1
	지방세	53.8	61.7	71.0	75.5	80.4	84.3	90.5	102.0	112.8

자료 : 국세, 지방세 실적 : 국세청 · 관세청, 「징수보고서」 ; 행정안전부, 『지방세통계연감』.
GDP : 한국은행, 2022년 6월 발표 국민계정 자료

■ **국세와 지방세**

우리나라 조세에서 중앙정부가 거두어들인 국세가 차지하는 비율은 2021년 75.3%로서 지난 5년간 비슷한 수준을 나타낸다. 우리나라의 국세와 지방세 비율은 OECD 국가의 평균과 유사한 수준이나 연방제 국가인 미국 52.2%이나 비연방제 국가인 일본 59.5% 등과는 다른 양상을 보이고 있다.

(단위 : 조 원, %)

	2013	2014	2015	2016	2017	2018	2019	2020	2021
조세	255.7	267.2	288.9	318.1	345.8	377.9	383.9	387.6	456.9
(GDP 대비, %)	17.0	17.1	17.4	18.3	18.8	19.9	19.9	20.0	22.1
국세	201.9	205.5	217.9	242.6	265.4	293.6	293.5	285.5	344.1
(국세 비중, %)	79.0	76.9	75.4	76.3	76.7	77.7	76.4	73.7	75.3
지방세	53.8	61.7	71.0	75.5	80.4	84.3	90.5	102.0	112.8
(지방세 비중, %)	21.0	23.1	24.6	23.7	23.3	22.3	23.6	26.3	24.7

자료 : 국세청, 관세청, 「징수보고서」 ; 행정안전부, 『지방세통계연감』.

(단위 : 2020년 기준, %)

	연방제국가			비연방제국가			
	미국	독일	평균	영국	프랑스	일본	평균
국세	52.2	46.1	65.7	92.8	70.4	59.5	84.8
지방세	47.8	53.9	34.3	7.2	29.6	40.5	15.2

자료 : OECD, Revenue Statistics(2021), 연방제 9개국, 비연방제 29개국.

세법의 기본 원칙과 조세구제제도

1. 세법의 기본 원칙 / 2. 제때 세금을 납부하지 않으면 어떻게 되는가?
3. 잘못 결정된 세금은 수정할 수 있는가? / 4. 억울한 세금은 구제받을 수 있는가?
5. 절세와 탈세는 같을까 다를까? / 6. 세금에 대한 이해는 용어에서 시작된다

2

세금은 국가나 지방자치단체가 직접적인 반대급부 없이 국민으로부터 징수하는 금품을 말한다. 따라서 과세권자의 과세권에 대해서 사회 구성원들의 합의가 반드시 필요하다. 만약 이런 사회적 합의 과정이 원활하지 않은 경우, 그 사회는 불안해지고 더 나아가 거대한 변화의 소용돌이를 겪게 된다는 것을 역사적인 사실로 확인할 수 있다.

이번 장에서는 세금에 대한 사회적 합의를 명문화한 세법의 바탕이 되는 기본 원칙을 살펴보고, 납세자와 과세권자가 세법을 다르게 해석하는 경우, 서로의 이견을 조정할 수 있는 구제 절차 등에 대해 살펴본다.

1 세법의 기본 원칙

납세자가 세금을 납부하지 않으면 처벌을 받는다. 세금은 사회적으로 강제되는 의무로 납세자의 재산권을 침해할 수도 있다. 따라서 국가나 지방자치단체의 자의적인 판단에 따라 과세권한이 남용되지 않도록 명확하게 법률로서 그 내용을 정해두어야 한다. 세법은 그러한 목적으로 제정된 법률이라 할 수 있다.

세법의 기본 원칙은 세법의 기본 토대가 되는 원리 또는 사회적으로 합의된 기본 개념이다. 세법의 기본 원칙은 세법 전반에 대한 일반이론으로 조세법률주의 원칙, 조세평등주의 원칙, 실질과세 원칙 그리고 조세회피 금지 원칙 등이 있다.

1.1 조세법률주의 원칙

조세법률주의란 법률적 근거 없이 국가는 국민에게 조세를 부과·징수할 수 없고, 국민은 조세의 납부의무를 지지 않는다는 원칙을 말한다. 이를 국민의 권리라는 측면에서 보면, 법률규정이 존재하지 않는 한 국민은 조세를 부담하지 않아도 된다는 것이다. 그리고 국가의 측면에서 보면, 법률규정이 존재하지 않는 한 과세권을 행사해 궁극적으로 국민의 사유재산권을 침해할 수 없다는 뜻이 된다.

만약 우리 인간의 삶에 경제적 뒷받침이 없다면 인간의 존엄도 보장받기 어렵고 생존의 의미도 없어지기에 우리 "헌법" 제23조 제1항은 "모든 국민의 재산권은 보장된다. 그 내용과 한계는 법률로 정한다"라고 명시하여 국민의 재산권을 경제법의 필수요소로 삼고 있다. 예를 들어 우리가 친구로부터 40만 원을 공짜로 받았을 때 과세관청에서 세금[증여세]을 납부하라고 하는 경우, 세금을 납부해야 되는가? 정답은 내지 않아도 된다. 왜냐하면 조세법률주의에 위배되기 때문이다. 증여세는 과세표준이 50만 원 미만인 경우 과세하지 않는다고 규정하고 있다[상속세 및 증여세법 제55조(증여세의 과세표준 및 과세최저한) 제2항 참조].

조세법률주의의 원칙은 보통 "대표 없으면 세금 없다No taxation without representation" 또는 "법률 없으면 조세 없다"라는 말로 표현되고 있으며, 우리나라 "헌법" 제38조와 제59조에서 각각 "모든 국민은 법률이 정하는 바에 의하여 조세의 의무를 진다"와 "조세의 종목과 세율은 법률로 정한다"라고 규정하고 있다. 이 규정은 조세법률주의를 선언하고 있는 것으로 실천적 의미보다는 선언적 · 확인적인 의미가 더 강하다.

Tips 조세법률주의의 연혁

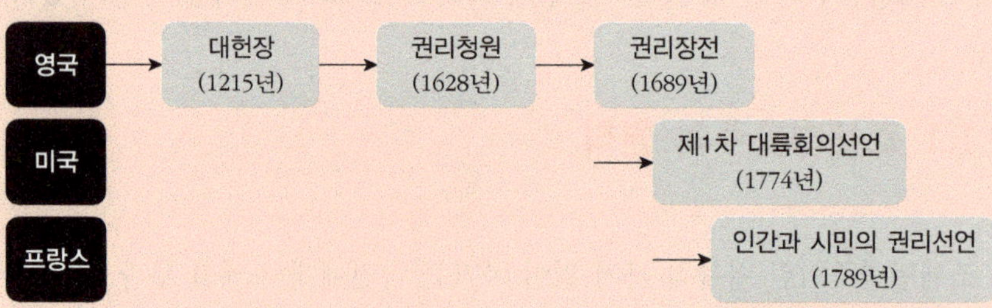

1215년 영국의 대헌장Magna Carta은 과세 · 재판 등에서 봉건귀족의 권리를 옹호하고, 왕권을 제한한 것으로 특히 국왕의 절대권력 중 하나인 과세권을 제한하는 것을 내용으로 하는 최초의 문서를 작성했다는 데서 조세법률주의의 역사적 의미가 있다. 1628년의 권리청원Petition of Right은 국민의 인권에 관한 선언으로 국민의 대표가 직접세에 관한 입법권을 획득하였다. 1689년 권리장전Bill of Rights의 주요 내용은 의회의 동의 없이 왕권에 의한 과세 등을 금지하는 것이었다. 이러한 권리장전은 미국의 독립선언, 버지니아 권리장전, 매사추세츠 권리선언 등에도 영향을 주었고, 이들을 통하여 다시 프랑스 인권선언[인간과 시민의 권리선언]에도 영향을 끼쳤다.

1789년의 프랑스대혁명에 이르러 "어떠한 조세도 국민의 승낙 없이는 부과할 수 없다"라고 하여 조세에 관한 국민주권이 구체화되었다. 이것이 바로 조세법률주의의 구체적인 시현으로 모든 조세를 부과함에 있어 국민의 동의가 필요하게 된 것이다. 이는 천부인권설을 사상으로 한 시민사회로서의 "민법"이 탄생하게 된 것과 그 맥을 같이 한다.

세금 에세이

형식적 조세법률주의와 실질적 조세법률주의

조세법률주의는 국민의 재산권을 보호하고 법적 생활의 안전을 도모하는 데 그 목적이 있다. 따라서 국민의 권리의무에 관한 사항은 법률로 정해야 한다. 이를 우리는 형식적 조세법률주의라고 부른다. 이러한 형식적 조세법률주의의 목적과 내용이 국민의 기본권을 보장하고 있는 "헌법"의 이념에 부합할 때 우리는 비로소 이를 실질적 조세법률주의라고 한다. 즉, "헌법" 제38조, 제59조의 조세법률주의는 실질적 조세법률주의를 뜻한다. 형식적 조세법률로서 과세요건을 명확히 정했다고 할지라도 그것이 국민의 기본권을 보장하고 있는 "헌법"의 이념과 부합하지 못한다면 이러한 조세법률주의는 무효가 될 수밖에 없다.

1.2 조세평등주의 원칙

조세평등주의 원칙은 입법상의 조세공평주의와 세법의 해석 · 적용상의 조세공평주의를 모두 포함하고 있다. 입법상의 조세공평주의란 조세의 부담이 공평하게 국민에게 배분되도록 세법을 제정해야 한다는 의미이고, 세법의 해석 · 적용상의 조세공평주의란 세법을 적용함에 있어 국세법률관계의 각 당사자인 국민은 평등하게 취급되어야 한다는 의미이다.

평등이라는 것이 똑같은 대우를 의미한다면 누구나 똑같이 세금을 부담해야 평등하다. 그렇다면 고소득자와 저소득자가가 똑같이 자신의 소득 중 10%를 세금으로 부담하는 것이 평등한 것인가? 아니면 고소득자는 소득의 40%를, 저소득자는 소득의 10%를 세금으로 부담하는 것이 평등한 것인가? 세금에서 평등이란 단순하고 획일적인 개념이 아니라 보다 입체적인 개념이다. 이러한 의미에서 조세평등주의 원칙이 구체적으로 실현되기 위해서는 수직적 공평과 수평적 공평이 모두 충족되어야 하며, 두 개념의 충족 정도가 조세의 공평성을 판단하는 기준이 된다. 조세평등주의는 조세부담 공평의 원칙 또는 동일조건 · 동일부담의 원칙이라 부르기도 한다.

Add-on 비례세율과 누진세율

역사적으로 볼 때 세율의 출발은 비례세율이었다. 예를 들어 소득의 10%를 세금으로 부담하기로 결정하였다면, 100의 소득이 있는 A나 1,000의 소득이 있는 B 모두 10%의 세율로 과세가 된다. 그렇다면 A는 10, B는 100을 납부하면 된다. 이러한 세금의 납부는 단순히 생각하면 공평한 것처럼 보일 수도 있다. 그러나 만약 생활안정을 위한 최소의 소득수준이 80이라면 세후소득이 90[100 − 10 = 90]인 A는 실제로는 힘든 생활을 할 수밖에 없다. 반면 B는 세후소득이 900[1,000 − 100 = 900]으로 세금을 납부하더라도 A에 비해 한층 여유가 많을 수 있다. 그렇다면 이러한 상황을 공평하다고 할 수 있을까라는 의문에서 누진세율이 탄생하였다.

그렇다면 소득이 100일 때 10% 세율을 적용하고, 100을 넘는 소득을 얻은 사람에게 40%의 세율을 적용한다면 과연 공평하다고 할 수 있는가? 이러한 경우 A가 부담하는 세금은 10[= 100 × 10%]이 되고, B가 부담하는 세금은 400[= 1,000 × 40%]이 된다. 얼핏 보면 앞의 비례세율보다는 누진세율의 공평성이 높아졌다고 볼 수도 있다. 그러나 이러한 경우에도 문제가 될 수 있는 부분이 있다. A의 소득 100에는 10% 세율이 적용되지만 B의 소득 100에는 40%의 세율이 적용된다는 점이다. 이는 B의 소득 전부에 대해 40%의 세율을 적용하였기에 빚어진 결과지만 동일한 금액인 100의 소득에 대해 각기 다른 세율이 적용된다는 점에서 논란의 여지가 있다. 따라서 누진세율을 적용할 때는 전체 금액이 아니라 금액 구간에 따라 세율을 적용하는 것이 보다 공평한 것으로 여겨진다. 예를 들어 100의 소득까지는 10%의 세율을, 100을 초과해서 500의 소득까지는 25%를, 500을 초과하는 소득은 40%를 적용하는 등 단계별로 세율을 달리하는 것이다. 이러한 방식으로 세율을 누적 적용하는 것을 초과누진세율[보통의 경우 줄여서 그냥 누진세율이라고 부르고 있음]이라고 부른다.

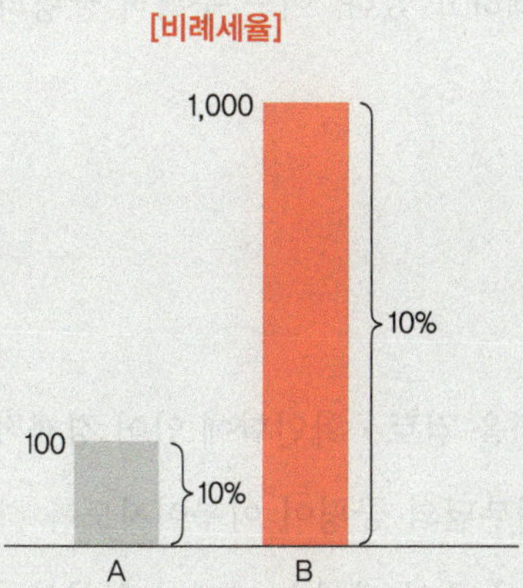

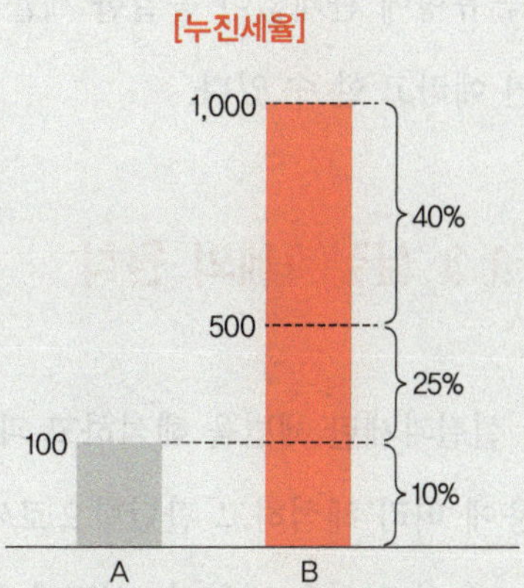

(1) 수직적 공평

수직적 공평은 소득이 많은 사람이 더 많은 세금을 부담할 때 조세의 평등이 달성된다고 보는 개념이다. 수직적 공평을 달성하기 위해 현행 세법은 누진세율구조를 채택하고 있다. 소득세, 법인세, 상속세, 증여세 등이 누진세율을 채택하고 있는 대표적인 세금이다.

(2) 수평적 공평

수평적 공평은 소득의 유형에 관계없이 동일한 소득금액에 대해서 동일한 세금을 부담할 때 조세의 공평이 달성된다는 개념이다. 현행 세법은 개인이 벌어들이는 이자·배당·사업소득, 근로소득, 연금소득, 그리고 기타소득에 대해 소득 유형에 관계없이 동일한 세율로 과세하고 있다. 이는 수평적 공평의 대표적인 예라고 할 수 있다.

1.3 실질과세의 원칙

실질과세란 세법을 해석하고 과세요건을 검토 · 확인함에 있어 경제적 실질내용에 따라 해석하고 판단함으로써 조세부담의 공평이 이루어지도록 하는 세법 고유의 원칙을 말한다. 실질과세 원칙의 중심 개념은 거래의 형식이나 명칭이 아니라 '실질'에 관한 내용이다. 따라서 과세물건이 형식적으로 귀속되는 자와 실질적으로 귀속하는 자가 다른 경우 과세물건이 실질적으로 귀속하는 자에게 세금을 부과하게 되는데, 이를 법적 실질과세의 원칙이라고 부른다.

Add-on 실질과세의 구분

① 거래귀속에 대한 실질과세

실제 사업을 영위하는 자인 A가 B라는 사람의 명의를 빌려 사업자등록을 하고 사업을 하는 경우 A에게 과세해야 한다.

② 거래내용에 대한 실질과세

자녀에게 부동산 등을 실제로 '증여'하면서 소유권의 이전등기에는 '매매'로 표시하는 경우, '매매'는 법의 형식이고 '증여'가 그 실질 내용이 된다. 이러한 경우 세법 적용에서 법의 형식은 무시하고, 그 실질 내용인 '증여'를 과세대상으로 하여 증여세로 과세한다. 또한 공부상 지목이 사무실인 오피스텔을 실제로 주택으로 사용하고 있다면, 사무실이 아닌 주택으로 과세한다.

③ 우회거래에 대한 실질과세

제3자를 통한 간접적인 방법이나 둘 이상의 행위 또는 거래를 하는 방법으로 "국세기본법" 또는 세법의 혜택을 부당하게 받는 것으로 인정되는 경우 이를 '우회거래'로 보아 실질거래 내용에 따라 과세한다. 예를 들어 C에게 자산을 양도하고자 하는 A가 세금을 줄이기 위해 먼저 특수관계인 B에게 자산을 증여하고, 그 후에 B가 C에게 자산을 양도하는 거래를 했다고 하자. 이 경우 형식적으로는 A→B→C의 순서대로 각각 증여와 양도가 이루어졌지만, 세법을 부당하게 이용하였다고 판단되는 경우, A가 C에게 바로 양도한 것으로 보고 과세한다.

1.4 조세회피 금지의 원칙

조세회피란 법률상의 방법을 남용하여 세금 부담을 부당하게 감소시키려는 행위를 말한다. 여기서 법률상의 방법을 남용한다는 것은 어떤 경제적·법률적 행위를 하면서 본래 채택했어야 할 방법을 채택하지 아니하고, 조세부담의 경감을 목적으로 다른 방법을 채택하는 것을 말한다. 조세회피 금지의 원칙이 성립되기 위해서는 다음 두 가지 요건이 충족되어야 한다.

첫째, 특수 관계자와의 비정상적인 행위 · 계산으로 인하여 조세부담을 부당하게 감소시킨 결과가 있어야 한다.

둘째, 처음부터 조세부담의 경감을 목적으로 하지는 않았더라도 결과적으로 조세의 부담이 경감되어야 한다.

예를 들어 사업소득이 있는 박태환이 감정가격 10억 원인 건물을 사업 목적상 특수 관계자인 아버지로부터 20억 원에 구입할 경우, 건물의 취득가액을 20억 원으로 간주해야 되는가? 아니면 10억 원으로 계상해야 하는가? 이러한 거래 행위는 "민법"상의 계약자유의 원칙에 따라 거래행위 자체는 적법하다. 그러나 세무상으로는 건물가액의 거래가액인 20억 원을 부인(인정하지 않음)하고 감정가격인 10억 원으로 계상하고, 나머지 10억 원은 과세소득에 포함시키게 된다. 이렇게 세무상 처리하는 이유는 취득가액이 20억 원이 되는 경우, 세무상 비용이 20억 원으로 계상되어 감정가액보다 10억 원만큼 과세소득이 줄어들게 되어, 부당하게 세금을 감소시키게 되기 때문이다.

우리나라의 현행 세법에는 조세회피행위 부인에 관한 규정으로 "법인세법" 제52조[부당행위계산의 부인][1]와 "소득세법" 제41조[부당행위계산][2]에 명시된 부당행위

---

1. "법인세법" 제52조(부당행위계산의 부인) ① 납세지 관할 세무서장 또는 관할지방국세청장은 내국법인의 행위 또는 소득금액의 계산이 특수관계인과의 거래로 인하여 그 법인의 소득에 대한 조세의 부담을 부당하게 감소시킨 것으로 인정되는 경우에는 그 법인의 행위 또는 소득금액의 계산(이하 "부당행위계산"이라 한다)과 관계없이 그 법인의 각 사업연도의 소득금액을 계산한다.
2. "소득세법" 제41조(부당행위계산) ① 납세지 관할 세무서장 또는 지방국세청장은 배당소득(제17조 제1항 제8호에 따른 배당소득만 해당한다), 사업소득 또는 기타소득이 있는 거주자의 행위 또는 계산이 그 거주자와 특수관계인과의 거래로 인하여 그 소득에 대한 조세 부담을 부당하게 감소시킨 것으로 인정되는 경우에는 그 거주자의 행위 또는 계산과 관계없이 해당 과세기간의 소득금액을 계산할 수 있다.

계산 부인의 규정을 두고 있다. 이와 같은 조세회피행위 부인의 규정은 개인 간의 정상적인 거래행위를 세법 측면에서 부인하는 행위이므로 개별적·구체적으로 명문화되어야 한다. 왜냐하면, 일반적이고 포괄적인 규정은 무효화될 수 있기 때문이다. 조세회피행위 외에 세부담을 감소시키는 행위에는 절세행위와 탈세행위가 있는데 이는 이 장의 뒷부분에서 살펴본다.

Add-on 국세를 과세하는 데 적용되는 원칙에는 어떤 것이 있을까?

국세를 과세하는 데 적용되는 원칙을 국세부과의 원칙이라고 하고, "국세기본법" 제14~17조에 규정하고 있다. 이는 납세자 입장에서 국세를 부과 받을 때 적용되는 원칙이라고 이해하면 쉽다.

1. 실질과세의 원칙 "국세기본법" 제14조

① 과세의 대상이 되는 소득, 수익, 재산, 행위 또는 거래의 귀속이 명의일 뿐이고 사실상 귀속되는 자가 따로 있을 때에는 사실상 귀속되는 자를 납세의무자로 하여 세법을 적용한다.

② 세법 중 과세표준의 계산에 관한 규정은 소득, 수익, 재산, 행위 또는 거래의 명칭이나 형식에 관계없이 그 실질 내용에 따라 적용한다.

③ 제3자를 통한 간접적인 방법이나 둘 이상의 행위 또는 거래를 거치는 방법으로 이 법 또는 세법의 혜택을 부당하게 받기 위한 것으로 인정되는 경우에는 그 경제적 실질 내용에 따라 당사자가 직접 거래를 한 것으로 보거나 연속된 하나의 행위 또는 거래를 한 것으로 보아 이 법 또는 세법을 적용한다.

2. 신의성실의 원칙 "국세기본법" 제15조

납세자가 그 의무를 이행할 때에는 신의에 따라 성실하게 해야 한다. 세무공무원이 직무를 수행할 때에도 같다.

3. 근거과세의 원칙 "국세기본법" 제16조

① 납세의무자가 세법에 따라 장부를 갖추어 기록하고 있는 경우에는 해당 국세 과세표준의 조사와 결정은 그 장부와 이에 관계되는 증거자료에 의하여야 한다.

② 제1항에 따라 국세를 조사·결정할 때 장부의 기록 내용이 사실과 다르거나 장부의 기록에 누락된 것이 있을 때에는 그 부분에 대해서만 정부가 조사한 사실에 따라 결정할 수 있다.

③ 정부는 제2항에 따라 장부의 기록 내용과 다른 사실 또는 장부 기록에 누락된 것을 조사하여 결정하였을 때에는 정부가 조사한 사실과 결정의 근거를 결정서에 적어야 한다.

④ 행정기관의 장은 해당 납세의무자 또는 그 대리인이 요구하면 제3항의 결정서를 열람 또는 복사하게 하거나 그 등본 또는 초본이 원본과 일치함을 확인하여야 한다.

⑤ 제4항의 요구는 구술口述로 한다. 다만, 해당 행정기관의 장이 필요하다고 인정할 때에는 열람하거나 복사한 사람의 서명을 요구할 수 있다.

4. 조세감면의 사후관리"국세기본법" 제17조

① 정부는 국세를 감면한 경우에 그 감면의 취지를 성취하거나 국가정책을 수행하기 위하여 필요하다고 인정하면 세법에서 정하는 바에 따라 감면한 세액에 상당하는 자금 또는 자산의 운용 범위를 정할 수 있다.

② 제1항에 따른 운용 범위를 벗어난 자금 또는 자산에 상당하는 감면세액은 세법에서 정하는 바에 따라 감면을 취소하고 징수할 수 있다.

2 제때 세금을 납부하지 않으면 어떻게 되는가?

납부기한 내에 세금을 납부하지 못하면 가산세 및 가산금이 부과되고, 체납처분, 행정규제 등 법적 또는 행정적으로 여러 제재조치가 가해진다.

2.1 가산세 부과

가산세는 세법이 규정하는 의무의 성실한 이행을 확보하기 위하여 그 세법에 의하여 산출한 세액에 가산하여 징수하는 금액을 말한다. 납부기한이 지나도록 세금을 내지 않거나 내야 할 세금보다 적게 낸 경우에는 가산세 즉, 납부지연 가산세를 내야 한다. 납부지연 가산세는 납부하지 않은 세액에 납부기한의 다음 날로부터 자진납부일 또는 고지일까지의 미납기간에 1일에 납부지연 가산세 0.022%를 적용하여 계산한다. 만일 납세자가 납세고지서를 고지받고도 세금을 납부하지 않으면 체납된 국세의 3%에 해당하는 금액이 추가로 부과된다.

2.2 체납처분

세금을 체납하면 세무서에서는 체납세액을 징수하기 위해 체납처분 절차를 시작한다. 체납처분은 독촉장의 발부로부터 압류와 공매 그리고 결손처분으로 진행된다.

세금을 체납하면 세무서는 납부기한 경과 후 10일 이내에 납부를 독촉하는 독촉장을 발부하며, 독촉기한까지도 세금을 납부하지 않으면 재산조사 등의 절차를 진행한다. 재산조사에 의해 확인된 재산이나 소득에 대하여는 압류를 하게 되는데, 압류가 되면 납세자는 재산의 매각 등 자신의 재산에 대한 재산권을 행사할 수 없게 된다. 압류 이후에도 체납국세를 납부하지 않으면 예금 등은 인출하고 부동산 등에 대하여는 공매를 통한 매각 절차를 집행하게 된다. 한편 재산과 소득을 조사하였음에도 불구하고 체납국세를 낼 수 있는 재산이 없는 무재산자에 대해서는 체납관리의 효율화를 위하여 결손처분을 하게 된다.

Add-on 압류, 공매, 결손처분이란 무엇인가?

(1) 압류

압류란 체납자나 채무자의 특정 재산에 대한 처분이 제한되는 강제집행을 말한다. 압류에 의하여 체납자나 채무자는 압류재산을 처분할 수 있는 권리를 상실한다.

(2) 공매

공매란 국세징수법에서 체납자의 압류재산을 강제로 처분하여 돈으로 바꾸는 것을 말한다. 민사소송법에서 채무자의 물건을 처분하는 강제집행을 경매라 한다.

(3) 결손처분

결손처분이란 일정한 사유로 인해 부과한 조세를 거두어들일 수 없다고 인정될 때, 그 납세의무를 없애는 행정처분을 말한다. 이러한 결손처분은 추후 납세자의 재산을 발견한 때에는 결손처분을 취소하고 지체 없이 부과·징수 절차를 밟게 된다.

2.3 행정규제

세금을 체납하게 되면 허가사업의 제한, 출국규제, 정보제공, 명단공개 등의 제재조치를 받을 수도 있다. 허가, 인가, 면허 등을 받아 사업을 경영하는 사람이 국세를 3회 이상 체납하고, 체납액이 500만 원 이상인 때에는 허가관서에 사업의 정지 또는 허가의 취소를 요구할 수 있다. 또한 국세를 5,000만 원 이상 체납한 자에 대하여는 관계부처에 출국금지 또는 여권발급의 제한을 요구할 수 있다.

국세 체납액이 500만 원 이상이면서 체납 발생일로부터 1년 이상이 경과하였거나, 1년에 3회 이상 체납한 경우에는 세무서장이 신용정보기관전국은행연합회에 자료를 제공하게 된다. 자료가 제공되면 신규 대출의 중단, 신용카드 발급 제한 등 각종 금융제재를 받을 수 있다. 또한 체납액이 5억 원 이상인 자는 체납 발생일로부터 1년 이상 경과한 경우 고액 상습체납자로 명단이 공개되기도 한다. 한편 2022년부터 고액 · 상습체납자의 체납액 납부를 유도하기 위하여 최근 2년 이내에 미납된 체납액의 50% 이상 납부한 경우에는 명단 공개대상에서 제외하도록 하고 있다.

3 잘못 결정된 세금은 수정할 수 있는가?

세금을 신고하다 보면 신고해야 할 금액보다 적게 신고하거나 많이 신고하는 경우가 있을 수 있다. 잘못 신고된 내용을 수정하는 절차가 수정신고와 경정청구이다. 세금을 덜 냈을 때는 수정신고를 통해 모자란 금액을 납부하고, 세금을 더 냈다면 경정청구를 통해 세금을 돌려받을 수 있다.

3.1 수정신고

세법에서 정하고 있는 신고기한 내에 신고를 한 사람이 정당하게 신고해야 할 금액에 미달하여 신고하였거나 정당하게 신고해야 할 결손금액 또는 환급세액을 초과하여 신고한 경우에는 세무서에서 결정 또는 경정하여 통지를 하기 전까지 수정신고를 할 수 있다. 수정신고제도는 납세자에게 스스로 자신의 신고내용을 바로잡을 수 있는 기회를 줌으로써 가산세 부담이나 조세범 처벌 등의 불이익을 줄이는 효과가 있다.

법정신고기한 경과 후 2년 이내에 수정신고를 하고 추가로 납부할 세액을 자진납부하면 일정 부분 가산세를 감면받을 수도 있다. 즉 법정신고기한 경과 후 1개월 이내에 수정신고를 하고 추가로 납부할 세액을 자진납부하면 과소신고 가산세의 90%를 감면받을 수 있고, 3개월 이내 수정신고를 하면 가산세의

75%를 감면받으며 6개월 이내 수정신고를 하면 가산세의 50%를 감면받을 수 있다. 1년 이내 수정신고 시에는 30%를, 1년 6개월 이내 수정신고시에는 20%, 그리고 2년 이내에 수정신고 시에는 10%를 감면받을 수 있다. 그러나 2년이 지나서 수정신고를 하는 경우에는 가산세의 감면 혜택이 없다.

수정신고를 할 때에는 미달세액과 함께 세법이 정한 신고불성실 가산세와 납부지연 가산세를 추가로 납부해야 한다.

3.2 경정청구

수정신고와 반대로 법정신고기한 내에 신고(수정신고 포함)를 한 사람이 정당하게 신고해야 할 금액보다 세액을 많이 신고했거나 결손금액 또는 환급세액을 적게 신고한 경우 법정신고기한 경과 후 5년 이내에 관할 세무서장에게 정상적으로 정정해 결정 또는 경정하여 줄 것을 청구할 수 있다. 경정청구를 하고자 하는 사람은 경정청구기한 내에 경정청구서를 제출하면 된다. 그러면 경정청구를 받은 세무서장이 청구를 받은 날부터 2개월 이내에 처리결과를 통지해 준다.

Add-on 기한 후 신고

수정신고나 경정청구는 신고기한 이내에 신고를 했는데 신고한 금액이 적거나 많을 때 이를 바로잡을 수 있는 절차이다. 반면 기한후신고는 신고기한 이내에 아예 신고를 하지 않은 경우 신고기한 후에 신고를 하는 것을 의미한다. 법정신고기한이 경과한 후 세무서가 해당 국세의 과세표준과 세액을 결정하여 통지하기 전까지 납세자가 기한후신고를 할 수 있다. 이때에는 과세표준신고서와 함께 해당 세액을 납부하여야 한다. 기한후신고 제도가 없다면 정부의 결정이 있기까지 납세자가 세금을 납부할 수 있는 방법이 없어 가산세의 부담이 증가되는 문제가 발생할 수 있다. 이러한 폐단을 방지하고자 납세자로 하여금 기한후신고를 할 수 있도록 하고 있다.

4 억울한 세금은 구제받을 수 있는가?

조세의 부과·징수과정에서 행정기관의 위법·부당한 과세처분에 의하여 권리나 이익의 침해를 받은 자가 있을 경우, 침해받은 권리나 이익을 구제받을 수 있는 사후적인 구제조치가 필요하다. 이를 위해 마련되어 있는 것이 조세구제제도이다. 조세구제제도에는 과세관청의 처분이 있기 전에 구제하는 제도인 과세전적부심사와 과세관청의 처분이 있은 후에 구제가 진행되는 불복이 있다.

4.1 과세전적부심사

과세관청이 과세를 하기 전에 납세의무자에게 과세할 내용을 미리 알려주었을 때 납세의무자가 그 내용에 대해 이의가 있는 경우 과세가 적법한지를 심사해 줄 것을 청구할 수 있다. 이를 과세전적부심사라고 한다. 예를 들어 세무조사 결과 과세관청이 10억 원의 세금을 추징할 것이라고 납세자에게 통지하였는데 납세자가 이에 대해 이의가 있다면 과세예고통지를 받은 날로부터 30일 이내에 통지를 한 세무서장이나 지방국세청장에게 과세전적부심사를 청구할 수 있다. 이러한 과세전적부심사의 효력은 과세전적부심사에 대한 결정이 있을 때까지 과세표준 및 세액의 결정이나 경정결정을 유보하는 효력이 있다.

Add-on 조기결정신청제도

세무조사 결과에 대한 서면통지 또는 법 소정의 과세예고통지를 받은 자가 과세전적부심사를 청구하지 아니하고 그 통지를 한 세무서장이나 지방국세청장에게 통지받은 내용의 전부 또는 일부에 대하여 과세표준 및 세액을 조기에 결정하거나 경정 결정하여 줄 것을 신청하는 제도이다.

4.2 불복

법에 어긋나거나 부당한 과세처분을 받은 납세자가 그 처분을 취소하거나 변경을 청구하는 것을 불복이라 한다. 불복은 위법하거나 부당한 처분을 받은 경우뿐만 아니라 국세의 환급 등 받아야 할 처분을 받지 못한 경우에도 청구할 수 있다.

국세처분은 행정심판 전치주의를 채택하고 있으므로 행정소송을 제기하고자 하는 납세자는 반드시 먼저 불복을 한 이후에 소송을 제기해야 한다. 불복은 청구대상에 따라 세무서 또는 지방국세청에 제기하는 이의신청, 국세청에 제기하는 심사청구, 국무총리실 조세심판원에 제기하는 심판청구, 감사원에 제기하는 감사원 심사청구로 구분할 수 있으며, 과세처분이 있는 것을 안 날로부터 90일 이내에 해야 하며, 이러한 불복청구의 효력은 불복청구를 하더라도 세법에 특별한 규정이 있는 것을 제외하고는 해당 처분의 집행에 효력을 미치지 아니한다. 집행부정지의 효력

(1) 이의신청

이의신청은 세무서장이나 지방국세청장에게 불복 청구를 하는 것으로서 임의 절차이다. 따라서 납세자는 이 절차를 생략할 수 있다.

(2) 심사청구, 심판청구

심사청구는 국세청장에게, 심판청구는 조세심판원장에게 불복 청구를 하는 것을 말한다.

(3) 감사원 심사청구

감사원 심사청구는 감사원장에게 불복 청구를 하는 것을 말한다.

[조세구제제도-불복]

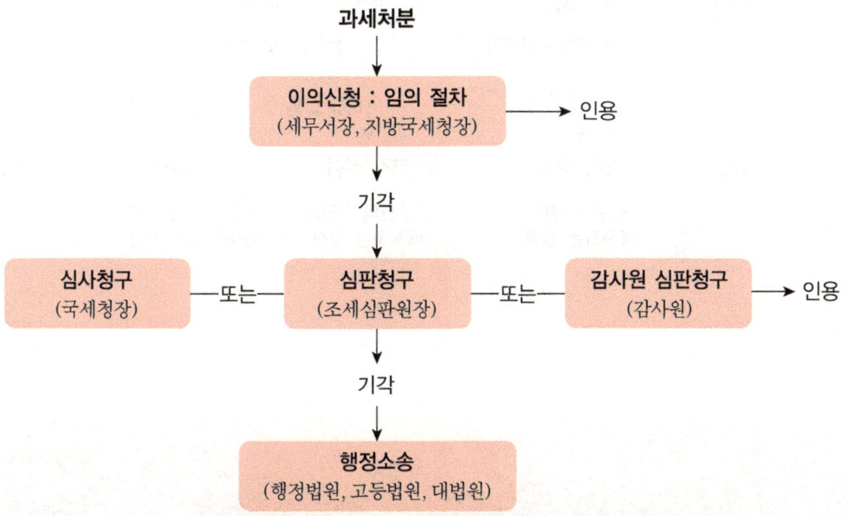

납세자는 심사청구와 심판청구, 감사원 심사청구를 중복하여 청구할 수 없으나, 이의신청에서 나온 결정에 대하여는 심사청구나 심판청구를 하는 것이 가능하다. 이와 같은 구제 절차에서도 구제를 받지 못한 경우에는 법원에 행정소송을 제기할 수 있도록 하고 있다.

Add-on 불복청구에 대한 결정

결정의 종류는 그 내용에 따라 각하·기각·인용 결정으로 나누어진다.

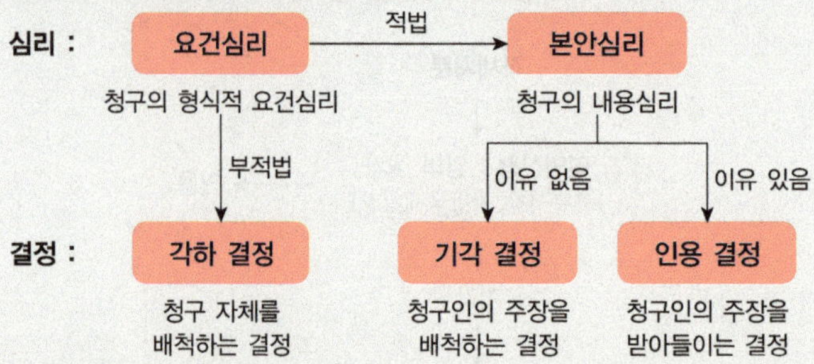

5 절세와 탈세는 같을까 다를까?

세금 납부는 국민의 의무로서 당연하지만 납세자 입장에서는 적게 내고 싶고 더 줄여보고 싶은 게 솔직한 마음일 것이다. 아무리 높은 도덕성과 사회적 명성을 가진 사람이라도 예외가 아니다. 절세란 세금을 절약하는 것이다. 어떻게 세금을 절약할 것인가? 자칫 문제가 되지는 않을까? 문제가 되었을 때 어떤 책임을 지게 될까? 탈세 사실이 드러나 방송에서 잠정적으로 은퇴를 한 적이 있었던 강호동 씨, 1,600억 원의 세금 전쟁에서 승소한 적이 있는 소위 구리왕 차용규 씨, 역외탈세 혐의로 1,455억 원 소송을 진행하여 패소한 적이 있는 소위 선박왕 권혁 회장 등의 사건이 모두 세금을 줄이기 위한 노력에서 비롯되었다. 따라서 세금을 줄이기 위한 노력은 항상 탈세와 연관 지어 살펴보아야 한다.

절세tax saving란 세법의 테두리 안에서 합법적이고 합리적인 방법으로 세금을 적게 내는 것을 말하며 납세자의 권리라고도 할 수 있다. 절세를 위해서는 평소 증빙자료를 철저히 수집하고 장부정리를 하여 세법에서 정한 비용이 누락되지 않도록 하고 세법에서 인정하고 있는 각종 소득공제 · 세액공제 · 준비금 · 충당금 등의 조세지원 제도를 충분히 활용하며, 세법이 정하고 있는 각종 의무사항을 성실히 이행함으로써 매입세액 불공제나 가산세 등의 불이익 처분을 받지 않도록 해야 한다.

반면, 탈세tax evasion는 세법을 위반하여 세금을 적게 내는 것으로 이러한 탈세행위는 국가재정을 축내는 행위이며 탈세로 인한 세금은 결국 다른 사람의 부담으로 이어지기 때문에 성실한 납세자에게 피해를 주는 행위이다. 세법을 위반한 탈세는 탈루한 세금의 추징, 가산세 부과 외에도 조세범처벌법에 따라 별도의 처벌을 받게 된다. 탈세방법은 다양하게 발전해 왔다. 소득의 누락이나 은폐, 허위신고, 밀수, 영업거래의 기장누락, 비용의 과대계상, 지하소득의 은폐, 명의대여, 공문서 위조, 가장거래, 우회적인 거래, 세법의 입법 미비 및 세무공무원의 매수 등이 주로 이용되어 왔다.

〈조세회피, 절세, 탈세의 차이〉

구분	조세회피행위	절세	탈세
사법상	적법행위	적법행위	위법행위
세법상	세법상 부인되어 세무 조정 세액 추징 가산세 부과	세법상 정당한 것으로 인정	조세범으로 처벌 세액 추징 가산세 부과

절세와 탈세를 구분하는 것은 실무적으로 쉬운 일이 아니다. 가령 아버지가 10억 원의 재산을 미성년자인 아들에게 무상으로 주고 싶어 한다고 하자. 간단하게 무상으로 이전한다면 아들은 약 2억 1천 1백만 원누진세율 30%의 증여세를 내야 할 것이다. 아버지는 세금을 줄일 수 있는 방법을 고민할 것이다. 세금을 전혀 안 내는 방법은 없을까? 내더라도 적게 내는 방법은 없을까? 과세표준을

낮추는 방법으로 할까? 아니면 적용세율을 낮추는 방법으로 할까? 하지만 우리 사회는 주민등록번호제도, 세금계산서제도, 신용카드제도, 은행거래내역공유제도, 각종 등기등록제도 등으로 인해 아들이 무상으로 받는 거래가 노출되지 않을 수 없도록 되어 있다. 전혀 세금을 부담하지 않는 것은 현실적으로 어렵다.

그래서 아버지는 과세표준 또는 세율을 낮추는 방법을 고민하기 시작한다. 현금이 아닌 성장 가능성이 있는 비상장주식으로 증여할까? 왜냐하면 현재 세법의 보충적 평가방법으로는 그 평가액이 적게 나올 수 있기 때문이다. 아니면 증여자별 · 수증자별 세금을 계산한다는 원칙을 활용해 볼까? 왜냐하면 아버지가 혼자 증여하면 30% 세율이지만, 10명의 비특수관계자로부터 아들이 각각 1억 원씩을 증여받으면 적용세율이 10%로 감소하기 때문이다. 아버지가 이용하는 이러한 방법들은 절세인가? 탈세인가?

세금을 줄이고자 하는 유혹으로 인해 탈세의 가능성은 높아지게 된다. 예를 들어 전환사채 등을 증여한 후 상장을 통하여 시세차익을 얻도록 하는 방법은 증여세 회피의 고전적인 방법이다. 이런 방법을 이용하였어도 상속세 및 증여세법이 개정되기 전에는 소급과세금지의 원칙에 따라 과세를 하지 못하게 되어 있었다.

탈세하지 않고 절세하고 싶다면 세금에 대해 알아야만 한다. 적어도 최소한의 세금에 대한 지식은 필요하다. 이 책의 곳곳에 그에 대한 해답들이 제시되어 있다.

Add-on 조세회피란 무엇인가?

조세회피tax avoidance란 법의 미비점을 이용하여 세금을 줄이려는 행위로 합법적으로 조세 부담을 줄이는 것을 말한다. 불법적으로 탈세tax evasion를 하는 것과는 달리 합법적 행위이며 전 세계 기업들은 조세회피를 위해 많은 조세 전문가들을 고용하고 있다. 즉 조세 전문가 고용에 따른 비용보다 많은 세금을 줄일 수 있다면 기업으로서는 이익이고 수많은 조세 전문가들의 일자리도 창출된다. 반면에 본국 정부는 세수가 크게 줄어들기 때문에 강력한 대응책을 마련하려고 할 것이다. 합법적 조세회피tax avoidance와 불법적 탈세tax evasion를 합쳐서 조세 불응tax noncompliance이라고 한다.[3]

Tips 과중한 조세부담에 대한 Charles Adams 견해

"성난 납세자는 억압적인 조세제도를 설정하는 정부에 대해 치명적인 위협이 될 수 있다. 납세자는 본능적으로 저항한다. 제1의 국면에서의 저항적 경고는 만연된 탈세와 조세회피를 하려고 한다. 제2국면은 소동을 일으킨다. 제3국면은 폭력화한다". 그러므로 "우리는 불을 다루듯이 조세를 다루어야 한다. 그렇게 적절한 조심을 하지 아니하면 우리가 이루어 놓은 모든 것이 불에 타버리고 좋은 세상을 바라는 우리의 희망은 연기로 사라질 수 있다. 반면 조세를 적정하게 관리하면 위대한 나라를 건설할 수 있고 국민에게는 큰 행복을 가져올 수 있다".

---

3. 조세 불응의 대비되는 단어는 조세 순응(tax compliance)이라고 한다.

6 세금에 대한 이해는 용어에서 시작된다

어떤 스포츠를 제대로 알기 위해서는 관련 용어를 알아야 하듯이 세금을 제대로 이해하려면 관련 용어를 아는 것이 무엇보다 중요하다. 세금과 관련한 중요한 용어 몇 가지를 살펴보도록 하자.

6.1 납세자와 납세의무자

납세자는 세금을 내야 할 법률상의 의무가 있는 개인이나 법인을 뜻하는데, 이는 납세의무자와 징수의무자로 구분된다. 납세의무자는 법률의 규정에 따라 세금을 납부할 의무가 있는 개인 또는 법인으로 조세의 주체가 된다. 징수의무자는 세금을 내야 할 사람으로부터 세금을 거두어 납부하는 사람으로서 원천징수의 경우 원천소득의 지급자가 이에 해당한다. 구체적으로 분류하면 다음과 같다.

[납세자의 분류]

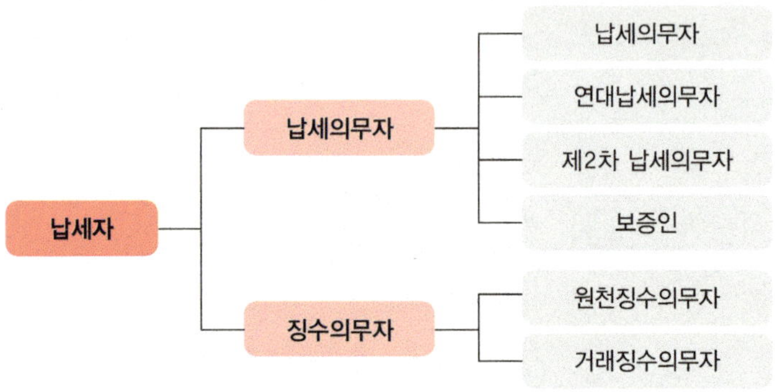

(1) 납세의무자

납세의무자는 세법에 따라 세금을 납부할 의무가 있는 사람을 말한다.

(2) 연대납세의무자

연대납세의무는 민법상의 연대채무를 준용하는 것으로 하나의 납세의무를 2인 이상이 연대하여 의무를 지는 것을 말한다. 예를 들면, 법인세법상 청산인과 잔여재산 분배를 받은 자의 연대납세의무, 상속·증여세법상 상속인 또는 수증자의 연대납세의무 등이 있다.

(3) 제2차 납세의무자

납세자가 납세의무를 이행할 수 없는 경우 납세자를 대신하여 납부할 의무를 지는 사람을 말한다. 예를 들면, 청산인 등의 제2차 납세의무, 사업양수인의 제2차 납세의무, 과점주주의 제2차 납세의무 등이 있다.

(4) 보증인

납세자의 국세, 가산금 또는 체납처분비의 납부를 보증한 사람을 말한다.

(5) 원천징수의무자

원천징수란 상대방의 소득 또는 수입금을 지급할 때 이를 지급하는 측에서 그 금액을 받는 사람이 내야 할 세금을 미리 떼어서 대신 내는 제도를 말한다.

이때의 납세자를 원천징수의무자라고 한다.

(6) 거래징수의무자

사업자가 재화 또는 용역을 공급하는 때에 그 공급을 받는 자로부터 세금을 징수하는 것을 거래징수라고 한다. 부가가치세는 거래징수의 방법으로 징수되는 대표적인 조세이다.

> *Tips* **관련 법률**
>
> **국세기본법 제2조**(정의)
>
> 9. "납세의무자"란 세법에 따라 국세를 납부할 의무국세를 징수하여 납부할 의무는 제외한다가 있는 자를 말한다.
> 10. "납세자"란 납세의무자연대납세의무자와 납세자를 대신하여 납부할 의무가 생긴 경우의 제2차 납세의무자 및 보증인을 포함한다와 세법에 따라 국세를 징수하여 납부할 의무를 지는 자를 말한다.
> 11. "제2차 납세의무자"란 납세자가 납세의무를 이행할 수 없는 경우에 납세자를 대신하여 납세의무를 지는 자를 말한다.
> 12. "보증인"이란 납세자의 국세·가산금 또는 체납처분비 등의 납부를 보증한 자를 말한다.

6.2 체납처분비

"국세기본법" 제2조 제6호에 따르면 체납처분비는 국세징수법 중 체납처분에 관한 규정에 의한 재산의 압류, 보관, 운반과 매각에 든 비용매각을 대행시키는 경우 그 수수료를 포함한다을 말한다.

6.3 과세기간

각 세법에서는 과세표준을 산정할 때, 일정한 기간을 단위로 계산하게 되는데, 이러한 단위기간을 과세기간이라 한다. 개인사업자의 소득세 과세기간은 1월 1일부터 그해 12월 31일까지를 하나의 과세연도로 하여 계산하고, 법인사업자의 법인세 과세기간은 법령 또는 당해 법인의 정관 규칙에서 정하는 1회계기간을 말하는데 그 기간은 1년을 초과할 수 없다. 그리고 부가가치세법에서는 1월 1일부터 6월 30일까지를 제1기 과세기간으로, 7월 1일부터 12월 31일까지를 제2기 과세기간으로 규정하고 있다.

6.4 과세표준

세액이나 세율의 대소를 결정할 때의 대상이 되는 값이나 수량을 가리키는 말이다. 즉, 세금을 부과하기 위한 기준 금액 등을 말한다. 일반적으로 과세표준에 세율을 곱하여 세액을 산출한다.

6.5 과세표준신고서 및 과세표준수정신고서

과세표준신고서는 과세표준, 납부 또는 환급을 위하여 필요한 사항을 기재한 신고서를 말한다. 과세표준수정신고서는 당초에 제출한 과세표준신고서의 기재사항을 수정하는 신고서를 말한다.

Add-on 종합소득세

- **과세기간** : 1월 1일~12월 31일
- **법정신고기한** : 다음 해 5월 1일부터 5월 31일까지
- **납부기한** : 다음 해 5월 1일부터 5월 31일까지
- 납부금액 중에서 1천만 원이 넘는 경우 분납 신청이 가능하다. 분납 신청을 하게 되면 납부기한 경과 후 2개월 이내까지 기한이 연장된다. 이렇게 연장된 기한에는 가산세 등이 붙지 않는다.

6.6 법정신고기한

법정신고기한은 과세표준과 납부 또는 환급을 위하여 필요한 사항을 기재한 과세표준신고서를 제출할 기한을 말한다. 납부기한은 세금을 내야 하는 정해진 기한을 말한다.

6.7 체납자와 체납액

체납자는 세금 등을 납부기한까지 내지 못한 사람을 말하고, 체납액이란 납세자가 결정된 세액을 납부기한까지 납부하지 않아서 체납된 국세와 그 가산금 및 체납처분비를 포함한 것이다.

6.8 전자신고

전자신고는 납세자 또는 세무대리인이 세법에 의한 신고 관련 서류를 자신의 컴퓨터에서 작성한 후 인터넷을 통하여 국세전자신고시스템에 신고하는 것

을 말한다. 이러한 전자신고는 지금까지 납세자가 신고서를 작성한 후 세무서를 방문하여 제출하는 방문신고, 우편으로 발송하는 우편신고, 서면작성 후 전산매체로 변환하여 제출하는 전산매체신고와 구별되는 신고방법이다.

개인의 소득과 소득세의 신고

1. 소득세의 일반적인 개념을 먼저 이해하자 / 2. 소득에는 어떤 것이 있는가?
3. 소득세율은 어떻게 적용되는가? / 4. 종합소득세의 구조에 대해 이해하자 / 5. 종합소득세의 과세방법

3

우리의 생활 또는 경제활동을 통해서 가장 많이 마주하게 되는 세금은 아마도 소득세이다. 이유는 소득세가 자연인인 거주자가 버는 돈, 즉 소득에 대해 과세하는 세목이기 때문이다. 소득세는 종합소득세, 퇴직소득세, 양도소득세로 구분되는데 이 중 종합소득세가 우리의 일상적인 소득 활동과 가장 밀접한 세목이다. 3장에서는 소득세의 기본적인 내용을 살펴보고, 4장부터 7장에서는 종합소득세를 구성하는 각각의 세목을 자세히 살펴보고자 한다.

1 소득세의 일반적인 개념을 먼저 이해하자

앞서 언급한 바와 같이 소득세는 개인의 소득 활동에 대해 과세하는 세금이다. 개인의 소득 활동은 다양한 유형으로 이루어지며 각각의 특징을 가지고 있다. 근로를 통해 돈을 버는 사람은 대부분 매달 일정 금액을 월급으로 받을 것이고, 이자를 받는 사람 역시 일정한 이자를 획득할 것이다. 그러나 사업 활동을 통해 소득을 얻는 경우에는 돈을 벌 수도 있지만, 손해를 볼 수도 있다. 어떤 사람은 부동산을 사고파는 과정에서 이익을 볼 수도 있고, 손해를 볼 수도 있다. 이처럼 다양한 소득 활동에 대해서 과세를 하는 경우, 모든 소득 활동에 보편적으로 적용할 수 있는 일반적인 개념이 정립되어야 한다. 다음 사항들은 소득세 과세의 배경이 되는 일반적 개념들이다.

〈소득세 과세방식〉

- **종합소득**
  - **종합과세** : 과세표준에 합산, 초과누진세율
  - **분리과세** : 합산 안 함, 원천징수세율
- **분류소득** — **분류과세** : 합산 안 함, 별도세율

1.1 소득세의 과세기간과 신고기한

소득 활동의 유형에 따라 소득세는 다양하게 구분되지만, 과세의 기준이 되는 날짜는 모두 동일하게 적용된다. 어떤 소득이라 하더라도 1회계연도[매년 1월 1일부터 12월 31일]에 발생한 소득에 대해 과세한다. 소득세에 대한 신고 역시 다음 해 5월 1일부터 5월 31일까지 동일한 신고기한을 적용한다. 세부적으로 다른 부분이 있지만, 소득세의 과세기간과 신고기한은 기본적으로 동일하다.

Add-on 미국 영주권자인 제임스가 국내에 보유 중인 건물에서 임대소득 등이 발생하는 경우, 과세는 어떻게 하는가?

미국 영주권자인 제임스가 국내에 보유 중인 건물에 대한 임대업과 보유 중인 KB국민은행의 예금에서 이자소득이 발생할 경우에는 생활의 근거지가 국내에 있는 거주자로 간주하여 과세를 하게 된다. 따라서 한국에서 벌어들인 소득과 미국에서 벌어들인 소득을 합산해서 신고를 해야 한다. 다만, 외국의 영주권을 가지고 있는 자로서 국내에 생계를 같이하는 가족이 없고, 직업이나 보유자산의 상태 등을 고려할 때 다시 입국하여 거주하지 않을 것이라고 인정되는 경우에는 비거주자로 간주한다. 이처럼 비거주자로 간주되는 경우에는 한국에서 벌어들인 소득에 대해서만 과세를 하게 된다. 즉, 비거주자는 국내 사업장의 유무에 따라 과세방법이 결정된다. 비거주자로 국내 원천소득이 더 이상 없는 경우에는 과세기간을 1.1~출국일까지로 하여 소득을 신고하면 된다.

Add-on 미국 메이저리그에서 프로야구 선수로 활동하고 있는 류현진은 어떤 식으로 세금이 부과되는가?

프로야구 선수 류현진은 국내에 생활 근거지를 가지고 있으므로 메이저리그의 토론토 블루제이스에서 받는 연봉 금액과 국내의 다른 소득를 합산하여 소득세 신고를 해야 한다. 토론토 블루제이스에서 연봉을 수령하면서 이미 미국에서 낸 세금은 이미 납부[기납부세액이라 함한 것으로 간주하고 세금을 정산한다. 이를 '외국납부세액공제제도'라고 부른다.

〈비거주자의 과세방법〉

구분	국내 사업장이 있는 경우	국내 사업장이 없는 경우
과세 방법	▪당해 국내 사업장에 귀속되는 6가지 소득을 합산하여 신고함 ▪국내 사업장에 직접 귀속되지 않는 이자, 배당 등의 소득은 원천징수로서 분리과세 됨(금융소득 종합과세 제외)	▪소득의 종류별로 완납적 원천징수로 분리과세 됨
주의 사항	▪소득세의 결정 및 징수는 거주자와 동일 ▪소득공제는 본인의 기초공제만 해줌 ▪특별공제 및 표준공제는 해당 없음	▪원천징수 시 소득세법에 따라 원천징수하되 조세조약상의 제한세율을 적용받는 경우에는 제한세율을 우선 적용함

1.2 소득세의 세율

개인의 소득에 대해 부과되는 소득세는 소득의 유형과는 관계없이 같은 세율로 과세되는 것이 기본이다. 이자를 받거나, 월급을 받거나 또는 사업을 해서 돈을 벌었다 하더라도 혹은 자산을 양도해서 돈을 벌었거나 퇴직금을 받아도 소득 금액이 같다면 적용되는 세율은 기본적으로 같아야 한다.

1.3 개인별 과세

소득세는 개인별로 과세하는 것을 원칙으로 한다. 종전에는 금융소득이자소득, 배당소득과 부동산임대소득현재는 사업소득에 합산하여 과세 등 자산소득의 경우 부부의 소득을 합산하여 과세하였다. 그러나 자산소득에 대한 부부 합산과세가 "헌법"에 위배된다는 헌법재판소의 판결2002년 판결 이후 모든 소득세는 개인별로 과세하고 있다. 그러므로 부부라 할지라도 따로따로 과세하는 것이 원칙이다. 다만, 예외적으로 가족 구성원 중 2인 이상이 공동사업자이고, 허위로 손익 분배 비율을 정하는 등의 사유가 있을 때에는 이를 합산하여 과세한다.

Add-on 소득은 기본적으로 (개)인별 과세이므로 여러 명으로 분산할 경우 절세를 할 수 있다

소득은 (개)인별 과세가 원칙이므로 소득을 1인보다는 다수에게 분산시키는 경우 절세할 수 있다. 이유는 소득세는 초과누진세율로 과세를 하고 있기 때문이다. 따라서 1인 사업체로 운영하는 것보다 여러 명이 공동으로 사업을 진행하는 것이 절세할 수 있는 좋은 전략이 될 수 있다. 다만, 여러 명이 공동으로 사업하는 경우 매출액이 커지므로 세금 관리에 대한 신경을 더 써야 한다.

1.4 분류과세

앞에서 세금의 종류를 살펴볼 때, 소득세는 크게 종합소득세, 퇴직소득세, 양도소득세로 나눠짐을 알 수 있었다. 소득세를 이렇게 구분[종합소득세, 퇴직소득세, 양도소득세]하여 과세하는 것을 분류과세라고 부른다. 좀 더 명확하게 표현하면, 퇴직으로 인해 얻은 소득[퇴직소득]과 자산을 양도하여 얻은 소득[양도소득]은 다른 소득과 합산하여 과세하지 않고 별개로 과세를 한다. 왜 그렇게 할까? 해답은 소득의 형성과정에 있다. 퇴직으로 인해 생긴 소득[퇴직소득]은 일반적으로 1년보다 긴 시간에 걸쳐 형성된다. 10년을 근무하고 퇴직하게 되는 경우 10년에 해당하는 퇴직금[보통 1년 근무에 1개월의 월급에 해당하는 금액을 퇴직금으로 지급]을 퇴직시점에 일시에 받게 되는 것이다. 이런 경우 1년 치 근로소득과 10년 치 퇴직금이 동일한 세율로 과세된다면 공평한 과세라고 할 수 없다. 양도소득 역시 자산을 취득해서 양도하기까지 대개 1년 이상의 시간이 소요되는 경우가 많으며, 어떤 경우

는 몇 십 년이 걸리기도 한다. 이처럼 일상적인 생활을 영위하기 위한 소득 활동으로 보기 힘든 소득이 퇴직소득과 양도소득이다. 따라서 퇴직소득과 양도소득은 다른 소득과 별개로 과세하게 되는데, 이를 분류과세라고 부른다.

1.5 종합과세

종합과세는 금융소득이자소득, 배당소득, 사업소득, 근로소득, 연금소득, 기타소득을 개인별로 종합하여 과세하는 것을 말한다. 이런 종류의 소득은 일상생활을 영위하는 데 필요한 소득을 얻기 위한 활동이라고 판단하기 때문이다. 이러한 소득을 종합하여 합산을 하게 되면 초과누진세율의 세율구조 때문에 소득이 클수록 세금부담이 더 늘어나게 된다. 따라서 종합과세는 세금의 부담능력에 따른 공평과세를 지향하고자 하는 제도적 장치라고 할 수 있다.

〈종합소득의 종류와 과세방법〉

과세방법	소득 종류	적용기준
종합과세*	이자·배당 소득	합산소득이 2천만 원을 초과해야 종합과세*
	근로·사업 소득	무조건 종합과세
	연금소득	■ 공적연금소득(무조건 종합과세) ■ 사적연금소득(1천 2백만 원을 초과해야 종합과세)
	기타소득	3백만 원을 초과해야 종합과세(기타소득금액) (3백만 원 이하인 경우에는 종합과세 선택 가능)
분류과세**	양도소득	양도차익에 대해서 종합소득과 합산하지 않고 별도 과세
	퇴직소득	퇴직소득에 대해서 종합소득과 합산하지 않고 별도 과세

* 이자·배당·근로·사업·연금·기타 소득 등을 합산하여 과세

** 종합소득과 합산하지 않고 각각 구분하여 과세

Add-on 금융소득은 2천만 원이 넘어야 종합 합산된다

은행에서 받는 이자소득이나 배당소득이 모두 종합 합산되지는 않는다. 두 가지 이상의 소득을 합산해 2천만 원이 넘는 경우에만 종합소득으로 합산하여 과세한다. 이를 '금융소득 종합과세'라고 부른다. 그러나 비영업대금의 이익은 무조건 종합과세 하게 된다.

1.6 열거주의

소득세는 "소득세법"에 열거된 소득만을 소득으로 간주하여 과세하고, "소득세법"에 명시되어 있지 않은 소득은 과세하지 않는다. 이를 열거주의라고 부른다. 다만, 구체적으로 열거하기 어려운 금융소득이자소득, 배당소득은 '유형별 포괄주의'를 적용하고 있다. 유형별 포괄주의란 구체적으로 열거되어 있지 않더라도 열거된 것과 유사한 경우에는 과세를 한다는 의미이다. 이처럼 금융소득에 대해 유형별 포괄주의를 채택하는 이유는 금융기법의 발전으로 새롭게 발생하는 금융소득에 대해 세법을 개정하지 않고도 과세를 하기 위해서이다.

Add-on 소득으로 열거된 것 이외에는 세금을 내지 않아도 될까?

"소득세법"은 소득원천설을 원칙으로 하고 있다. 즉, 소득을 원천별로 6가지로 나누어서 과세한다는 뜻으로 열거주의를 원칙으로 하고 있다. 따라서 열거된 소득이 아닌 경우 기본적으로 과세를 할 수 없다. 그러나 이자소득과 배당소득, 연금소득은 열거되어 있지 않더라도 유사한 소득인 경우 과세를 할 수 있다. "소득세법"에 열거되어 있지 않은 사례로 다음과 같은 것들이 있다.

- 고정자산기계, 차량 등의 처분 손익
- 농업에서 얻는 소득
- 개인이 직접 투자한 채권 매매차익
- 피해 보상금 및 명예훼손으로 인한 보상금, 위자료, 상해 보상금 등

1.7 인적공제제도

소득세는 (개)인세로 분류하여 과세한다. 인세로 분류하여 과세하는 이유는 사람마다 처한 환경이 다르므로 서로 다른 개인적 사정을 고려하여 과세를 한다는 뜻이다. 예를 들어 A는 가족이 4명이고, B는 혼자 생활하고 있다. 그런데 A와 B 모두 동일하게 근로소득이 5,000만 원이라고 해 보자. 이처럼 서로 다른 생활환경인 A와 B가 같은 금액의 소득세를 부담해도 공평한 조세라고 할 수 있을까? 아니다. 일상생활을 위한 소득은 생계를 같이하는 가족의 최저생활비가 보장되는 수준일 필요가 있다. 따라서 소득세는 다양한 인적공제제도종합소득공제, 퇴직소득공제, 양도소득공제 등를 두고 있다. 즉, 부양가족의 수나 건강 상황 등 개인적인 형편에 따라 공제되는 금액에 차이를 두고 있다.

1.8 초과누진세율

초과누진세율은 소득이 적으면 낮은 세율, 많으면 높은 세율을 적용하는 것을 말한다. 현행 소득세 세율은 6~45%까지 8단계로 되어 있다.

〈소득세 세율표〉

과세표준	세율
1,400만 원 이하	6%
1,400만 원~5,000만 원 이하	15%
5,000만 원~8,800만 원 이하	24%
8,800만 원~1억 5,000만 원 이하	35%
1억 5,000만 원~3억 원 이하	38%
3억 원~5억 원 이하	40%
5억 원~10억 원 이하	42%
10억 원 초과	45%

1.9 신고납부제도

소득세는 납세자의 신고로 과세표준과 세액이 확정되는 신고납부제도로 운영되고 있다. 따라서 다음 해 5. 1～5. 31일까지 신고서를 작성하여 주소지를 관할하는 세무서에 신고·납부해야 한다. 우리나라는 1996년 5월부터 종합소득세의 신고납부제도를 시행하고 있다.

2 소득에는 어떤 것이 있는가?

"소득세법"은 소득의 종류를 종합소득, 퇴직소득, 양도소득으로 구분하여 과세하고 있다. 종합소득은 다시 근로소득, 사업소득, 금융소득[이자소득, 배당소득], 연금소득, 기타소득으로 구분한다. 소득을 여러 종류로 구분하여 과세하는 이유는 소득의 형성과정이나 사회적 인식이 다르기 때문이다. 이제부터는 각 소득이 어떤 성격을 가진 소득인지 살펴본다.

2.1 종합소득

종합소득은 1년 동안[1.1～12.31] 벌어들인 근로소득, 사업소득, 이자소득, 배당소득, 연금소득, 기타소득의 6가지 소득을 모두 합산한 소득을 말한다. 종합소득으로 합산해 과세를 하는 이유는 소득이 많을수록 더 많은 세금을 부과[누진세율]하는 것이 타당하기 때문이다. 예를 들어 주간에는 회사에서 일하고, 야간에는 피자집을 운영하는 박태환은 근로소득과 사업소득을 얻게 된다. 박태환은 자신이 번 근로소득과 사업소득을 합산하여 종합소득으로 소득세를 신고해야 한다. 종합소득을 자세히 살펴보자.

(1) 근로소득

근로소득은 고용계약에 따라 근로를 제공하고 그 대가로 받는 소득을 말한다. 고용계약에 따라 고용주에게 종속되어 근로를 제공하고 그 대가로 받는 것이면 지급받는 형태나 명칭과 관계없이 근로소득이 된다. 따라서 월급이나 보너스[상여금] 등은 당연히 근로소득이 되고, 회사에서 지원해 주는 자녀의 학자금 보조도 근로소득이 된다. 그러나 회사에서 식사비 명목으로 지급하는 금액이 월 20만 원 이내인 경우에는 근로소득으로 보지 않아 과세되지 않는다. 이런 소득은 비과세 근로소득이라고 한다.

Add-on 근로소득과 관련된 용어

- [근로를 제공하고 받은 총 대가 − 과세 제외 = 근로소득]
- [근로소득 − 비과세 근로소득 = 총 급여]

과세 제외는 세법에서 근로소득으로 보지 않는 부분이다. 회사가 고용인의 경조사에 경조사비를 전하는 경우가 이에 해당한다. 비과세 근로소득은 법이 정한 일정 요건을 갖추면 세금을 부과하지 않는 것을 말한다. 월 20만 원 이내의 식사비와 차량유지비 등이 이에 속한다. 이러한 용어들은 세금의 이해에 매우 중요하다.

(2) 사업소득

사업소득은 사업 활동을 통해 번 소득을 말한다. 우리가 일상에서 사업이란 용어를 매우 많이 사용하고 있지만, 정작 사업이 무엇인지 정확하게 설명하기란 쉽지 않다. 일반적으로 사업은 사람들에게 필요한 재화나 용역을 제공하는 활동으로 이해된다. 하지만 앞서 살펴본 바와 같이 세금은 소득 유형별로 다른 세법 규정이 적용될 수 있기 때문에 다른 소득과 대비해서 사업 활동이 가지는 특징을 분명히 이해할 필요가 있다.

사업 활동은 재화나 용역을 독립적 · 계속적 · 반복적으로 제공하는 활동이다. 이런 특성으로 인해 사업소득은 근로소득이나 기타소득과 구별될 수 있다. 사업은 누군가에게 종속되어 지시를 받는 것이 아니라 스스로의 판단에 의해 독립적인 지위에서 이루어지는 활동이다. 또한 단기간의 일회성 활동이 아니라 계속적으로 반복되는 활동의 성격을 가진다. 의사가 자신의 병원을 개원해서 진료를 하고 버는 소득은 사업소득이다. 그러나 개인병원을 운영하는 의사가 아닌 월급을 받는 의사라면, 그러한 의사가 받는 월급은 근로소득이 된다.

한편 재화나 용역을 제공하고 받는 금액 전부를 사업소득으로 보지 않는다. 사업소득을 얻기 위해서는 사람도 고용해야 하고, 기계와 공장[장소]도 있어야 하며, 전기 등 에너지를 사용해야 한다. 사업소득에 대한 과세는 이런 지출을 차감하고 이루어진다.

예를 들어 카페를 운영하는 박태환이 1년 동안 판매한 커피가 1억 원인데, 원두 구입으로 1천만 원, 인건비로 3천만 원, 임차료로 2천만 원을 지출하였다면, 커피 판매금액 1억 원에서 6천만 원[= 원두 구입 1천만 원 + 인건비 3천만 원 + 임차료 2천만 원]을 제외한 4천만 원에 대해서 과세를 하게 된다. 이때 일반적으로 1억 원을 총수입금액, 6천만 원을 필요경비라고 부른다.

Add-on

연예인, 스포츠 선수의 전속계약금은 어떤 소득으로 과세가 될까?

연예인 G-드래곤, 야구선수 류현진은 자유직업 사업자에 해당이 된다. 사업소득자가 받는 전속계약금은 무조건 사업소득으로 본다. 그러나 비사업자가 받는 전속계약금은 기타소득으로 본다. 통상적으로 전속계약금은 그 금액이 크기 때문에 전속계약금을 받은 해당 연도에 소득신고를 하게 되면 누진세율로 인해 세금이 과다하게 부과될 수 있다. 따라서 전속계약금은 전속계약기간에 걸쳐서 안분[나누어서]하여 소득신고를 하는 것이 세금을 절세하는 방안이 될 수 있다.

게임 머니나 게임 아이템을 파는 경우에도 세금이 부과될까?

게임 머니를 계속적·반복적으로 결제수단으로 사용하면 사업소득으로 과세가 되고, 사업자로 간주되기 때문에 부가가치세의 과세대상이 된다. 따라서 온라인 거래로 자주 물건 등을 팔 경우의 소득도 사업소득으로 간주되게 되므로 주의를 할 필요가 있다. 그러나 인터넷상의 도메인 양도로 인한 소득은 기타소득으로 과세가 된다.

(3) 금융소득

이자소득과 배당소득을 합하여 금융소득이라고 부른다. 이자란 예금이나 채권[국·공채], 회사채 등을 보유함에 따라 받는 대가이다. 따라서 이자소득은 자신이 보유하고 있는 자산을 이용하여 얻게 되는 자산소득으로 간주한다. 배당은 보유하고 있는 주식의 지분비율에 따라 연말에 기업의 이익을 분배받는 것을 말한다. 이렇게 분배받은 배당소득 역시 자산소득으로 간주한다.

만약 자금을 빌려준 것이 아니라 보유하고 있는 채권을 양도하여 차익이 발생하였다면 이 경우는 이자소득이라고 부르지 않는다. 마찬가지로 주식을 양도함으로써 발생하게 되는 양도차익 역시 배당소득이라고 부르지 않는다. 그럼 이처럼 자산[채권이나 주식]의 양도로 인해 발생한 소득은 어떻게 부르는가? 양도로 인해 발생한 소득이라는 의미에서 양도소득이라고 부른다.

만약 KB국민은행에 1년 동안 1,000만 원의 예금 대가로 5%의 이자인 50만 원을 지급받았다면 50만 원의 이자소득이 생긴 것이다. 그리고 보유하고 있던 주식[가령 삼성전자 주식]을 통해 연말에 10만 원의 배당을 받았다면, 그러한 배당은 10만 원의 배당소득이 된다.

그렇다면 다음과 같은 경우에는 금융소득이 얼마일까? 예를 들어 박태환이 KB국민은행에서 연 이자율 6%에 1,000만 원을 빌려서 주식투자를 하였고, 투자한 주식을 연말까지 보유하고 있다고 가정해 보자. 박태환은 1,000만 원의 주식 보유로 해당 회사로부터 연말에 100만 원의 배당을 받았다고 가정해 보자. 박태환은 주식 보유로 100만 원의 배당수익을 얻었지만, 주식을 사기 위해 KB국민은행에서 빌린 1,000만 원의 이자인 60만 원[= 1,000만 원 × 6%]을 KB국민은행에 지불해야 한다. 따라서 박태환의 순수익은 배당금 100만 원에서 이자로 지불한 60만 원을 차감한 40만 원이 된다. 이러한 경우 박태환의 배당소득은 100만 원인가? 아니면 40만 원[= 100만 원 − 60만 원]인가?

소득을 얻기 위해서는 일정한 노력[지출액]이 들어가게 마련이다. 세금은 소득을 얻기 위해 지출한 노력[지출액]을 제외한 순소득에 대해서 과세를 한다. 그러나 소득을 얻기 위해 지출한 노력을 무시하고 과세를 하는 경우도 있다. 그것이 바로 금융소득이다. 따라서 박태환의 배당소득은 100만 원이 된다. 금융소득을 계산할 때는 금융소득을 얻기 위해 지출한 노력[지출액으로 이를 필요경비라고 부른다]을 차감하지 않는다. 이러한 점이 금융소득[이자소득, 배당소득]과 다른 소득의 차이점이다.

Add-on 친구에게 빌려준 돈에 대한 이자도 과세되는가?

사인 간[친구 또는 사업상]에도 거래를 통해 서로 돈을 빌려주고 그 대가로 이자를 받는 경우가 있다. 이처럼 사인 간 거래의 경우 과세당국에서 추적하기는 쉽지 않지만, 만약 이자를 받는 경우 그러한 이자도 이자소득으로 과세가 된다. 이와 같은 이자소득을 '비영업대금의 이익'이라고 부른다. 이러한 이자의 원천징수율은 27.5%[지방소득세 2.5% 포함]로 다른 이자율 15.4%[지방소득세 1.4% 포함]보다 높다. 우리는 흔히 이러한 '비영업대금의 이익'을 '돈놀이', '이자놀이'라고 부른다. 이자에도 세금이 붙는다는 것을 기억할 필요가 있다.

Tips 영화 펀드에 투자하는 경우, 투자자들에게 돌려주는 이득금은 어떻게 과세될까?

우리나라의 영상산업이 전 세계적으로 호평을 받으면서 영화나 드라마 등의 제작에 엄청난 금액이 투자되고 있다고 한다. 영화제작사는 엄청난 예산이 들어가는 블록버스터급 영화 제작비용을 어떻게 조달할까? 일반적으로 제작비용이 적게 들어가는 영화 제작의 경우 영화제작사가 자체 자금을 조달하기도 하지만 엄청난 제작비용이 들어가는 영화 제작의 경우는 펀드를 조성하여 제작하게 된다. 만약 인터넷이나 엔젤투자기관[이를 '익명조합'이라 한다]을 통해서 투자를 하였고 투자한 영화가 대박이 나 배당금을 받게 되었다면 그러한 배당금은 어떤 소득으로 분류될까? 먼저 이러한 소득은 배당소득에 해당된다. 이러한 배당소득의 원천징수율은 27.5%[지방소득세 2.5% 포함]이고 종합과세 되는 소득에 해당이 된다.

(4) 연금소득

연금제도는 경제활동을 활발하게 하는 동안 노후생활을 위해 소득의 일부를 보험료로 납부하고, 나중에 노동력을 상실한 노후에 매년 일정액을 지급받는 사회보장제도이다. 연금소득은 국민연금, 공무원연금 등 직역연금, 연금저축, 퇴직연금근로자퇴직급여보장법에 의한, 개인형 퇴직연금IRP을 연금 형태로 받는 경우를 말한다. 이 중 국민연금, 공무원연금 등의 직역연금은 개인의 의사와 관계없이 근로소득이 있으면 의무적으로 가입해야 하는 공적연금이다. 연금저축, 퇴직연금이나 개인형 퇴직연금IRP는 사적연금이다. 연금의 수령과 관련한 과세에는 종합과세와 분리과세 방법이 있다.

Tips 국민연금을 연금으로 받는데도 세금을 내야 할까?

국민연금을 납입하고 연금을 받게 되면 연금소득으로 종합과세 된다. 다만, 지난 2002년 이후 납입분부터 과세되고 2001년 12월 31일 이전에 납입한 국민연금 해당액은 종합소득세가 과세되지 않는다.

만약 연금 상품을 연금의 형태가 아닌 일시불로 수령한다면 어떻게 될까? 만기 또는 해약으로 인하여 연금 상품을 일시금으로 지급받는 경우에는 국민연금과 퇴직연금은 퇴직소득으로 과세되고, 개인연금저축은 기타소득으로 과세된다.

- 연금총액 - 비과세연금 - 과세제외연금 = 총연금액

(5) 기타소득

기타소득은 다른 소득으로 과세되지 않는 소득으로 "소득세법"에 기타소득으로 열거된 소득을 말한다. 기타소득은 계속성과 반복성이 없는 소득이라는 특징이 있다. 예를 들어 회사원인 박태환이 원고 게재로 받은 원고료나 로또에 당첨되어 받은 당첨금은 기타소득으로 과세된다. 이유는 회사원인 박태환의 계속적인 주 수입은 매달 받는 월급인 근로소득이고, 원고료나 로또 당첨금은 일시적인 소득으로 판단되기 때문이다.

Add-on 뉴스에 보도되는 특정인에 대한 뇌물에도 세금을 부과할까?

사례금, 뇌물, 알선수재 및 배임수재로 받은 금품은 기타소득에 해당된다. 이러한 금품은 필요경비가 없고, 받은 총금액이 기타소득으로 과세된다. 그러나 소득세[기타소득]가 과세되기 이전에 배임수재에 해당하는 금액을 원귀속자에게 반환하면, 과세대상인 기타소득이 없는 것으로 간주하기 때문에 소득세를 과세할 수 없다.

Add-on TV 등의 퀴즈 및 예능 프로그램에서 받은 상금도 과세가 되는가?

상금, 사례금, 포상금 등은 기타소득으로 분류되어 과세대상이 된다. 다만, 가끔 라디오 프로그램에서 "퀴즈 당첨자에게 현금 5만 원을 준다"라는 멘트를 들을 수 있는데, 5만 원은 기타소득의 과세최저한이기 때문에 과세되지 않는다. 현재 로또 당첨금 등 복권의 경우, 과세최저한이 200만 원으로 200만 원 이하는 과세되지 않는다.

2.2 퇴직소득

퇴직소득은 근로자가 근무하던 회사를 퇴직할 때 지급받는 소득을 말한다. 퇴직소득은 매년 발생하는 근로소득과는 달리 퇴직할 때 일시에 받게 되므로 후불 성격의 임금이라고 할 수 있다. 퇴직소득을 매년 계산하는 종합소득에 합산하는 경우 누진세율로 인해 높은 세율이 적용되어 근로자의 세부담이 지나치게 높아질 수 있다. 따라서 퇴직소득은 종합소득과 별도로 분류하여 과세하고 있다. 이를 '분류과세'라고 부른다.

(1) 퇴직금의 계산

퇴직소득세의 계산은 퇴직금의 계산으로부터 다음과 같이 진행된다.

현행 규정 방식
(2014. 12. 23. 법률 제12852호로 개정된 것)

퇴직소득금액
(퇴직급여액 – 비과세소득)

▼

퇴직소득공제
(근속연수공제)

▼

환산급여
(퇴직소득금액 – 근속연수공제) ÷ 근속연수 × 12

▼

퇴직소득공제
(환산급여공제)

▼

퇴직소득과세표준

▼

퇴직소득산출세액
(과세표준 × 세율) ÷ 12 × 근속연수

▼

기납부(과세이연)세액

▼

차감원전징수세액

퇴직금은 퇴직 직전 3개월 평균임금을 기준으로 계산하고, 근로자의 동의가 없는 한 퇴사일로부터 14일 이내에 지급하도록 규정되어 있다. 또한 지난 2013년부터 5인 이하 사업장에도 퇴직금 규정이 적용되기 때문에 사업주는 이를 정확하게 지키는 것이 중요하다.

퇴직금의 지급 및 금액 산정은 해당 기업의 퇴직금 규정에 따르고, 별도의 퇴직금 지급 규정이 없는 경우는 "근로기준법"에 따르도록 규정하고 있다. 퇴직금의 지급과 관련해서는 퇴직금 계산서, 퇴직금 산정서, 퇴직금 수령증, 퇴직금 내역서 등의 양식이 사용된다.

(2) 퇴직금 계산방법

① 평균임금을 기준으로 산정한다. 평균임금은 최종 3개월 동안의 급여와 최종 1년간 지급된 상여금 및 연차수당을 3개월로 환산한 후, 이를 해당 일수로 나누어 계산한다.

② 만약 평균임금이 월 350만 원[3개월 10,500,000원]이면 3개월[92일인 경우]을 92일로 나누어 일평균임금을 계산한다. 이렇게 일평균 임금을 계산하면 114,130원[= 10,500,000 ÷ 92]이 된다.

③ 근무연수가 36개월[3년]인 경우라면 114,130원 × 30일 × 3년 = 10,271,700원이 퇴직금이 된다.

④ 근속연수 공제는 아래 표에서 보는 것처럼 5년 미만이므로 1년에 100만 원씩 공제된다. 따라서 3년 근무를 하였기 때문에 3,000,000원이 공제된다.

근속연수	공제액
5년 이하	100만 원 근속연수
5년 초과 10년 이하	500만 원 + 200만 원 × (근속연수 - 5년)
10년 초과 20년 이하	1천 500만 원 + 250만 원 × (근속연수 - 10년)
20년 초과	4천만 원 + 300만 원 × (근속연수 - 20년)

⑤ **환산급여 계산** : 7,271,700원[10,271,700원 – 3,000,000원] × 12배/근속연수(3년) = 29,086,800원

⑥ **아래의 표에서 보는 것처럼 환산급여 공제** : 환산급여에서 공제액을 차

감한다. 20,652,080원[= 8,000,000원 + [(29,086,800원 − 8,000,000원) × 0.6]]

환산급여	공제액
8백만 원 이하	환산급여의 100%
8백만 원 초과 7천만 원 이하	800만 원 + (800만 원 초과분의 60%)
7천만 원 초과 1억 원 이하	4천 520만 원 + (7천만 원 초과분의 55%)
1억 원 초과 3억 원 이하	6천 170만 원 + (1억 원 초과분의 45%)
3억 원 초과	1억 5천 170만 원 + (3억 원 초과분의 35%)

⑦ 퇴직소득 과세표준은 환산급여에서 환산급여공제를 차감한다. 8,434,720원[= 29,086,800원 − 20,652,080원]

⑧ **환산 산출세액** : 세율이 1,200만 원 이하는 6%이므로 506,083원[= 8,434,720원 × 0.06]

⑨ **산출세액** : 환산 산출세액 × $(\frac{\text{근속연수}}{12\text{배}})$ = 126,520원[506,083원 × (3년/12배)]

2.3 양도소득

양도소득은 개인이 부동산이나 주식 등의 자산을 유상으로 양도하여 얻는 소득을 말한다. 양도소득세는 소득세의 한 종류이기 때문에 개인에 대해 적용된다. 법인인 회사가 부동산이나 주식을 양도하여 양도차익이 발생하는 경우는 양도소득세로 과세하지 않고 법인세로 과세한다. 양도소득도 퇴직소득과 마찬가지로 장기간에 걸쳐 누적되어 형성되었다가 양도시점에 실현되는 소득이다. 따라서 종합소득에 합산하지 않고 별도로 분류하여 과세하고 있다.

3 소득세율은 어떻게 적용되는가?

소득세의 세율은 초과누진세율로 구성되어 있음을 앞에서 살펴보았다. 여기에서는 세율표를 적용하는 구체적인 방법에 대해 알아보자.

〈소득세 세율표〉

과세표준	세율	누진공제
1,400만 원 이하	6%	–
1,400만 원~5,000만 원 이하	15%	1,260,000원
5,000만 원~8,800만 원 이하	24%	5,760,000원
8,800만 원~1억 5,000만 원 이하	35%	15,440,000원
1억 5,000만 원~3억 원 이하	38%	19,940,000원
3억 원~5억 원 이하	40%	25,940,000원
5억 원~10억 원 이하	42%	35,940,000원
10억 원 초과	45%	65,940,000원

과세표준은 세액을 계산하는 기준이 되는 금액이다. 따라서 과세표준에 해당 세율을 적용하면 세액이 계산된다. 어떤 사람의 종합소득이 5,000만 원이고 과세표준은 3,000만 원이라고 가정하여 세액을 계산해 보자(과세표준을 결정하는 여러 절차가 있지만, 추후에 살펴보기로 한다.)

3,000만 원의 과세표준은 세율표의 두 번째 구간에 속하는 금액으로 해당 세율은 15%이다. 그러나 앞서 초과누진세율에 대해 살펴본 것처럼 세액의 계산은 다음과 같이 이루어진다.

(14,000,000원 × 6%) + [(30,000,000원 − 14,000,000원) × 15%]
= 3,240,000원

이상과 같은 계산방식은 이해하기는 쉬운 측면이 있지만 번거롭다는 단점이 있다. 만약 과세표준이 1억 원이라면 다음과 같이 계산해야 한다.

(14,000,000원 × 6%) + (36,000,000원 × 15%) +
(38,000,000원 × 24%) + (12,000,000원 × 35%) = 19,560,000원

그러나 소득세율표를 이용하면 보다 단순하게 계산할 수 있다. 다음처럼 계산하면 과세표준 3,000만 원에 대한 세액을 간단하게 계산할 수 있다.

[(30,000,000원 × 15%) − 1,260,000원] = 3,240,000원

구체적으로 과세표준에 해당하는 가장 높은 세율을 전체 금액에 적용한 다음, 과세표준 금액별로 차이가 나는 세율에 해당하는 금액을 빼주는 방식이다. 이러한 방식으로 과세표준이 1억 원일 경우에는 다음과 같이 계산된다.

[(100,000,000원 × 35%) − 15,440,000원] = 19,560,000원

Add-on 소득세를 줄일 방법은 없는가?

(1) 1,000만 원이 넘는 세금은 분납하자

확정 신고 · 납부세액이 1,500만 원인 경우는 1,000만 원은 신고할 때 납부하고, 500만 원은 신고기한 경과 후 2개월 이내에 납부하면 된다. 확정 신고 · 납부세액은 신고서에 분할납부할 세액을 구분하여 기재하고, 중간예납세액 고지를 받은 경우는 '소득세중간예납세액 분할납부신청서'를 제출하면 된다. 분할납부를 신청하면 신고기한 내에 납부할 세액을 납부하지 아니하거나 일부만을 납부해도 납부기한이 지나지 않은 분할납부세액에 대해서는 가산세를 부과하지 않는다.

(2) 기한 내에 세금을 납부하자

납부기한까지 세금을 납부하지 않거나 고의로 세금 납부를 회피한 경우는 재산 압류, 신용불량자 등록, 출국 제한, 면허 취소, 관허사업 제한 등의 불이익을 받을 수 있다.

또한 세법을 위반하면 "조세범처벌법"으로 처벌될 수 있다. "조세범처벌법"이란 국가의 재정수입을 확보하기 위해 재정질서를 침해하는 행위에 대한 벌칙을 규정하고 있는 법이다. 사기 혹은 그 외 부정적인 행위로 조세포탈을 하거나 환급 또는 공제를 받은 경우 징역형과 그 금액의 2배까지의 벌금형이 선고될 수 있다. 포탈한 세액이 연간 5억 원을 넘는 경우는 "특정범죄가중처벌법"까지 더해져 더 큰 형벌을 받을 수 있다.

4 종합소득세의 구조에 대해 이해하자

종합소득세의 계산은 다음과 같은 절차로 이루어진다. 얼핏 복잡해 보이지만, 다음 도표의 왼편을 중심으로 주요 절차의 내용을 먼저 이해하면 좀 더 쉽게 이해가 된다.

[종합소득세의 구조]

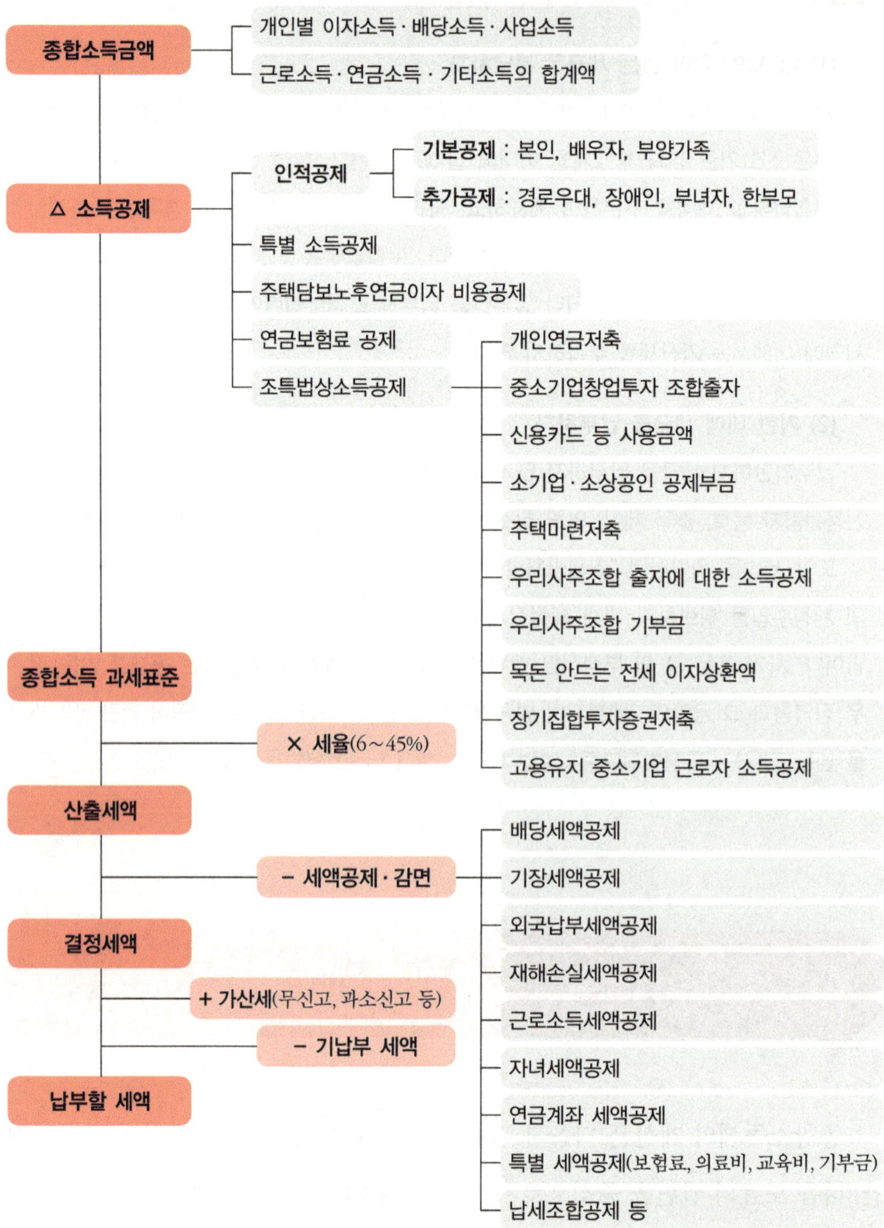

출처 : 2022 세금절약 가이드 1」, 국세청.

종합소득세 계산에서 가장 먼저 해야 할 절차는 각 소득항목별 소득금액을 계산하여 종합소득금액을 계산하는 것이다(각각의 소득을 종합소득에 포함해서 과세하거나 따로 과세하는 방법도 있는데 이런 내용은 다음 장에서부터 하나씩 살펴본다). 다음으로 소득공제의 내용을 이해하고, 종합소득금액에서 소득공제를 빼서[공제하여] 과세표준을 계산한다. 다음 단계에서는 과세표준에 세율을 적용하여 산출세액을 계산한 다음 세액공제를 빼서 결정세액을 계산한다. 결정세액에서 가산세와 기납부세액을 가감하면 납부할 세액을 계산할 수 있다.

4.1 각 소득금액을 합쳐서 종합소득금액을 계산한다

우리는 종합소득이 근로소득, 사업소득, 금융소득이자소득, 배당소득, 연금소득, 기타소득으로 구성되어 있음을 이미 알고 있다. 그러나 우리가 반드시 기억해야 할 것은 종합소득과 종합소득금액이 같은 의미를 지닌 용어가 아니라는 점이다. 소득과 소득금액이란 용어는 큰 차이가 있다.

종합소득금액은 각 소득유형별로 계산된 소득금액의 합계액을 의미한다. 여기서 소득금액이란 1년간의 총수입금액에서 필요경비를 차감한 금액을 말한다. 총수입금액은 근로소득의 경우 근로의 대가로 받은 금액이고, 사업소득은 매출액을 의미한다. 필요경비는 총수입금액을 벌기 위해 지출된 금액이다. 따라서 소득금액은 순수하게 번 금액을 의미한다.

예를 들어 사업 활동[커피를 판매하는 카페 경영]을 통해서 1억 원의 매출이 발생하고 6천만 원의 지출이 있었다면 사업소득금액은 4천만 원이다. 다른 소득 유형도 이와 같은 개념으로 적용되지만, 각 소득의 특성상 가장 적절한 용어가 사용된다는 점이 다르다. 그러나 금융소득이자소득, 배당소득은 필요경비를 인정하지 않는다. 각 소득별 소득금액은 다음과 같이 계산이 되는데, 그 구체적인 내용은 다음 장에서 살펴보도록 한다.

〈6가지 소득금액 계산방식〉

이자소득금액	이자수입금액	**종합소득금액**
배당소득금액	배당수입금액 + Gross-up(11%)	
사업소득금액	총수입금액 - 필요경비	
근로소득금액	총급여액 - 근로소득공제	
연금소득금액	연금수입금액 - 연금소득공제	
기타소득금액	기타수입금액 - 필요경비	

4.2 과세표준은 종합소득금액에서 소득공제를 차감하여 계산한다

소득공제란 종합소득금액에서 차감하는 항목이다. 소득공제에는 인적공제와 특별공제 등 여러 가지 항목이 있다. 따라서 소득공제 내용에 대한 이해는 절세에 큰 보탬이 된다. 소득공제 항목은 1년 단위로 공제가 되므로 월 또는 일 단위로 나누어 계산하지 않고 항목별로 정해진 금액까지만 공제가 되는 특징을 가지고 있다.

(1) 인적공제

인적공제는 개인의 최저생활비를 보장하기 위한 제도로 납세자의 인적 구성[가족 상황]에 따라 공제 여부가 결정된다. 대표적인 인적공제에는 기본공제, 추가공제, 다자녀추가공제 등이 있다.

① 기본공제

종합소득이 있는 자는 자신이 부양하고 있는 가족 중 기본공제 대상자 1인당 150만 원씩 공제받을 수 있다. 이를 기본공제라고 한다.

당연히 본인은 무조건 기본공제 대상자가 되지만, 배우자 및 다른 부양가족이 기본공제 대상자가 되려면 여러 가지 조건에 부합해야 한다. 부양가족에는 생계를 같이하는 직계존속[부모 및 조부모, 배우자의 직계존속 포함], 직계비속[자녀 및 손자녀], 입양자, 형제자매, 생계급여수급자가 포함된다. 즉, 본인의 소득으로 생계를 같이하고 있는 관계여야 한다는 의미이다.

다음으로 기본공제 대상자는 연령조건과 소득금액조건을 모두 충족해야 한다. 이 두 가지[연령 및 소득금액 조건] 조건이 충족되면 기본공제 대상자가 되지만, 둘 중 하나라도 충족되지 않으면 기본공제 대상자가 될 수 없다. 연령조건의 경우 나이에 따라 기본공제 대상자 여부를 구분하고 있다. 직계존속은 60세 이상, 직계비속은 20세 이하, 형제자매는 60세 이상 또는 20세 이하일 경우에만 해당된다. 다만, 배우자와 부양가족 중에서 장애인이 있는 경우는 연령조건을 적용하지 않는다.

소득금액조건의 경우는 부양가족의 연간 종합소득금액이 100만 원 이하일 경우 기본공제 대상자로 인정하고 있다. 그러나 다른 소득이 없고 근로소득만 있는 부양가족의 경우는 연간 총급여를 기준으로 500만 원의 소득금액조건을 적용한다.

정리하면, 배우자는 연령과 관계없이 소득금액의 기준만 충족하는 경우 기본공제 대상자로 인정한다는 의미이다. 직계존속의 경우는 연령조건[60세 이상]과 소득금액조건[연간 종합소득금액 100만 원 이하] 모두를 충족해야 하고, 직계비속의 경우 역시 연령조건[20세 이하]과 소득금액조건[연간 종합소득금액 100만 원 이하] 모두를 충족해야 기본공제 대상자가 될 수 있다. 그러나 부양가족 중에서 장애인이 있는 경우, 장애인은 경제활동이 어렵다는 현실을 감안하여 연령조건에는 제한을 두지 않고 소득금액조건[연간 종합소득금액 100만 원 이하]만 제한하고 있다.

② 추가공제

기본공제 대상자[본인 · 배우자 · 부양가족] 중에서 다음에 해당하는 사람은 기본공제 외에 다음 금액을 추가로 공제할 수 있다.

- **경로우대공제** : 기본공제 대상자의 연령이 70세 이상인 경우, 1인당 100만 원을 추가로 공제한다.
- **장애인공제** : 기본공제 대상자 중 장애인이 있는 경우, 장애인 1인당 200만 원을 추가로 공제한다.
- **부녀자공제** : 종합소득금액이 3천만 원 이하인 여성거주자로서 배우자가 있거나 또는 배우자 없이 기본공제 대상자인 부양가족이 있는 세대주인 경우, 50만 원을 추가로 공제한다.
- **한부모공제** : 배우자 없이 기본공제 대상자인 직계비속 또는 입양자가 있는 경우, 100만 원을 추가로 공제한다.

다만, 부녀자공제와 한부모공제의 경우 중복하여 적용할 수 없기 때문에 하나만 선택을 해야 한다. 일반적으로는 한부모공제[부녀자공제 50만 원, 한부모공제 100만 원]를 선택하는 것이 더 유리한 것 같다.

(2) 특별 소득공제

근로소득이 있는 거주자에게 적용되는 보험료 공제, 주택자금 공제 같은 것을 특별 소득공제라고 한다. 이러한 특별 소득공제는 해당 거주자가 신청한 경우에 적용하고, 공제액이 그 거주자의 해당 과세기간에 합산 과세되는 '종합소득금액 - 원천징수세율 적용 금융소득'을 초과하는 경우 그 초과하는 금액은 없는 것으로 한다.

- **보험료 공제** : 일용직 근로자를 제외한 근로소득자가 해당 과세기간에 4대 보험[국민연금, 건강보험, 고용보험, 산재보험]과 관련하여 지급한 금액을 해당 과세기간의 근로소득금액에서 공제한다.
- **주택자금 공제** : 주택임차차입금원리금상환액, 장기주택저당차입금의 이자상환액 공제

(3) 주택담보노후연금이자 비용공제

주택담보노후연금[역모기지론이라고 부른다]이란 고령자[만 55세 이상]가 주택을 담보로 장기대출계약을 체결하고, 일정 금액을 연금 형태로 받는 것을 말한다. 주택담보노후연금은 고령자의 안정된 주거와 노후소득을 보장하기 위한 제도이다. 따라서 연금소득자가 주택담보노후연금을 지급받는 경우에는 지급받은 연금에 대한 이자비용을 연금소득금액에서 공제해 준다. 다만, 공제받을 수 있는 이자비용의 한도는 연간 200만 원이다. 주택담보노후연금의 담보로 제공되는 주택은 기준시가의 합계가 9억 원 이하인 경우에만 가입이 가능하다.

(4) 연금보험료 공제

종합소득이 있는 거주자가 공적연금보험료[국민연금 · 공무원연금 · 군인연금 · 사립학교 교직원연금 등]를 납부한 경우에는 납부한 보험료 전액을 종합소득금액에서 공제받을 수 있다.

(5) "조세특례제한법"상 신용카드 등 사용금액에 대한 소득공제

1999년 9월부터 근로소득이 있는 사람의 신용카드[직불카드 포함] 사용금액,

현금영수증 수취금액, 학원의 수강료 등 지로GIRO로 납부한 금액에 대해서는 일정 금액을 소득공제로 공제하고 있다. 이 제도는 중산층의 세부담을 경감시키고 사업자의 매출을 양성화하기 위한 목적으로 시행되고 있다.

이상에서 몇 가지 소득공제가 되는 항목을 살펴보았다. 소득공제는 과세표준을 감소시키기 때문에 절세에 도움이 되는 항목이다. 그러나 사업자에게 적용되는 소득공제와 근로소득자에게 적용되는 소득공제 항목을 잘 구분해서 신고해야 한다. 개인사업자에게 적용되는 소득공제는 인적공제, 연금보험료 공제, 소기업·소상공인 공제부금이 있지만, 신용카드 등 사용금액에 대한 소득공제나 특별 소득공제는 적용할 수 없다. 종합소득금액에서 소득공제를 차감하면 종합소득 과세표준이 계산된다.

4.3 결정세액은 과세표준에서 산출세액을 구한 후, 세액공제를 차감하여 계산한다

종합소득 과세표준에 소득세율[초과누진세율 6~45%]을 적용하면 종합소득 산출세액이 계산되고, 산출세액에서 세액공제를 차감하면 결정세액이 계산된다.

앞서 살펴본 소득공제와 마찬가지로 세액공제 역시 차감하는 항목이므로 세액공제에 대한 이해 역시 절세에 상당한 도움이 된다. 소득공제는 과세표준의 크기를 줄여주지만, 세액공제는 세액을 직접적으로 줄여준다는 차이점이 있다. 세액공제의 대표적인 항목으로는 연금계좌 세액공제, 보험료, 의료비, 교육비 등의 특별 세액공제, 월세액 세액공제 등의 항목이 있다.

4.4 납부할 세액은 결정세액에서 기납부세액과 가산세를 가감하여 구한다

결정세액이 계산되면 남은 과정은 크게 복잡하지 않다. 신고를 하지 않았거나[무신고] 적게[과소신고] 신고한 경우라면 추가로 가산세를 납부해야 한다. 기납부세액은 이미 납부한 세액을 의미한다. 따라서 기납부세액을 차감하면 납부해야 할 세액이 계산된다.

5 종합소득세의 과세방법

종합소득세는 여러 소득을 합해서 세금을 신고·납부한다는 특징을 가지고 있다. 그러나 모든 소득을 다 합쳐서 과세한다는 것은 현실적으로 쉬운 일이 아니다. 소득의 금액이 아주 작을 수도 있는데, 그런 금액까지 합치도록 하는 것은 납세자를 매우 번거롭게 만들 수 있다. 또는 소득세를 징수하는 과정에서 징수비용이 많이 증가할 수도 있다. 이에 종합소득세는 여러 과세방법 중에서 가장 적합하다고 생각되는 과세방법을 적용하고 있다.

5.1 종합과세

종합과세는 여러 소득을 합쳐서 과세한다는 의미이다. 납세자 입장에서는 소득을 합쳐서 신고·납부하는 방법으로, 앞서 살펴본 바와 같이 근로소득, 사업소득, 이자소득, 배당소득, 연금소득, 기타소득을 합쳐서 종합소득세로 신고·납부하는 것이다. 이러한 종합과세는 조세평등주의를 실현할 수 있는 장점을 지닌 과세방법으로 알려져 있다.

5.2 분리과세

분리과세는 다른 소득과 합치지 않고 따로 분리해서 과세한다는 의미이다. 이 방법은 다른 소득과 합치지 않기 때문에 과세가 빠르게 종결된다는 장점이 있다. 분리과세가 적용되는 소득은 대부분 원천징수 되는 소득이라는 공통점을 가지고 있다. 왜 그러한가?

A가 1월에 구입한 로또가 1등에 당첨되어 10억 원의 당첨금을 받는다고 가정해 보자. 이러한 당첨금 10억 원[로또 1등 당첨금은 NH농협은행 본점에서만 지급]이 종합과세 되는 경우 A는 다음 해 5월[5. 1~5. 31]에 다른 소득들과 합산하여 종합소득세를 신고해야 한다. 다른 소득이 없는 경우 종합소득세 세율 최고 42%를 적용하여 계산하게 된다. A가 1년 5개월 동안 이 돈을 잘 간직하였다가 다음 해 5월에 종합소득세를 온전히 납부할 수 있을까? 물론 그럴 수도 있다. 그러나 생각보다 쉽지 않을 수도 있다. 현실에서는 복권 당첨금이 분리과세 항목으로 운용되고 있다. A의 복권 당첨금은 지급받을 때 지급하는 자가 원천징수[기타소득으로 200만 원 초과~3억 원 이하 22%(지방세 포함), 3억 원 초과 33%(지방세 포함)]를 하는 것으로 과세[2억 9,700만 원 정도의 세금] 문제가 종결된다.

분리과세의 이런 장점은 종합과세의 의미가 퇴색된다는 단점도 내포하고 있다. 종합과세는 소득이 많은 사람이 더 세금을 부담하도록 하는 데 의의가 있지만, 그 부담을 회피할 수 있는 길을 분리과세가 제공할 수 있기 때문이다.

5.3 조건부 종합과세

조건부 종합과세는 조건에 부합하면 종합과세를 하고, 조건에 미치지 못하면 분리과세를 하는 방법이다. 그 조건은 금액이나 소득의 성격에 따라 결정될 수 있는데, 금융소득의 경우에는 기준금액이 2,000만 원이다.

예금주 A가 은행으로부터 예금이자 10만 원을 받는 경우 은행은 15.4%[지방소득세 포함]를 원천징수하고 나머지 금액을 지급한다. A는 10만 원에서 15,400원을 뺀 84,600원[실수령액]을 받게 된다. 그런데 만약 이와 같이 은행에서 원천징수를 하지 않는다면, A는 은행에서 10만 원의 예금이자를 지급받은 후 다음 해 5월에 종합소득세를 신고해야 한다. 이럴 경우 A는 매우 번거롭다고 느낄 것이며, 바쁜 일로 A가 다음 해 5월에 신고 · 납부를 하지 않을 경우 이를 과세당국에서 추적하는 것도 무척 힘든 일이 된다.

이와 같은 이유 등으로 금융소득은 기본적으로 종합과세 되는 소득이지만, 금융소득이 2,000만 원 이하인 경우에는 분리과세 하는 방법을 적용하고 있다. A의 예금이자는 2,000만 원 미만이므로 84,600원의 예금이자를 지급받는 즉시 과세 문제가 종결될 수 있다. A에게 다른 이자소득이나 배당소득이 있고, 이를 1년간 합산한 금액이 2,000만 원을 초과하는 경우에는 종합과세로 신고 · 납부해야 한다.

세금 에세이

종합소득세 절세방안은?

박태환은 연봉 5,000만 원, 기업체 강의로 1,000만 원[소득금액 200만 원], 보유 중인 상가의 임대소득 1,200만 원, 은행예금으로부터 3,000만 원의 이자소득을 얻고 있다. 박태환은 연봉 이외의 소득에 대해 어떻게 세금을 절약할 수 있을까?

먼저, 박태환은 '배우자'를 활용함으로써 세금을 절약할 수 있다. 여유자금을 이용해

임대소득 목적의 상가를 매입할 때 배우자가 다른 소득이 없다면 배우자 명의로 구입하는 것이 좋다. 연봉 5,000만 원이라는 근로소득이 있으므로 상가의 임대소득에 적용되는 세율은 24%이다. 따라서 임대소득 1,200만 원에서 각종 경비[70%라고 가정] 840만 원을 차감하면 사업소득금액은 360만 원이 되고, 여기에 해당 세율 24%를 곱하면 86만 4천 원의 소득세가 추가로 부과된다. 그러나 소득이 없는 배우자의 사업소득으로 과세될 경우에는 사업소득금액 360만 원에서 종합소득공제 300만 원[= 기본공제 150만 원 + 부녀자공제 50만 원 + 표준공제 100만 원]을 공제한 잔액 60만 원에 세율 6%를 곱해서 얻은 3만 6천 원의 소득세만 납부하면 된다. 그러나 이 경우에는 남편인 박태환의 소득세 계산 시에 배우자공제 150만 원을 소득공제로 인정받을 수 없게 되고, 또 배우자도 사업소득이 발생하여 지역건강보험이나 국민연금 등에 가입해야 하는 부담이 추가로 발생할 수 있다.

다음은 이자소득에 대해 살펴보자. 이자소득의 경우에도 보통예금의 일부를 배우자 명의로 예금함으로써 절세효과를 볼 수 있다. 이자소득과 같은 금융소득의 경우 2,000만 원 이상이면 종합과세 대상에 포함되어 다른 소득과 합산하여 과세된다. 박태환의 경우 이자소득 3,000만 원은 근로소득 등 다른 소득과 합산하여 과세되므로 보다 높은 세율이 적용되어 납부할 세액이 많아질 가능성이 높다. 이를 배우자의 명의로 예금을 하는 경우 배우자의 상가 임대소득을 포함하더라도 박태환보다는 낮은 세율이 적용될 가능성이 높으므로 절세효과를 볼 가능성이 높다.

그러나 이 경우 고려해야 할 것이 바로 증여세 문제이다. 부부 사이에는 6억 원[10년 이내 증여재산가액의 합]까지 비과세가 되기 때문에 여기에 대해 꼼꼼히 따져보고 상가건물 등을 분할한다면 종합소득세를 절약할 수 있다. 강의료와 같은 기타소득에 대해 현행 우리나라 "소득세법"에서는 소득금액이 300만 원 이하일 경우 분리과세[20% 세율]와 종합과세를 선택할 수 있도록 하고 있다. 기타소득과 이외의 소득을 합산한 금액이 5,000만 원 이하인 경우 6%와 15% 세율[1,500만 원까지는 6%, 1,500~5,000만 원은 15%]을 적용받게 되므로 종합과세가 유리하다. 그러나 박태환의 경우처럼 종합소득금액이 많아 종합소득이 5,000만 원을 넘는 경우에는 분리과세를 선택하는 것이 더 유리할 수도 있다. 마지막으로 납부세액이 1,000만 원을 초과하는 경우 초과하는 금액에 대해 납부기한으로부터 2개월 이내 분할납부가 가능하므로 이 또한 잘 활용한다면 더 큰 소득세 절세효과를 볼 수 있다.

금융소득과 금융소득 종합과세

1. 금융소득에는 어떤 것이 있는가? / 2. 금융소득은 원천징수부터 이해하자

3. 금융소득의 과세방법에는 어떤 것이 있는가?

4. 금융소득 종합과세가 적용되면 세액은 어떻게 계산되는가?

5. 금융소득에 대한 세금을 줄일 수 있는 방법을 생각해 보자

4

1 금융소득에는 어떤 것이 있는가?

금융소득이란 이자소득과 배당소득을 의미하며, 예금이나 채권, 주식 등을 보유함으로써 얻는 소득이 대표적이다.

1.1 이자소득

이자란 금전 사용의 대가로 예금이자, 채권 · 증권의 이자, 단기 저축성 보험차익, 비영업대금의 이익 등을 말한다. 채권 등의 이자는 이자소득으로서 소득세 과세대상이 되지만, 채권 매매차익은 소득세의 과세대상이 아니다.

(1) 예금이자

국내 또는 해외에서 받는 예금의 이자는 이자소득으로 본다.

(2) 채권 · 증권의 이자

국가나 지방자치단체가 발행한 국 · 공채와 회사가 발행한 회사채 및 해외에서 발행된 공사채 등의 이자는 이자소득으로 본다.

(3) 단기 저축성 보험 차익

최초 보험료 납입일부터 만기일 또는 중도 해지일까지의 기간이 10년 미만인 저축성 보험의 보험차익은 이자소득으로 본다. 보험차익이란 보험계약에 따라 만기에 지급받는 보험금 또는 보험계약을 중도해지하면서 받는 환급금에서 가입자가 납입한 보험료를 차감한 잔액을 말한다. 따라서 납입한 금액보다 지급받은 금액이 큰 경우, 그 차액이 바로 보험차익이 된다.

저축성 보험은 보험의 주목적이 목돈 마련에 있다고 판단되는 보험을 말한다. 반면 피보험자의 사망·질병·부상 기타 신체상의 피해나 재산상의 피해로 인한 손실을 보전받는 목적으로 가입하는 보험은 보장성 보험이라고 부른다. 따라서 보험의 고유 목적에 보다 부합하는 상품은 보장성 보험이라고 할 수 있다. 이처럼 저축성 보험과 보장성 보험은 성격이 다른 만큼 세법도 달리 적용한다. 그러나 저축성 보험도 그 계약기간이 10년 이상인 장기 저축성 보험의 경우, 일정한 요건을 충족하면 그 보험차익에 대해서는 과세하지 않는다.

(4) 비영업대금의 이익

금전의 대여를 사업목적으로 하지 아니하는 자가 일시적·우발적으로 금전을 대여하고, 지급받는 이자를 비영업대금의 이익이라고 한다. 비영업대금의 이익은 그러한 이익을 지급하는 자에게 원천징수의무를 부과하고 있다.

1.2 배당소득

배당소득이란 주식 및 출자금에 대한 이익의 분배로 인해 얻게 되는 소득을 말한다. 우리나라 회사나 외국 회사로부터 받는 배당은 모두 배당소득으로 과세된다. 또한 배당 절차를 거치지 않았지만 배당으로 간주하는 의제배당소득도 있다.

금융소득인 배당소득은 이자소득과 마찬가지로 필요경비가 인정되지 않으므로 배당수입금액과 배당소득금액은 동일하게 간주한다. 그러나 경우에 따라서 배당소득금액을 계산할 때 배당가산액Gross-up이 더해질 수도 있다. 그래서 배당소득금액은 '배당수입금액 + 배당가산액Gross-up'으로 계산된다.

법인의 배당금액은 이미 법인세가 납부된 금액이다. 따라서 법인의 배당금액을 배당받은 해당 주주의 경우, 해당 주주가 또다시 배당에 대한 소득세를 납부해야 하기 때문에 법인소득이라는 하나의 세원에 대해 '이중'으로 과세를 하게 되는 문제가 발생하게 된다. 여기서 등장하는 배당가산액Gross-up이란 단어는 이러한 이중과세 문제를 해결하기 위한 하나의 장치이다. 구체적으로 배당소득금액에 일정한 금액을 가산Gross-up하여 세액을 계산한 다음, 계산된 세액에서 앞서 가산한 금액을 차감하는 방식이다. 이렇게 차감하는 것을 배당세액공제라고 부른다. 이와 같은 배당가산액Gross-up은 모든 배당소득에 해당하는 것이 아니고 이중과세의 논란이 있는 배당소득의 경우에만 적용된다. 따라서 외국법인으로부터 받은 배당은 이중과세의 논란이 없기 때문에 배당소득가산액이 적용되지 않는다.

일반적으로 배당소득은 주식의 보유로 인한 이익이다. 따라서 주식의 양도로 인해 얻게 되는 양도차익은 배당소득이 아닌 양도소득이 된다. 양도소득은 종합소득이 아니기 때문에 금융소득 종합과세와는 관련이 없다.

Add-on 이자소득금액과 배당소득금액은 어떻게 계산이 되는가?

이자소득과 배당소득은 금융소득이므로 필요경비가 차감되지 않는다. 단, 배당소득은 배당소득에 가산하는 금액을 포함이를 gross-up이라 한다하여 소득금액이 된다.

이자소득금액 = 이자수입금액

배당소득금액 = 배당수입금액 + Gross-up(11%)

Add-on 주식의 양도차익

일반적으로 (상장 · 비상장)주식을 양도하고 양도차익이 발생하면 양도소득세를 신고 · 납부해야 한다. 그러나 소액주주가 양도하는 상장주식에 대해서는 양도소득세를 과세하지 않고 있다. 물론, 소액주주라도 장외거래나 비상장주식을 양도하는 경우에는 양도소득세가 과세된다. 즉, 주식 양도의 경우 대주주의 거래, 시간외 거래와 장외거래에 대해서는 양도소득세가 과세된다. 따라서 일반적으로 개인이 증권시장에서 상장주식의 매매로 발생하는 주식 매매차익에 대해서는 소득세가 과세되지 않는다. 여기서 대주주 여부는 주식 종목별 보유액과 보유지분율로 판단하고 있다. 보유액 기준 10억 원 이상으로 보유하거나 지분율 기준 코스피는 1%, 코스닥은 2%, 코넥스 · 비상장주식은 4% 이상 보유하는 경우 대주주로 간주하여 과세하고 있다.

세금 에세이 대기업의 주식은 모두 상장주식일까?

우리나라 기업집단 중 하나인 부영그룹은 스무 개 이상의 계열회사를 거느린 흔히 '재벌'이라 불리는 재계 20대 그룹 중 하나이다. 부영과 같은 대기업은 흔히 상장회사로 착각하기 쉽지만, 사실 이 회사는 비상장회사이다. 이처럼 코스피시장이나 코스닥시장에 상장되지 않는 회사를 비상장회사라고 한다. 비상장회사의 주식은 장외시장이라는 곳에서도 거래가 된다. 장외시장에서 주식거래를 하는 경우에는 양도소득세 대상이 된다는 사실을 기억하자. 또한 주식을 양도하는 경우에는 증권거래세가 과세된다. 증권거래세는 코스피 0.05%, 코스닥 0.20%지만, 2025년까지 단계적으로 인하될 예정으로 있다. 증권거래세는 단기적 투기를 억제하고 세수를 높이는 목적으로 부과되고 있지만 소득 없는 과세라는 논란도 있다.

2 금융소득은 원천징수부터 이해하자

금융소득은 대부분 은행이나 증권회사 등의 금융회사로부터 지급된다. 금융소득이 발생한 경우, 은행 등 금융회사는 소득세와 지방소득세를 원천징수한 후 나머지 금액을 예금주에게 지급한다. 원천징수세율은 소득세 14%와 지방소득세 1.4%[소득세의 10%]를 적용한다. 예를 들어 만기가 된 정기예금의 이자로 10만 원을 지급받는 경우 소득세 14,000원[10만 원 × 14%]과 지방소득세 1,400원[14,000원 × 10%]을 제외한 84,600원을 지급받게 된다. 은행은 예금주로부터 원천징수한 소득세 14,000원은 관할 세무서에, 지방소득세 1,400원은 시·군·구에 신고·납부한다. 이러한 과정이 원천징수이고, 소득을 지급하는 자가 원천징수의무를 지게 된다.

앞에서 금융소득은 필요경비가 인정되지 않는다는 것을 공부하였다. 근로소득이나 사업소득과는 달리 금융소득은 필요경비가 인정되지 않기 때문에 은행[금융회사 포함]으로부터 지급받은 금액은 그대로 소득금액으로 계산된다. 예를 들어 KB국민은행에서 100만 원을 연 5% 이자로 차입하여 마을 주변에 있는 새마을금고에 연 10% 이자율로 1년간 예금한 경우 이자소득금액은 10만 원[100만 원 × 10%]이 된다. 이자소득은 필요경비가 인정되지 않기 때문에 KB국민은행에 지급한 이자 5만 원[100만 원 × 5%]은 필요경비로 인정되지 않는다.

여기서 주의할 점은 이자소득금액은 금융기관에서 원천징수를 하기 이전의 가액, 즉 세전금액이라는 점이다. 금융기관 등에서 예금에 대한 이자를 지급받을 때는 소득세[14%]와 지방소득세[1.4%]를 원천징수하고 난 차액을 지급받게 되지만, 이것은 세금을 납부하는 절차상 이루어지는 과정일 뿐이다. 즉, 정기예금 이자 10만 원에 대해 세금으로 15,400원을 차감하고 84,600원을 실제 지급받았더라도 예금주의 이자소득[또는 이자소득금액]은 세금을 징수당하기 전의 금액인 10만 원이 된다는 것이다.

원천징수세율은 일반적으로 소득세 기준 14%지만 소득의 종류에 따라 달라진다. 비영업대금의 이익에 대한 원천징수세율은 소득세 기준 25%이고, 지방소득세율까지 합치면 27.5%가 된다.

3 금융소득의 과세방법에는 어떤 것이 있는가?

"소득세법"에는 금융소득의 과세 유형이 비과세 금융소득, 분리과세 금융소득, 조건부 종합과세 금융소득, 그리고 무조건 종합과세 금융소득으로 나열되어 있다. 지금부터는 금융소득의 종류별 과세방법을 살펴보자[금융소득에 대한 과세내용은 자주 변경되기 때문에 비과세 여부 등을 항상 확인하고, 금융상품의 가입 여부를 결정할 필요가 있다.].

(1) 비과세 금융소득

비과세 금융소득은 소득세가 과세되지 않는 금융소득이다.

- 공익신탁의 이익 학술·종교·제사·자선 기타 공익을 목적으로 하는 신탁
- 농어가목돈마련저축 2022.12.31까지 가입분에 한하여 비과세
- 비과세종합저축 1인 5천만 원 이하 의 납입액에 대한 이자
- 10년 이상 저축성 보험의 보험차익
- 농협·수협·산림조합·신협·새마을금고의 1인 1천만 원 이하의 출자금에 대한

배당

- 농협 · 수협 · 산림조합 · 신협 · 새마을금고의 1인 3천만 원 이하의 예탁금 이자
- 개인종합자산관리계좌ISA 에서 받는 200~400만 원까지의 이자 · 배당
- 청년 우대형 주택청약종합저축, 청년 희망적금, 장병내일준비적금의 이자소득

Tips 비과세종합저축의 일몰

규정이나 제도를 만들 때 미리 적용기한을 정해두어 그 시기에 도달하면 해당 규정이 자동적으로 폐지되도록 하는 것을 '일몰'이라고 한다. 비과세종합저축의 경우 일몰이 2022년 12월 31일이었지만 2025년으로 연장되었다.

(2) 분리과세 금융소득

종합소득에 합산하지 않고 원천징수로서 납세의무가 종결되는 금융소득이 분리과세 금융소득이다. 분리과세 금융소득은 종합과세 되지 않고 무조건 분리과세 되어 과세 문제가 종결되므로 각 소득유형에 따라 분리과세 세율이 다르게 적용된다.

- 개인종합자산관리계좌ISA 에서 발생한 금융소득 중 비과세 한도를 초과하는 금액9%
- 비실명금융자산으로서 금융회사를 통해 지급되는 이자 · 배당90%
- 금융회사를 통하지 않은 비실명금융자산의 이자 · 배당42%
- 개인으로 보는 법인격 없는 단체의 이자소득 및 배당소득14%
- 직장공제회 초과반환금기본세율

(3) 조건부 종합과세 되는 금융소득

조건부 종합과세란 정해진 기준을 넘는 경우 종합과세를 하고, 기준에 미달할 경우 분리과세를 하는 방식이다. 금융소득 중 비과세 대상도 아니고, 무조건 분리과세 대상이나 무조건 종합과세 대상도 아닌 금융소득으로서 원천징수가 이루어진 금융소득이 조건부 종합과세 대상 금융소득이다. 조건부 종합과세 대상 금융소득은 그 소득금액과 무조건 종합과세 대상 금융소득과의 합계금액이 2천만 원을 초과하는 경우 종합과세를 한다. 만일, 무조건 종합과세 대상 금융소득과 조건부 종합과세 대상 금융소득금액의 합계액이 2천만 원을 초과하지 않는다면, 무조건 종합과세 대상 금융소득만 종합과세 하고 나머지는 분리과세를 한다.

〈종합과세 여부 판정〉

무조건 종합과세*		조건부 종합과세				무조건 종합과세*		조건부 종합과세
B 종합	+	C 분리	≤	2,000만 원 (총수입금액)	<	B 종합	+	C 종합

* 무조건 종합과세 금융소득 중 출자공동사업자 배당은 제외하고 종합과세 여부를 판정한다.

(4) 무조건 종합과세 되는 금융소득

이자·배당소득 중 원천징수 되지 않는 금융소득은 무조건 종합과세를 한다. 예를 들어 국외에서 받는 금융소득은 원천징수가 되지 않았기 때문에 무조건 종합과세 항목이다. 그러나 만약 국내에서 지급되는 금융소득 역시 원천징수 되지 않았다면 무조건 종합과세 된다. 이전에는 국내에서 지급되는 금융소득이 원천징수 되지 않았고, 그 소득자의 금융소득이 2천만 원 이하라면 다른 종합소득에 합산하지 않고 분리과세를 한 적이 있었다. 이 경우 관할 세무서장은 그 소득을 지급한 자로부터 소득세 원천징수세액을 징수할 뿐, 소득자에게 소득세를 직접 부과하지 않았다. 그러나 현재는 금융소득에 대한 소득세를 제대로 과세하기 위해 국내외 모두 원천징수 되지 않은 금융소득은 무조건 종합과세 하고 있다.

Add-on 비영업대금의 이익

비영업대금의 이익을 지급할 때 원천징수가 되었다면 해당 비영업대금의 이익은 분리과세 된다. 반면 비영업대금의 이익이 지급될 때 원천징수 되지 않았다면 그 금액은 무조건 종합과세 된다.

4 금융소득 종합과세가 적용되면 세액은 어떻게 계산되는가?

금융소득 종합과세는 금융소득을 다른 종합소득과 합산하여 과세하는 것을 말한다. 앞서 살펴본 바와 같이 금융소득 종합과세는 모든 이자소득과 배당소득을 대상으로 하지 않고 조건부 종합과세와 무조건 종합과세에 해당하는 금융소득에 대해서만 종합과세 여부를 판단한다. 종합과세의 여부를 판정하는 기준금액은 연간 2,000만 원이다. 2,000만 원을 초과하는 경우에 종합과세를 하고, 2,000만 원 이하인 경우에는 원천징수로 납세의무가 종결된다.

현재 금융소득 종합과세는 그 목적을 달성하기 위해서 다음과 같은 과정을 통해 산출세액을 계산하고 있다. 이를 일명 '비교과세'라고 부른다. '비교과세'는 금융소득이 2,000만 원을 초과하는 경우에 적용되는 방법이다.

① 금융소득을 포함한 종합소득 과세표준 전체에 대해 산출세액을 계산한다. 그러나 종합소득 과세표준 중 2,000만 원까지는 14%의 원천징수 세율을 적용하고, 2,000만 원 초과액에 대하여는 소득세 기본세율을 적용하여 산출세액을 계산한다.

② 종합소득 과세표준 중 금융소득은 세율 14%를 적용하고, 나머지 금액은 기본세율을 적용하여 산출세액을 계산한다.

③ 위의 ①과 ②의 금액을 비교하여 그중 큰 금액을 종합소득 산출세액으로 한다.

금융소득에 대한 산출세액 = Max {①, ②}

① [(종합소득 과세표준 − 2,000만 원) × 기본세율] + (2,000만 원 × 14%)

② [(종합소득 과세표준 − 금융소득) × 기본세율] + (금융소득 × 14%)

이러한 복잡한 과세는 오랫동안 금융소득을 분리과세 하였던 관행을 급격하게 변경할 수 없었기 때문에 취해진 조치이다. 다시 말해, 금융소득 종합과세의 시행으로 인한 조세부담이 분리과세를 할 때보다는 커야 했지만 급격하게 증가하지는 않아야 했기 때문이다. 새로운 제도가 도입되어 조세부담이 급격하게 증가하면 납세자의 조세저항이 커질 수 있고, 세금 부담에 변화가 없다면 과세의 형평성 제고라는 금융소득 종합과세의 목적이 달성되지 못할 것이기 때문이다.

Add-on 금융소득 종합과세의 비교과세 사례

〈자료〉

(1) 종합소득 현황

14%로 원천징수 된 이자소득만 있는 소득자이고 다른 종합소득은 없다고 가정하자.

① 은행예금 이자 : 5,000만 원

② 회사채 이자 : 5,000만 원

③ 신협의 예탁금3,000만 원에 대한 이자 : 200만 원

(2) 종합소득공제 : 510만 원

〈계산내역〉

(1) 종합과세 되는 금융소득금액의 결정

종합과세 되는 금융소득 : 10,000만 원은행예금 이자 및 회사채 이자

※ 신협의 예탁금(3,000만 원)에 대한 이자(200만 원)는 비과세 금융소득이므로 제외됨.

(2) 종합소득 산출세액 계산

① 종합소득 산출세액 계산

[(10,000만 원 − 510만 원 − 2,000만 원) × 기본세율] + (2,000만 원 × 14%)

= 1,555.6만 원

② 비교산출세액 계산 : 금융소득을 원천징수세율14%로 계산

10,000만 원 × 14% = 1,400만 원

③ 종합소득 산출세액의 판단 : Max (①, ②) = 1,555.6만 원

5 금융소득에 대한 세금을 줄일 수 있는 방법을 생각해 보자

(1) 금융소득을 받는 시점을 분산하자

앞서 살펴본 바와 같이 당해연도의 금융소득이 2,000만 원을 초과하면 금융소득 종합과세가 적용되어 다른 소득과 합산되어 과세된다. 결국 종합소득 과세표준이 증가하고, 그에 따라 세율이 높아질 수도 있다. 그러므로 한 해의 금융소득이 2,000만 원을 초과하지 않도록 금융자산을 구성하여 금융소득 종합과세에 해당되지 않도록 하는 것은 절세의 방법이 될 수 있다.

(2) 비과세 및 분리과세 금융상품을 최대한 활용하자

금융자산에 장기투자를 하고자 한다면 비과세가 되면서 수익률이 높은 상품부터 가입하는 것이 우선이다. 왜냐하면 비과세 금융상품은 금융소득 종합과세에서 완전히 제외되기 때문이다. 특히 연금보험은 장기 저축성 보험으로서 가입기간이 10년 이상이면 모든 수익이 비과세이다. 연금보험은 가입금액에 한도가 없다는 점이 유리하며, 대부분 적정 수익률 보장과 연금 개시 후 원금보장 기능이 포함되어 있어 노후 준비를 위해 매우 유용한 장기투자상품이다.

분리과세 금융상품은 금융소득 종합과세 대상에서 무조건 제외되므로 금융소득이 많은 경우에 활용효과가 아주 높다. 그런 면에서 개인자산관리계좌ISA는 가입조건에 대한 제한이 가장 적으면서 비과세와 분리과세의 효과를 모두 활용할 수 있는 상품이다.

비과세나 분리과세 금융상품에는 일몰이나 가입시기와 가입조건 등의 제한 사항이 항상 수반되며, 정부의 정책적 결정에 따라 시기별로 새로운 상품이 생기거나 사라지는 변화가 잦다. 따라서 금융상품에 관한 뉴스에 관심을 기울인다면 좋은 기회를 잡을 수 있을 것이다.

(3) 국내 주식형 펀드가 해외펀드보다 절세에는 더 효과적이다

펀드 상품을 설계할 때 해외 투자펀드나 국내 채권형 펀드에 투자하는 것보다는 국내 주식 또는 주식혼합형 펀드에 대한 투자가 절세에는 더 도움이 된다. 왜냐하면, 해외펀드에 투자하면 주식투자에 따른 매매차익을 포함해 모든 이익에 대해 과세가 되기 때문이다. 또한 국내 채권형 펀드의 경우에도 매매차익과 이자 모두가 과세대상이 된다는 점을 인지해야 한다.

국내 주식형 펀드에서 발생하는 이익은 매매차익, 배당소득 및 이자소득 등으로 구성되는데, 이 중 매매차익은 펀드 내에서도 비과세되므로 실질적인 절세 효과가 크다.

또한 수익증권 및 뮤추얼펀드와 같은 간접투자상품의 경우 채권의 매매차익 및 이자소득이 모두 과세대상이며, 금융소득 종합과세 대상이 된다. 그러나 직접투자를 통한 채권의 매매차익은 과세대상이 아니므로 안정적인 채권상품을 선호하는 투자자라면 채권상품에 직접 투자하는 것이 간접투자보다 더 좋은 방법일 수 있다. 채권은 주식에 비해 위험이 크지 않기 때문이다.

(4) 종신보험의 계약자 · 피보험자 · 수익자의 재배열을 통해 상속세를 절세하자

A[본인]와 B[배우자]가 배우자 관계라고 가정하자. B[배우자]를 피보험자로 하여 종신보험을 계약하는 경우 A[본인]가 계약자이면서 동시에 수익자가 된다면 B[배우

자가 사망한 후 받게 되는 보험금에 대해서는 상속세가 과세되지 않는다.

Tips 보험 가입 시 세금 문제는 어떻게 되는가?

보험불입자 (계약자)	피보험자 (보험대상자)	수익자 (보험금 수령자)	만기 수령 시	사망 수령 시
부 또는 모	부 또는 모	부 또는 모	과세대상 아님	상속세 과세대상
부 또는 모	부 또는 모	자녀	증여세 과세대상	상속세 과세대상
부와 자가 1/2씩 불입	부 또는 모	자녀	1/2만 보험금 증여세 과세	1/2만 상속세 과세
소득이 있는 자녀	부 또는 모	자녀 본인	증여세 해당 없음	상속세 해당 없음
소득이 없는 자녀(실제 불입자) : 부 또는 모	부 또는 모	자녀 본인	증여세 과세대상	상속세 과세대상

세금 에세이 금융투자소득세 2년 유예, 2025년부터 시행될 예정이다

금융투자소득세는 주식, 채권, 펀드, 파생상품 등의 금융투자로 발생하는 투자소득에 대해 과세되는 세금이다. 주로 주식, 채권 및 투자계약증권의 양도에 따른 소득을 과세대상으로 하고 있어 이자소득이나 배당소득과는 구분된다. 금융투자소득세가 시행되면 주식과 채권의 양도로 인한 소득이 모두 과세대상이 되어 소액투자자에 대한 비과세나 채권양도소득의 비과세 혜택이 사라진다. 금융투자소득세는 국내의 투자수익에 대해서는 연 5천만 원까지 기본공제를 하고, 5천만 원을 넘는 부분은 20%의 세율을 적용하며, 다른 소득과 분류하여 과세할 예정이다.

2023년으로 예정되었던 금융투자소득세의 시행이 유예된 것은 자본시장의 침체와 세수의 감소에 대한 우려가 컸기 때문이다. 과거 대만에서는 주식의 양도에 대한 과세로 인해 주식시장에서 이탈한 자금이 주로 부동산 시장으로 흘러가서 부동산 가격이 높아져 결국 과세를 철회하는 사례도 있었다. 현재 주식의 양도소득에 과세하고 있는 나라는 미국, 일본, 독일 등 안정된 자본시장을 갖춘 나라들이다.

기타소득과 연금소득

1. 기타소득 / 2. 연금소득

5

우리가 얻는 소득은 일반적으로 근로 활동이나 사업 활동에서 발생한다. 그러나 우연히 한번 발생하는 소득도 있을 수 있다. 이렇게 우발적·일시적으로 생기는 소득을 '기타소득'이라 한다. 근로소득과 사업소득은 일상적인 소득이지만 기타소득은 일시적인 성격을 갖기 때문에 과세에서도 다른 소득과 다른 부분이 있을 수 있다. 따라서 기타소득에 대한 접근은 다른 소득과의 구분에서 시작한다.

1 기타소득

1.1 기타소득 여부를 정확히 판단하자

사업 활동은 타인에게 종속되지 않은 독립적인 입장에서 수행하는 활동으로 계속해서 반복적으로 수행한다는 특징이 있다. 이런 활동으로 얻는 소득을 사업소득이라 한다. 근로소득은 타인에게 고용된 상태에서 수행하는 활동을 통해 얻는 소득이라는 특징이 있다. 기타소득은 타인에게 고용되지 않은 상태에서 얻은 소득이기에 근로소득과 구분된다. 또한 우발적·일시적인 소득이기에 계속해서 반복되는 사업 활동과 구분된다.

만약 직장인이 취미로 작곡한 노래가 인기를 얻어 저작권 사용료를 받게 된다면, 이러한 소득은 근로소득인가? 아니면 일시적 소득으로 판단해야 하는가? 이러한 작곡 활동은 고용계약으로 인한 활동이 아니므로 기타소득으로 구분해야 한다. 그러나 계속해서 작곡을 하고 저작권료를 받는 경우라면 저작권료의 성격은 달라진다. 더 이상 일시적 소득이 아니고, 독립적이고 계속적인 활동에 의한 소득이 되기 때문에 저작권료는 사업소득이 된다.

Add-on 보험모집인이 보험회사로부터 받는 월급은 어떻게 판단해야 하나?

흔히 월급을 받는다고 말하지만, 보험모집인이 보험회사로부터 지급받는 것은 월급, 즉 급여가 아니다. 보험모집인은 보험회사에 고용되어 있지 않고 독립적인 활동으로 보험가입자를 모집하는 일을 하는 사업자로 분류된다. 학습지 교사도 이와 같은 유형으로 분류된다. 이런 사업자들을 인적 용역사업자 또는 프리랜서라고 부르는데, 이들의 소득은 사업소득이다.

1.2 기타소득의 필요경비는 어떻게 계산되는가?

직장에 다니고 있는 박태환 부장을 학교로 초청해서 특강을 부탁하게 되면, 아마도 박태환 부장은 어떤 주제로, 어떤 내용을, 어떤 순서로 강의해야 할지 고민할 것이다. 예정에 없던 강의를 하게 된 박태환 부장은 걱정도 많고, 공부도 많이 하고, 강의 준비를 참으로 많이 할 것 같다. 강의를 자주 하는 사람에게 지급하는 강의료는 사업소득이 되지만, 박태환 부장의 강의료는 기타소득이 된다. 그렇다면 박태환 부장의 강의료에 대한 과세는 어떻게 이루어질까?

강의료가 100만 원이라 가정하면, 100만 원의 수입금액은 기타소득이 된다. 그러나 소득을 얻기 위해서는 항상 희생[지출]이 따르기 마련이다. 앞에서 우리는 이러한 희생을 필요경비라고 불렀다. 그러나 박태환 부장이 강의를 준비한 시간과 노력은 얼마의 지출을 가져왔을까? 이를 금액으로 환산하는 것은 참 난감한 일이다. 따라서 기타소득의 필요경비는 소득의 일정 범위로 결정할 수밖에 없다. 실제로 지출한 금액으로 필요경비를 계산해도 되지만, 그것이 여의치 않으면 소득의 일정 비율을 필요경비로 인정하는 방법이 있다. 일반적으로 기타소득의 필요경비 인정비율은 소득의 60%이다. 그러면 박태환 부장의 기타소득금액은 40만 원[= 100만 원 – 60만 원]이 된다. 즉, 100만 원 중에서 60만 원은 강의를 위한 경비로 지출되었고, 순수하게 번 돈은 40만 원으로 인정해 주는 것이다. 따라서 박태환 부장의 기타소득 수입금액은 100만 원이고, 필요경비 60만 원을 차감한 40만 원이 기타소득금액이 된다.

기타소득금액 = 기타수입금액 – 필요경비

필요경비는 실제 지출한 금액을 적용하는 것이 바람직하지만, 현실적으로 적용하는 것이 가능하지 않은 경우는 수입금액의 60%, 80%, 90%를 현실적인 필요경비로 계산하고 있다. 다음은 적용되는 필요경비의 유형에 따라 기타소득의 종류를 구분하고 있다.

(1) 실제 발생한 경비만 인정되는 기타소득

① 상금, 현상금, 포상금 등
② 저작자 또는 실연자[일반적으로 민간전승 저작물을 포함하여 문학·예술 저작물을 연기, 노래, 구술, 낭송 또는 기타 실연하는 사람으로 배우, 가수, 연주가, 무용가 등을 의미함], 음반제작자, 방송사업자 외의 자가 저작권 또는 저작인접권의 양도 또는 사용의 대가로 받은 금액
③ 일시적으로 장소를 대여하고 받은 금품
④ 유실물의 습득 등으로 인하여 받은 보상금과 자산
⑤ 무주물[주인이 없는 물건을 말함. 선점에 의해 소유권을 취득하게 됨]의 점유로 소유권을 취득하는 자산
⑥ 재산권에 대한 알선수수료
⑦ 퇴직 후 주식매수선택권을 행사하여 부여받은 이익
⑧ 연금저축의 해지일시금

⑨ 뇌물, 알선수재 및 배임수재에 의하여 받은 금품

⑩ 복권, 경품권 등 추첨에 의하여 받은 당첨금품

(2) 필요경비가 60% 인정되는 기타소득

① 무형자산[광업권, 어업권, 산업재산권, 영업권 등] 등의 권리를 양도 또는 대여하고 받은 소득

② 지역권과 지상권을 공익목적으로 설정, 대여하여 발생하는 소득

③ 일시적인 문예창작소득으로 원고료, 저작권, 인세, 미술음악, 사진에 속하는 창작품으로 받은 대가

④ 인적 용역을 제공하고 받은 대가[강연료, 라디오나 TV해설, 변호사나 세무사, 회계사 등으로부터 제공받은 인적 용역]

(3) 필요경비가 80% 인정되는 기타소득

① 주무관청의 승인을 받아 시상하는 상금과 부상, 다수가 경쟁하는 대회에서 입상하여 받는 상금과 부상미스트롯, 미스터트롯, 불타는 트롯맨 등

② 계약의 위약 또는 해약으로 인하여 받는 위약금과 배상금 중 주택입주지체상금

③ 서화나 골동품의 양도로 발생하는 소득[개당 6천만 원 이상인 것]. 단, 서화나 골동품 거래를 위해 사업장을 갖추고 사업자등록을 하면 사업소득으로 과세

(4) 필요경비가 90% 인정되는 기타소득

① 서화나 골동품의 양도소득이 1억 원 이하 또는 10년 이상 보유 후 양도

1.3 기타소득의 과세는 원천징수로부터 시작한다

앞서 금융소득에서 살펴본 바와 같이 금융소득을 지급하는 자는 원천징수를 한 잔액을 지급하도록 되어 있다. 기타소득 또한 금융소득과 마찬가지로 지급하는 자가 원천징수 의무를 부담하게 된다. 원천징수 대상이 되는 기타소득을 지급하고도 원천징수를 하지 않으면 원천징수의무불이행가산세를 부담해야 한다. 기타소득의 원천징수 세율은 20%이다. 단, 복권 등의 당첨금액이 3억 원을 넘는 경우에는 원천징수 세율 30%가 적용된다.

따라서 기타소득을 지급받는 사람은 지급액에서 필요경비를 공제한 금액에 소득세 20%와 지방소득세를 공제하고 남은 잔액을 지급받게 된다.

Add-on 기타소득의 원천징수 세율은 8.8% 아닌가요?

기타소득의 원천징수 세율은 20%지만, 8.8%를 원천징수한다고 표현하기도 한다. 기타소득의 과세구조를 안다면 이런 표현도 틀리지 않다는 것을 이해할 수 있다.

기타소득의 원천징수 세율은 기타소득금액의 20%이다. 기타소득금액은 '수입금액 – 필요경비'로 계산된다. 앞서 살펴본 바와 같이 일반적인 기타소득의 필요경비율은 60%이다. 따라서 지급하는 사람은 60%를 공제하고 남은 40%의 금액에서 20%를 원천징수해야 한다. 만약 지급할 기타소득이 100,000원이면, 지급자는 '100,000원 – (100,000 × 60%) = 40,000원'을 기타소득금액으로 계산한 다음 '40,000원 × 20% = 8,000원'의 원천징수 세액을 계산한다. 이렇게 계산된 금액은 지급액 전체[100,000원]의 40%에 대해 20%를 적용하는 것으로, 지급액 전체[100,000원]의 8%와 동일한 금액이다. 여기에 지방소득세가 더해지면 8.8%가 된다. 따라서 기타수입금액의 8%라는 말은 기타소득금액의 20%라는 말과 동일한 의미이다.

1.4 기타소득은 어떻게 과세되는가?

기타소득에 대한 과세방법은 다양하지만, 앞서 살펴본 금융소득의 과세방법과 유사하다. 비과세되는 부분도 있고, 분리과세 또는 무조건 종합과세 되는 기타소득도 있다. 특징적인 것은 금융소득과 달리 선택적 분리과세가 가능하다는 점이다.

(1) 비과세 기타소득

다음의 기타소득은 소득세를 부과하지 않는다.

① "국가보안법" 등에 의하여 받는 상금과 보로금 등
② 퇴직 후에 받는 직무발명보상금500만 원 이하
③ "상훈법"에 의하여 받는 상금과 부상
④ 국가지정문화재로 지정된 서화나 골동품의 양도로 발생하는 소득
⑤ 서화나 골동품을 박물관 또는 미술관에 양도함으로써 발생하는 소득

(2) 분리과세

다음의 기타소득은 무조건 분리과세다. 따라서 원천징수로 과세가 종결된다.

① 복권, 승마, 슬롯머신의 당첨금
② 서화나 골동품의 양도소득
③ 연금계좌 납입 시 발생한 운용수익

(3) 종합과세

다음의 기타소득은 무조건 다.

① 뇌물, 알선수재 및 배임수재에 의하여 받은 금품
② 계약의 위약·해약으로 받는 위약금으로써 계약금이 위약금으로 대체되는 금액

(4) 선택적 분리과세

선택적 분리과세 방법은 기타소득의 종류에 따라 적용되는 방법이 아니라, 기타소득금액의 크기에 따라 적용 여부가 결정되는 방법이다. 즉, 기타수입금액에서 필요경비를 뺀 기타소득금액이 연 300만 원 이하인 경우는 분리과세나 종합과세 중 납세자가 유리한 방법을 선택할 수 있다.

만약 의사가 미스터트롯 경연대회의 심사위원으로 참석하고 심사비를 받았다면, 이는 성격상 기타소득이다. 이러한 소득은 일상적인 소득에 비해 그 금액이 크지 않기 때문에 수령하는 즉시 세금문제가 종결되도록 하는 것이 더 바람직할 수 있다. 그러나 위와 같은 분리과세가 항상 유리한 것은 아니므로 납세자에게 분리과세와 종합과세 중 자신에게 유리한 방법을 선택할 기회를 주고 있다. 다시 말해, 비과세와 분리과세 항목을 제외한 나머지 기타소득은 금융소득 등 다른 소득과 합산하여 종합소득세 신고기간에 신고·납부해야 한다. 이때 기타소득금액이 300만 원 이하라면 분리과세를 선택해서 종합과세 하지 않을 수 있다는 의미이다.

1.5 기타소득의 과세최저한

과세최저한이란 과세를 하는 가장 낮은 금액을 의미한다. 기타소득의 과세최저한은 기타소득금액을 기준으로 적용한다. 기타소득금액은 수입금액에서 필요경비를 차감한 금액이고, 항목별로 다음 금액 이하일 때에는 소득세를 과세하지 않는다. 기타소득금액 과세최저한 5만 원은 60%의 필요경비가 인정된다고 가정하면, 수입금액은 125,000원으로 계산된다. 즉, 125,000원 이하의 기타소득은 세금이 없다는 것이다.

(a) 승마투표권, 승자투표권, 소싸움경기투표권, 체육진흥투표권의 단위투표당 환급률이 100배 이하이고, 환급금이 200만 원 이하
(b) 슬롯머신 등 당첨금품이 건별 200만 원 이하
(c) 복권당첨금품 등이 매 건마다 200만 원 이하
(d) 그 밖의 기타소득금액이 매 건마다 5만 원 이하

2 연금소득

2.1 연금소득의 종류

연금제도는 경제활동을 하는 동안 수입의 일정 부분을 적립해 두었다가 은퇴 후에 매월 일정 금액을 지급받아서 생활자금으로 사용할 수 있도록 만든 제도이다. 연금소득은 은퇴자의 노후생활에서 중요한 수입원이다.

연금제도는 공적연금과 사적연금으로 구분된다. 공적연금은 정부가 운용하

고 국민이 의무적으로 가입해야 하는 연금으로 국민연금과 각종 직역연금을 말한다. 직역연금에는 직종에 따라 가입의무가 있는 공무원연금, 군인연금, 사립학교교직원연금, 별정우체국연금 등이 있다. 사적연금은 개인의 선택에 따라 가입할 수 있는 연금을 말한다.

따라서 공적연금소득은 국민연금과 각 직역연금에서 지급받는 연금을, 사적연금소득은 퇴직연금계좌와 연금저축계좌에서 연금의 형태로 인출하는 금액을 의미한다.

세금 에세이

은퇴 후 생활비를 확보하기 위한 방법은 어떤 것이 있는가?

일반기업에 근무하는 급여생활자인 A의 사례를 살펴보자. A는 입사와 함께 국민연금에 의무 가입되고, 회사는 매달 급여에서 A의 국민연금보험료를 공제 납부한다. 국민연금에 10년 이상 가입하면 노후에 노령연금을 받을 수 있다.

또한 A는 회사로부터 퇴직금도 받을 수 있다. "근로자퇴직급여보장법"에 의해 계속근로기간 1년에 대하여 30일분 이상의 평균임금을 퇴직금으로 받을 수 있다. 회사는 이 금액을 퇴직연금계좌에 매년 적립하고, 근로자가 퇴직할 때 지급한다. 이 금액은 은퇴 후 일시금으로 받거나 연금으로 받을 수도 있다.

A는 이 2가지만으로 노후대비가 충분하지 않다고 생각되어 개인적으로 연금저축IRP에 가입하였다. 이로써 A는 은퇴 후 소득을 얻을 수 있는 3가지 방안을 확보하였다. 이 중 국민연금으로부터 받는 연금은 공적연금이며, 나머지 두 가지는 사적연금이다.

2.2 퇴직연금의 종류

위의 세금 에세이에서 언급한 퇴직금 제도에 대해 조금 더 살펴보자. 퇴직금 제도의 취지는 근로자들이 은퇴 후 자금을 확보할 수 있도록 하는 데 있다. 그래서 매년 근로자에게 지급하지 않고, 퇴직 후에 지급하도록 하는 것이다. 그리고 기업도 이 자금을 유용하지 못하도록 금융기관에 예치하도록 하고 있다. 따라서 회사가 도산하는 등의 문제가 생겨도 근로자는 금융회사로부터 퇴직급여를 안정적으로 받을 수 있다. 그러나 퇴직까지 몇 년 또는 수십 년이 걸린다면, 이 자금을 그냥 묵히는 것보다는 수익을 내도록 운용을 하는 것이 더 나을 것이다. 이렇게 운용을 통해 이익이 났다면, 이 이익은 누구의 몫일까? 이 질문에 대한 해답에 따라 퇴직연금제도는 확정급여형DB형과 확정기여형DC형으로 나눠진다.

퇴직연금제도는 퇴직급여 재원을 금융기관에 적립하고, 회사 또는 근로자가 운용하다가 근로자의 퇴직 시 연금 또는 일시금으로 지급하는 것을 의미한다.

(1) 확정급여형 퇴직연금DB

- 근로자가 퇴직할 때 받을 퇴직급여가 사전에 확정된 퇴직연금제도
- 고용주는 퇴직연금 부담금을 적립하여 자기의 책임으로 운용

회사가 근로자의 퇴직연금 재원을 적립하여 운용하고, 근로자는 퇴직할 때 정해진 금액을 수령하는 유형이다. 이때 지급하는 금액은 퇴직연금 운용 성과와 관계없이 퇴직 직전 3개월 평균급여에 근속연수를 곱하여 계산한다. 대신 재원을 운용하며 발생한 이익 또는 손실을 회사가 부담하는 게 특징이다. 즉, DB형은 근로자가 퇴직할 때 받을 퇴직급여가 사전에 확정된 퇴직연금제도를 말하

는데, 회사는 매년 부담금을 금융회사에 적립하여 책임지고 운용하며, 운용결과와 관계없이 근로자는 사전에 정해진 수준의 퇴직급여를 수령하게 된다.

자금의 운용손익이 회사에 귀속되므로 운영결과에 따라 회사에 이익이 될 수도 있고 손실이 생길 수도 있다. 근무 마지막 연도의 임금을 기준으로 퇴직연금이 지급되므로 임금상승률이 높고 장기근속이 가능한 기업의 근로자에게 유리하다.

(2) 확정기여형 퇴직연금DC

- 고용주가 근로자 명의의 퇴직연금계좌에 매년 부담금을 납입
- 고용주가 납입할 부담금이 근로자 연간 임금총액의 1/12로 사전에 확정된 퇴직연금제도
- 근로자가 직접 퇴직연금 적립금을 운용하여, 적립금과 운용수입을 퇴직급여로 지급받음

회사는 사전에 정해진 금액연간 급여의 1/12 이상을 매년 금융기관에 적립만 하고, 퇴직연금 재원은 근로자가 직접 운용하는 유형이다. 근로자가 선택한 투자방법에 따라 수익 또는 손실이 날 수 있기 때문에 퇴직 시 수령하는 금액이 운영결과에 따라 변동된다는 점이 위의 DB형과 차이가 있다. 즉, DC형은 고용주가 납입할 부담금이 사전에 확정되는 퇴직연금제도를 말한다. 회사가 근로자 개별 계좌에 부담금매년 연간 임금총액의 1/12 이상을 정기적으로 납입하면, 근로자가 직접 적립금을 운용하며 추가로 납입할 수도 있다. 단, 운용성과에 대한 책임은 모두 근로자 본인에게 있다.

회사가 근로자 퇴직급여계좌에 매년 일정액을 납입하고 근로자가 직접 운용하므로 파산위험 및 임금체불 위험이 있는 회사에 근무하는 근로자나 임금상

승률이 낮거나 임금피크제에 진입한 근로자 등에게 유리하다.

(3) 개인형 퇴직연금IRP

이직이나 퇴직 후 퇴직금을 수령하는 전용계좌이다. 일시금이나 연금으로 받기 전까지 원하는 금융상품을 선택하여 투자할 수 있다. 뿐만 아니라 퇴직금과 별도로 개인이 추가로 납입하여 연금재원으로 운용할 수도 있다. 추가 납입은 연간 1,800만 원까지 가능하고, 그중에서 최대 700만 원에 대해서는 연말정산 때 세액공제도 받을 수 있다. 즉, IRP형은 근로자가 직장을 옮기기 위해 이전 직장을 퇴직하면서 지급받은 퇴직급여를 한 계좌로 모아 노후재원으로 활용할 수 있도록 하기 위한 계좌이다. 퇴직연금 통산장치제도로서 퇴직연금 적립 전용 개인계좌이다. 이 계좌의 가입대상은 근로자뿐만 아니라 퇴직금이 없는 자영업자들도 포함된다. IRP에 개인적으로 납입한 금액에 대해서는 세액공제 혜택도 받을 수 있어 절세의 좋은 수단이라 할 수 있다.

〈개인형 퇴직연금〉

	DB형	DC형	IRP형
재원납부	회사	회사	회사, 근로자
운용주체	회사	근로자	근로자
수령금액	퇴직금과 동일	운용실적에 따라 변동	운용실적에 따라 변동
세액공제 대상	없음	없음	근로자 납입금

2.3 연금소득의 과세방법

연금소득은 퇴직소득과 밀접하게 관련되어 있어 그 내용이 상당히 복잡하지만 중요한 내용만 간략하게 살펴보자. 공적연금소득은 종합과세 되는데 다른 소득 없이 연금소득만 있다면, 연금소득 연말정산을 통해 종합소득세 신고를 생략할 수 있다. 사적 연금소득은 연 1,200만 원 이하이면 분리과세나 종합과세를 선택해서 신고할 수 있으나 연 1,200만 원을 초과한다면 반드시 다음 해 5월에 종합소득세를 신고해야 한다.

근로소득과 연말정산

1. 총급여에 대한 정확한 이해가 필요하다 / 2. 근로소득금액의 계산

3. 과세표준은 소득공제가 커지면 줄어들게 된다 / 4. 세액공제를 받으면 세금액이 바로 줄어든다

5. 기납부세액에 따라 연말정산 환급금이 달라진다

6

근로소득은 종합소득의 한 종류로서 다른 종합소득과 합산하여 과세한다. 그러나 다른 소득 없이 근로소득만 있는 경우에는 종합소득세를 신고하지 않고, 연말정산이라는 과정을 통해 과세가 종결된다.

소득세는 1년 동안 벌어들인 소득에 대하여 다음 해 5월[5. 1~5. 31]에 신고·납부하는 세금이다. 그러나 1년분 소득세를 한꺼번에 징수하게 되면, 매월 월급을 받는 근로자에게는 큰 부담이 될 수도 있다. 따라서 근로자가 매월 월급을 받을 때, 월급의 일정 금액을 세금으로 납부하게 함으로써 근로자의 세부담을 연중 비슷한 수준으로 유지시켜 줄 필요가 있다. 이에 회사는 매월 월급을 지급할 때마다 일정액의 소득세와 소득세의 10%에 해당하는 개인지방소득세를 원천징수하고 있다.

[연말정산의 절차]

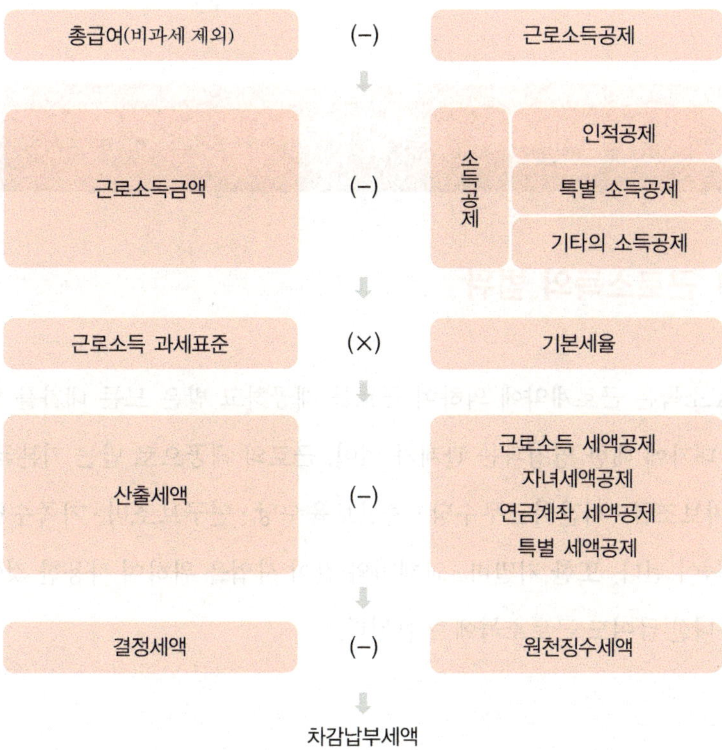

이러한 원천징수는 대략적인 금액의 세금을 징수하는 것이므로 1년에 한 번은 정확하게 계산할 필요가 있다. 이를 연말정산이라고 부른다. 연말정산은 원천징수한 세액을 정산하는 과정으로 보통 다음 연도 2월 급여를 지급할 때, 전년도 1년간의 근로소득에 대하여 세법의 규정과 증빙서류에 따라 정확하게 소득세를 계산한다.

세금 에세이

근로소득과 임금은 어떤 차이가 있는가?

근로소득은 근로자에게 지급하는 모든 금품으로 세법에 의해 정의되는 개념이다. 임금은 "근로기준법"에서 근로에 대한 대가로 지급하는 것으로 정의한다. 그러므로 근로소득이 임금보다 더 포괄적인 개념이다.

1 총급여에 대한 정확한 이해가 필요하다

1.1 근로소득의 범위

근로소득은 근로계약에 의하여 근로를 제공하고 받은 모든 대가를 말한다. 따라서 대가에 대한 명칭과는 관계가 없이, 근로의 제공으로 받는 기본금·상여금·식비보조금·시간외근무수당·출산보육수당·연구보조비·가족수당 등도 근로소득이 된다. 또한 기밀비·교제비와 같이 사업을 위하여 사용한 것이 분명하지 아니한 급여도 근로소득에 포함된다.

세금 에세이

이런 경우에도 근로소득으로 보아 과세한다

근로자가 받는 공로금 · 학자금 · 가족수당 · 직무수당 · 피복수당도 근로소득이다. 잉여금의 처분에 의하여 처분된 상여와 인정상여[세무 계산상 상여로 인정되는 것. 법인의 결산상에는 손금으로 처리되어 있으나 실질적으로 상여의 지급과 동일한 경우, 실질 과세의 원칙에 따라 세무 계산상 상여로 간주된다.] 퇴직금 지급규정에 의하지 않고 지급받은 퇴직위로금 또는 퇴직공로금도 근로소득으로 본다. 또한 근로자가 부담할 소득세 등을 사용자가 부담하거나 중소기업의 근로자가 주택을 제공받음으로써 받는 이익도 근로소득이다.

1.2 총급여

앞서 종합소득세의 세액 계산은 각 소득금액을 합산하는 것부터 시작하였다. 소득금액은 수입금액에서 필요경비를 차감한 금액이다. 그러나 근로소득은 다른 소득과 달리 수입금액이나 필요경비라는 용어를 사용하지 않고, 총급여 및 근로소득공제라는 용어 를 사용한다.

근로소득 − 비과세 근로소득 = 총급여

총급여는 회사로부터 받는 근로소득이지만, 모든 근로소득이 총급여에 포함되는 것은 아니다. 회사에서 월 20만 원 이내의 식사대를 보조해 주는 경우, 그 금액에 대해서는 세금이 과세되지 않는다. 이런 소득을 '비과세 근로소득'이라고 부른다. 다시 말하면 총급여는 근로소득에서 비과세 근로소득을 차감한 금액을 말한다. 총급여는 근로소득자에 대해 여러 가지 세제혜택 등을 부여할 때 기준금액으로 사용되기 때문에 매우 중요한 항목이다.

Tips 비과세 근로소득은 과세 제외 근로소득과 같지 않다

과세 제외와 비과세 근로소득은 서로 다른 개념이지만, 같은 결과를 가져오는 항목이다. 과세 제외는 세법에서 처음부터 근로소득으로 보지 않는 것이고, 비과세 근로소득은 세법이 정한 일정 요건을 갖추면 세금을 부과하지 않는 항목이다. 목적은 서로 다르지만, 총급여의 계산에서 제외된다는 점에서 같은 결과로 나타난다.

1.3 비과세 근로소득

근로소득자가 지급받는 소득 중 다음에 해당하는 사항은 비과세되는 근로소득으로 연말정산 시 연간급여액에서 차감한다.

〈비과세되는 식사대 등〉

① 식사, 기타 음식물을 제공받지 아니하는 근로자가 받는 월 20만 원 이내의 식사대

〈실비변상적인 급여〉

① 일직료, 숙식료 또는 실비변상[실제로 든 비용] 정도의 여비

② 월 20만 원 이내의 자가운전보조금

③ 선원이 받는 월 20만 원 이내의 승선수당과 광산근로자가 지급받는 입갱수당 또는 발파수당

〈국외근로소득〉

① 국외에서 근로를 제공하고 받는 급여 : 월 100만 원 이내 금액

② 원양어업선박, 외국항행선박의 종업원이 받는 급여, 국외 건설현장 등에서 근로[감리업무 포함]를 제공하고 받는 보수 : 월 300만 원 이내 금액

〈기타 비과세되는 소득〉

① 20만 원 이내의 교원 등이 받는 연구보조비 또는 연구활동비

② 생산직에 종사하는 월정액급여※ 210만 원 이하의 근로자가 연장시간 근로, 야간근로 또는 휴일근로로 인하여 받는 급여 연 240만 원 한도

※ 월정액 급여란 봉급 · 급료 · 보수 및 이와 유사한 성질의 급여 총액에서 "근로기준법"에 따른 연장근로 · 야간근로 등으로 받는 급여를 뺀 금액을 말한다.

③ 근로자 또는 배우자의 출산, 6세 이하 자녀의 보육과 관련하여 사용자로부터 받는 급여로서 월 10만 원 이내의 금액

④ "국민건강보험법" 등에 따라 국가 · 지방자치단체 또는 사용자가 부담하는 부담금

⑤ 벽지에 근무함에 따라 받는 월 20만 원 이내의 벽지수당

⑥ "고용보험법"에 따라 받는 실업급여, 육아휴직 급여, 산전후휴가 급여

⑦ 제대군인 지원에 관한 법률에 따른 전직지원금

⑧ 공무원 또는 사립학교 교직원, 별정우체국법을 적용받는 사람이 받는 육아휴직 수당

⑨ 국민연금 사용자부담금

[세금 관련 프로그램에 설정된 비과세 항목의 예시화면]

수당등록 | 공제등록 | 비과세/감면설정 | 사회보험 | 코드참고사항

	코드	비과세/감면 항목	구분	비과세공제한도	코드	지급명세
1	1	연장근로	년	2,400,000	001	제출
2	2	식대	월	200,000	P01	미제출
3	3	자가운전	월	200,000	H03	미제출
4	4	연구개발비	월	200,000		제출
5	5	취재수당	월	200,000	H11	제출
6	6	승선수당	월	200,000	H05	제출
7	7	육아수당	월	100,000	Q01	제출
8	8	기타비과세	전액			제출
9	9	국외등근로(건설지원업무 등)	월	1,000,000	M01	제출
10	10	국외근로(원양선박,건설설계감리직등)	월	3,000,000	M02	제출
11	11	육아/산전후휴가	년	6,000,000	E01	미제출
12	13	경호/위험등 수당	전액		H05	제출
13	14	(폐지)취업비과세	월	1,000,000	Y21	제출
14	15	수련보조수당	월	500,000	Y22	제출
15	17	직무발명보상금	년	5,000,000	R11	제출
16						

※ 2019년부터 18-25 T10-중소기업취업청년 소득세 감면 100% 삭제됨(금액 확인 요망)

※ 감면소득(T01~T50)에는 비과세공제한도를 입력하면 안 됩니다.
원천징수이행상황신고서에 금액이 달라질 수 있습니다.

Add-on 비과세 근로소득은 어떻게 적용되는가?

비과세 근로소득은 비과세되는 요건을 갖춘 경우에만 과세되지 않는다. 예를 들어 식대 20만 원이 비과세소득으로 분류되기 위해서는 회사에서 지급하는 식사 없이 현금으로 식대가 보전되어야 한다는 비과세 요건이 요구된다. 구내식당이 있어서 식사를 제공받으면서 식대를 따로 지급받는 경우의 식대는 비과세소득에 해당하지 않는다.

2 근로소득금액의 계산

총급여가 집계되면, 여기에서 근로소득공제를 차감하여 근로소득금액을 계산한다.

근로소득을 얻기 위해 지출된 경비를 근로자마다 개별적으로 결정하는 것은 매우 곤란한 문제이다. 따라서 필요경비라는 용어 대신 근로소득공제라는 용어를 사용하고, 총급여의 크기에 따라 계산한 일정 금액을 근로소득공제로 차감하여 근로소득금액을 구한다.

총급여 − 근로소득공제 = 근로소득금액

즉, 근로소득공제는 다른 소득의 필요경비에 해당하는 것으로 총급여의 일정 비율을 경비로 인정하는 것을 말한다. 공제금액의 계산은 다음의 표에 따른다.

〈근로소득공제금액〉

총급여액	근로소득 공제금액
500만 원 이하	총급여액의 70%
500만 원 초과 1,500만 원 이하	350만 원 + 500만 원 초과액의 40%
1,500만 원 초과 4,500만 원 이하	750만 원 + 1,500만 원 초과액의 15%
4,500만 원 초과 1억 원 이하	1,200만 원 + 4,500만 원 초과액의 5%
1억 원 초과	1,475만 원 + 1억 원 초과액의 2%

Tips

총급여액이 각각 400만 원, 1,000만 원, 1억 원일 때 근로소득공제액을 계산해 보자.

- **총급여액 400만 원** : 280만 원 = 400 × 70%
- **총급여액 1,000만 원** : 550만 원 = 350만 원 + [(1,000만 원 – 500만 원) × 40%]
- **총급여액 1억 원** : 1,475만 원 = 1,200만 원 + [(1억 원 – 4,500만 원) × 5%]

총급여액에서 근로소득공제가 차지하는 비중은 각각 70%, 55%, 14.75%이다. 총급여액이 많아질수록 근로소득공제가 총급여액에서 차지하는 비중이 급격하게 줄어든다.

3 과세표준은 소득공제가 커지면 줄어들게 된다

앞서 결정된 근로소득금액에서 소득공제 금액을 차감하면 과세표준이 계산된다.

연말정산은 다른 소득 없이 근로소득만 있는 근로자를 위해 종합소득세 신고의 번거로움을 줄여주는 제도이다. 따라서 연말정산의 과정은 종합소득세의 세액계산과정과 동일하게 진행된다. 그러므로 앞서 3장의 종합소득세에서 살펴본 것과 같이, 소득금액이 계산되면 여기에서 소득공제 금액을 차감하여 과세표준을 계산한다.

근로소득금액 - 소득공제 = 과세표준

소득공제는 소득금액에서 공제되는 항목으로, 연 단위로 공제하며 월 또는 일 단위로 나누어 계산하지 않고, 항목별로 정해진 금액까지만 공제할 수 있다. 근로자의 개별 여건이 소득공제에 해당하는 항목이 많을수록 과세표준이 줄어들어 절세의 효과를 볼 수 있다. 과세표준은 세율을 적용할 때 기준이 되는 금액임을 기억하자. 그러나 근로자가 소득공제 신청을 하지 않으면 공제가 적용되지 않는 항목도 있다.

"소득세법"의 소득공제 항목과 "조세특례제한법"의 소득공제 중 근로소득자에 해당되는 대표적인 소득공제 항목은 다음과 같다.

소득공제 : 인적공제
연금보험료 공제
특별 소득공제 보험료 공제, 주택자금 공제
"조세특례제한법"상 소득공제 주택마련저축공제, 신용카드 소득공제

3.1 인적공제

인적공제에는 기본공제와 추가공제의 2가지 공제항목이 있다. 기본공제 대상자에 해당되는 경우에 한하여 추가공제를 적용할 수 있다는 점에 주의해야 한다.

(1) 기본공제

- **기본공제 대상자의 자격** : 근로자 본인, 배우자, 생계를 같이 하는 부양가족인 경우
- **기본공제의 적용** : 연령요건과 소득요건을 충족해야 한다.

기본공제 대상자 1인당 150만 원씩 공제받을 수 있다. 소득금액 100만 원으로 정해진 소득요건을 판단할 때, 일용직 소득이나 분리 과세되는 소득은 포함하지 않는다. 그러나 양도소득금액이나 퇴직소득금액은 포함된다는 점을 주의해야 한다.

〈기본공제 대상자의 요건〉

<table>
<tr><th colspan="2">구분</th><th>나이요건(장애인 제외)</th><th>소득요건</th></tr>
<tr><td colspan="2">근로자 본인</td><td rowspan="2">제한 없음</td><td>제한 없음</td></tr>
<tr><td colspan="2">배우자(사실혼 ×)</td><td rowspan="6">연간 소득금액 100만 원
(근로소득만 있는 경우 총급여 500만 원) 이하
※ 소득금액 : 종합소득금액, 퇴직소득금액, 양도소득금액</td></tr>
<tr><td rowspan="5">생계를 같이하는 부양가족</td><td>직계존속</td><td>만 60세 이상</td></tr>
<tr><td>직계비속 동거입양자</td><td>만 20세 이하</td></tr>
<tr><td>형제자매</td><td>만 20세 이하, 만 60세 이상</td></tr>
<tr><td>수급자</td><td>제한 없음</td></tr>
<tr><td>위탁아동</td><td>만 20세 미만</td></tr>
</table>

(2) 추가공제

추가공제란 기본공제 대상자가 다음 중 어느 하나의 사유에 해당하는 경우, 각 사유별로 해당 인원 수에 따라 일정한 금액을 추가로 공제하는 것을 말한다. 추가공제는 기본공제 대상자가 되는 부양가족에게 적용되며, 기본공제 대상자가 아닌 경우에는 추가공제도 불가능하다.

또한 부녀자공제와 한부모공제는 근로자 본인만을 대상으로 하며, 2가지 모두에 해당되는 경우에는 한부모공제를 적용한다. 한부모공제는 반드시 기본공제 대상자인 직계비속이 있어야 하지만, 공제액은 부녀자공제보다 더 많다.

〈추가공제 〉

유형	공제액	요건
경로우대공제	1인당 100만 원	기본공제 대상자로 70세 이상
장애인공제	1인당 200만 원	기본공제 대상자가 장애인
부녀자공제	50만 원	종합소득금액이 3천만 원 이하인 여성거주자로, 배우자가 있거나 또는 배우자 없이 기본공제 대상자인 부양가족이 있는 세대주인 근로자 본인
한부모공제	100만 원	배우자가 없이 기본공제 대상자인 직계비속 또는 입양자가 있는 근로자 본인

3.2 연금보험료 공제

종합소득이 있는 거주자가 공적연금보험료[국민연금 · 공무원연금 · 군인연금 · 사립학교교직원연금 등]를 납부한 경우에는 납부한 보험료 전액을 종합소득금액에서 공제받을 수 있다. 단, 거주자 본인 부담분만 공제하며, 배우자나 부양가족 부담분은 공제대상이 아니다. 연금보험료 공제는 원천징수의무자의 증빙서류에 의해 공제 가능하며, 근로자가 개별적으로 공제신청을 하지 않아도 된다.

3.3 특별 소득공제

특별 소득공제는 근로소득이 있는 거주자에게 적용되며, 근로자가 신청한 경우에 적용되는 공제항목이다. 보험료 공제와 주택자금 공제가 있다.

(1) 보험료 공제

일용직 근로자를 제외한 근로소득자가 해당 과세기간에 4대 보험과 관련하여 부담한 금액을 해당 과세기간의 근로소득금액에서 공제한다. 원천징수의무자의 증빙서류에 의해 공제 가능해서 근로자가 공제신청을 하지 않아도 된다.

(2) 주택자금 공제

주택임차차입금원리금상환액, 장기주택저당차입금의 이자상환액 공제가 해당되며 아래의 금액을 정해진 한도 내에서 공제한다. 조세특례제한법의 소득공제 항목인 주택마련저축과 함께 공제한도를 적용하며, 근로자가 공제 신청을 한 경우에만 공제되는 항목이다.

- **주택임차차입금원리금상환액** : 대출받은 전세자금의 원금과 이자를 상환한 금액의 40%
- **장기주택저당차입금의 이자상환액** : 주택구입 시 받은 담보대출의 이자 상당액의 100%
- **주택마련저축** : 주택청약종합저축 납입액의 40%

3.4 신용카드 등 소득공제

신용카드 등 소득공제는 근로소득이 있는 거주자가 신용카드, 직불카드, 체크카드, 선불카드 및 선불전자지급수단을 이용하여 결제하거나 소득공제용 현금영수증을 발급받은 부분에 대해서 공제신청을 한 경우에 적용된다. 조세특례제한법에 따른 소득공제 중에서 근로소득자에게 적용되는 가장 대표적인 항목이다.

신용카드 등 소득공제는 공제 가능한 사용자와 사용금액에 대해 먼저 확인할 필요가 있다.

신용카드 등 소득공제는 본인의 사용액뿐만 아니라 배우자, 직계존비속이 사용한 금액에 대해서도 공제가 가능하다. 그러나 본인 이외의 가족은 소득요건이 충족되는 경우에만 공제 가능하며, 나이요건은 고려하지 않는다. 따라서 20세가 넘은 소득자의 자녀가 소득금액 기준으로 연 100만 원을 초과하는 소득이 없다면 자녀의 카드 사용액도 공제 가능하다. 그러나 형제자매는 나이나 소득요건과 관계없이 공제대상이 아니다.

또한 카드 등의 사용 내용에 따라 공제대상에서 제외되는 금액도 있다. 보험료, 공교육비, 세금, 공과금, 아파트 관리비, 해외사용액 등은 공제금액에서 제외되고, 의료비와 학원비는 공제 가능하다. 신용카드 등 소득공제의 목적 중 하나가 자영업자의 소득을 파악하기 위한 것이기 때문이다. 월세 주택에 거주한다면 월세 지급액도 신용카드 소득공제가 가능하다. 다만, 월세 세액공제와 중복공제 되지 않으므로 둘 중 하나만 선택해서 공제신청을 해야 한다.

Add-on 카드의 종류나 사용처에 따라 공제율이 달라진다

보통의 신용카드는 공제율이 15%이다. 그러나 직불카드나 현금영수증의 경우에는 공제율이 30%이다. 그리고 전통시장 사용분, 대중교통 이용분은 40%의 공제율을 적용한다. 또한 도서 · 공연 · 미술관 등 사용액에 대해서도 30%의 공제율을 적용한다. 따라서 전략적인 카드 사용을 통해 신용카드 등 소득공제 금액을 높일 수 있다.

이상의 내용에 따라 신용카드 등의 사용액이 파악되면, 다음으로는 공제금액의 계산과 한도액에 대해 살펴보아야 한다.

신용카드 등 소득공제는 신용카드 사용액이 총급여의 25%를 초과한 금액에 대해서만 공제 가능하다. 즉, 총급여가 2,000만 원인 경우에는 신용카드 사용액이 500만 원을 넘어야 공제받을 수 있다. 만약 신용카드 사용액이 800만 원이라면, 총급여의 25% 초과액인 300만 원이 공제대상이 되는 것이다. 여기에 신용카드 공제율 15%를 적용하면 45만 원의 소득공제를 받을 수 있다. 만약 해당 근로자의 소득세율이 10%라면 45만 원의 소득공제로 인해 45,000원의 세금이 줄어들 것이며, 소득세율이 20%라면 90,000원의 세금이 줄어든다[계산을 쉽게 하기 위해 가정한 소득세율임].

신용카드 등 소득공제에는 한도가 있다. 만약 한도가 없다면 소득이 높은 사람일수록 더 큰 절세 혜택을 받을 가능성이 높아지기 때문이다. 총급여를 기준으로 공제한도가 정해지는데 그 내용은 다음 표와 같다. 여기에 추가하여 전통시장 사용분과 대중교통 이용분, 도서 · 공연 · 박물관 · 미술관 이용분에는 각각 100만 원의 한도가 추가될 수 있다.

〈신용카드 등 소득공제 한도〉

총급여	공제한도
7,000만 원 이하	Min(300만 원, 총급여의 20%)
7,000만 원 초과~1억 2천만 원 이하	250만 원
1억 2천만 원 초과	200만 원

4 세액공제를 받으면 세금액이 바로 줄어든다

이상에서 소득금액에서 소득공제를 차감하여 과세표준이 계산되는 과정까지 알아보았다. 다음은 과세표준에 세율을 적용하여 산출세액을 계산하는 과정을 알아보자. 산출세액의 계산은 종합소득세 부분에서 이미 살펴본 내용과 동일하다. 산출세액을 계산한 다음에는 세액공제를 적용한다.

과세표준 × 세율 = 산출세액

산출세액 − 세액공제 = 결정세액

근로소득자의 소득은 소위 '유리지갑'이라 불릴 만큼 소득 포착률이 높다. 따라서 근로소득자의 세부담은 자영업자 등에 비하여 상대적으로 높은 것으로 알려져 있다. 이처럼 높은 세부담을 경감시키기 위해 일정 금액을 산출세액에서 공제하는 것이 세액공제 항목이다. 근로소득자의 세액공제에는 근로소득 세액공제, 자녀세액공제, 연금계좌 세액공제, 특별 세액공제 등이 있다.

세액공제는 대부분 12~15%의 비율이 적용되며, 소득공제와 달리 세액공제

Add-on 세액감면으로도 결정세액은 줄어든다

결정세액을 줄이는 것은 세액공제뿐 아니라 세액감면 항목도 있다. 예를 들어 중소기업 취업자 소득세 감면 내용은 다음과 같다.

15~34세 이하 청년, 60세 이상, 장애인, 경력단절 여성이 중소기업에 취업하는 경우 취업일로부터 3년간청년은 5년간, 근로소득세 70%청년은 90%를 감면연간 150만 원 한도한다.

금액만큼 결정세액이 바로 줄어든다. 이하에서는 세액공제를 하나씩 살펴본다.

4.1 근로소득 세액공제

근로소득이 있는 사람은 종합소득 산출세액에서 일정 한도 이내의 금액을 무조건 공제받을 수 있다. 앞서 살펴본 필요경비적 성격의 근로소득 소득공제와는 별개인 세액공제 항목으로 근로소득 세액공제라고 한다.

〈근로소득 세액공제 계산〉

산출세액	공제세액
130만 원 이하	산출세액의 산출세액의 55%
130만 원 초과	71만 5천 원 + 130만 원 초과금액의 30%

근로소득 세액공제의 한도는 총급여에 따라 20~74만 원으로 결정된다. 2023년부터 총급여가 1억 2천만 원을 초과할 때 근로소득 세액공제 한도액이 20~50만 원으로 축소되었다.

다만, 일용근로자의 경우에는 근로소득 산출세액의 55%를 한도 없이 세액공제 한다.

4.2 자녀세액공제

근로소득자의 기본공제 대상자에 해당하는 자녀에 대해 다음 요건에 따라 종합소득 산출세액에서 공제한다. 입양자 및 위탁아동을 포함하여 8세 이상 20세 이하 자녀에 대해서 자녀 수에 따라 자녀세액공제를 하고 있다.

- 자녀 1명 15만 원, 자녀 2명 30만 원, 자녀 3명 이상은 2명 초과 1명당 30만 원
- 출생 및 입양은 첫째 30만 원, 둘째 50만 원, 셋째 이상 70만 원

4.3 연금계좌 세액공제

연금계좌 세액공제는 연금계좌에 납입한 금액의 12%또는 15%에 해당하는 금액을 종합소득 산출세액에서 공제하는 항목이다. 종합소득금액 4,000만 원 이하 또는 근로소득만 있는 경우에는 총급여액 5,500만 원 이하인 거주자는 15%의 공제율을 적용한다.

연금저축계좌의 세액공제 한도는 연 600만 원이지만 퇴직연금계좌의 납입액과 합친 종합한도는 연 900만 원이다. 이 한도는 세액공제를 받을 수 있는 한도이고, 세액공제 혜택은 없지만 추가 납입을 통해 퇴직연금계좌에 연 1,800만 원까지 납입할 수도 있다.

만약 총급여 4,000만 원인 근로자가 연금저축에 연 100만 원을 납입했다면, 15% 공제율이 적용되어 150,000원100만 원 × 15%이 산출세액에서 줄어든다.

Add-on 연금저축계좌와 퇴직연금계좌

연금저축계좌는 금융회사 등과 체결한 계약에 따라 연금저축이라는 명칭으로 설정하는 계좌이다. 퇴직연금계좌는 근로자퇴직급여보장법에 따른 확정기여형퇴직연금제도DC형와 개인형 퇴직연금제도IRP 또는 과학기술인공제회법에 따라 퇴직연금을 지급받기 위해 설정하는 계좌이다.

Tips 고액 연봉자 또는 고소득자의 연금계좌 세액공제

소득이 높은 사람일수록 연금저축에 납입할 여유자금이 충분할 것이므로 연금계좌 세액공제는 과세의 형평을 위해 고소득자에 대한 혜택을 줄이고 있다. 총급여가 1억 2천만 원을 초과하거나 종합소득금액 1억 원을 초과한다면 연금저축계좌의 납입한도는 연 300만 원이다.

4.4 특별 세액공제

근로소득자가 보험료·의료비·교육비·기부금을 지출하고 공제신청을 하면 특별 세액공제를 받을 수 있다. 그러나 공제신청을 하지 않은 경우에는 표준세액공제로 연 13만 원을 공제받는다. 만약 해당 과세기간의 세액보다 보험료·의료비·교육비·기부금 세액공제의 합계액이 많다면 해당 과세기간의 세액을 한도로 공제하게 된다. 다만, 그 초과하는 금액에 기부금 세액공제액이 포함되어 있는 경우 5년간 이월해 15%3천만 원을 초과하는 경우 그 초과분은 25%를 적용한 기부금 세액공제액을 계산해 그 금액을 종합소득 산출세액에서 공제하게 된다.

(1) 보험료 세액공제

근로소득자가 기본공제 대상자인 본인, 배우자, 부양가족을 위하여 지출한 보험료는 지출액의 12%에 해당하는 금액을 종합소득 산출세액에서 공제받을 수 있다. 또한 장애인인 부양가족이 장애인 전용보험에 가입한 경우에는 15%의 공제율을 적용한다.

보험료 세액공제액 = ⓐ × 15% + ⓑ × 12%

ⓐ 장애인 전용 보장성 보험료 연 100만 원 한도

ⓑ 일반 보장성 보험료 연 100만 원 한도

■ **장애인 전용 보장성 보험료**

기본공제 대상자인 본인, 배우자, 부양가족 중 장애인을 피보험자 또는 수익자로 하는 장애인 전용 보장성 보험료는 연간 100만 원 한도 내에서 보험료의 15%를 공제한다.

■ **일반적인 보장성 보험료 :** 생명보험, 손해보험, 상해보험, 농축수협공제 등

기본공제 대상자 본인, 배우자, 부양가족을 피보험자로 하는 일반적인 보장성 보험료는 연간 100만 원 한도 내에서 보험료의 12%를 공제받는다. 그러나 기본공제 대상자가 아닌 사람을 피보험자로 하는 일반적인 보장성 보험료는 공제받을 수 없다. 다시 말하자면 보험료 세액공제를 받을 수 있는 피보험자는 나이요건과 소득요건을 충족해야 된다는 의미이다.

Add-on 대표적인 보장성 보험은 어떤 것이 있는가?

보장성 보험, 장애인 전용 보장성 보험이란 만기에 환급되는 금액이 납부한 보험료 합계액을 초과하지 않는 보험을 말한다. 대표적인 보장성 보험으로는 자동차보험을 들 수 있다. 일반적으로 자동차보험은 사고 시에는 약정한 보험금을 지급하지만, 무사고 시에는 만기가 되어도 환급되는 금액이 전혀 없다. 의료비실손보험이나 암보험 등 만기 시 환급되지 않는 보험은 대부분 보장성 보험이다.

Tips 실전 사례

근로자가 매월 국민건강보험료 2만 원, 고용보험료 5천 원을 납부하였으며, 기본공제 대상 배우자의 명의로 계약한 자동차종합보험료의 납부영수증이 연간 120만 원이다[피보험자는 근로자이다]. 그리고 자녀[장애인]를 피보험자로 한 보장성 보험료 납입영수증이 연 120만 원인데, 이 중 장애인 전용 보험료가 70만 원, 일반 보장성 보험료가 50만 원이었다. 이 증빙을 통해 보험료 세액공제를 받을 수 있는 금액은 얼마일까?

해답 보험료 세액공제 대상 금액 산정내역

㉠ **국민건강보험료** : 월 2만 원 × 12개월 = 24만 원. 전액 소득공제 대상임.

㉡ **고용보험료** : 월 5천 원 × 12개월 = 6만 원. 전액 소득공제 대상임.

㉢ **자동차 보험료와 일반 보장성 보험료** : (100만 원 공제한도) 100만 원 × 12%
= 12만 원

㉣ **장애인 전용 보장성 보험료** : (공제한도 100만 원) 70만 원 × 12% = 8.4만 원

㉤ **보험료 세액공제 대상 금액 합계 ㉢ + ㉣** : 204,000원

(2) 의료비 세액공제

근로소득자가 부양가족의 질병치료를 위해 지출한 의료비는 지출액의 15%[난임시술비는 20%]에 해당하는 금액을 산출세액에서 공제받을 수 있다. 부양가족에 대한 의료비 공제는 나이요건이나 소득요건의 제한이 적용되지 않으므로 기본공제 대상자 여부는 관련이 없다. 단, 질병치료 목적의 의료비 지출이어야 한다.

공제대상 의료비에는 질병치료, 진찰, 진료, 치료, 요양 등의 지출뿐만 아니라 건강진단, 시력보정용 안경 · 콘택트렌즈 구입비[1인당 50만 원 이내], 보청기 구입비 등이 포함된다. 또한 총급여 7천만 원 이하인 근로자에 한해서 산후조리원 비용도 1회 200만 원까지 세액공제 된다. 그러나 미용 · 성형수술 비용이나 건

강증진을 위한 의약품 구입비용, 외국의 의료기관에 지출한 의료비는 공제대상이 아니다. 또한 보험회사에서 수령한 보험금으로 지급한 의료비와 실손의료보험금으로 보전받은 의료비는 세액공제 대상이 아니다.

의료비 세액공제는 총급여의 3%를 초과한 금액에 대해서만 공제 가능하다. 따라서 총급여가 3,000만 원인 근로자가 150만 원의 의료비를 지출하였다면, 총급여의 3%인 90만 원을 초과하는 60만 원에 대해서 15%를 적용하므로 9만 원의 세액을 공제받을 수 있다. 단, 의료비를 지출한 금액으로 연 700만 원까지만 공제가 가능하다. 중증질환자나 장애인이 있다면 이 금액이 충분하지 않을 수 있다. 따라서 의료비는 특정 의료비와 일반 의료비로 구분해서 한도를 적용한다.

- **특정 의료비** : 본인, 장애인, 경로우대자65세 이상, 중증질환자, 난임시술에 따른 의료비. 한도 없이 전액 공제.
- **일반 의료비** : 그 외의 부양가족을 위해 지출한 의료비. 연 700만 원 한도.

Add-on 공제대상 의료비의 계산

공제대상 의료비 = ㉠ + ㉡

㉠ [본인 · 65세 이상 · 장애인 · 중증질환자 · 난임시술] 의료비

㉡ Min[기타 부양가족의 의료비 − 총급여 × 3%, 7백만 원]

Tips 다음 사례의 의료비 세액공제액은 얼마인가

총급여액이 3,000만 원인 근로자가 부양가족을 위하여 지급한 의료비가 550만 원, 의약품구입비 80만 원, 장애인보장구 의족 구입비 50만 원인 경우 의료비 공제를 받을 수 있는 금액은 얼마일까? (단, 의료비 550만 원 중에는 경로우대자 아버지에 대한 의료비 30만 원과 장애인인 어머니에 대한 의료비 20만 원이 포함되어 있다.)

해답 의료비 공제대상 금액 산정내역

- **의료비 지급총액** : 680만 원
  - ㉠ **일반 의료비** : 580만 원 = 500만 원 + 80만 원
  - ㉡ **특정 의료비** : 100만 원 = 50만 원 + 30만 원 + 20만 원
- **급여액의 3% 상당액** : 3,000만 원 × 3% = 90만 원
- **일반 의료비 공제대상액** : 490만 원 = Min(580만 원 − 90만 원, 700만 원)
- **특정 의료비 공제대상액** : 100만 원
- **의료비 세액공제 총액** : 88.5만 원 = (490만 원 + 100만 원) × 15%

(3) 교육비 세액공제

근로소득이 있는 사람이 기본공제 대상자 본인, 배우자, 부양가족을 위하여 지출한 교육비는 지출액의 15%에 해당하는 금액을 종합소득 산출세액에서 공제받을 수 있다.

교육비 공제를 받을 수 있는 부양가족은 나이 제한이 없으나 소득금액은 제한이 있다. 가령 25세 대학생인 자녀가 소득이 없다면 교육비 공제를 받을 수 있다. 직계존속본인과 배우자의 직계존속의 교육비는 공제대상이 되지 않는다. 또한 장애인 특수교육비의 경우에는 나이 · 소득요건에 제한이 없고 직계존속도 공제가 가능하다.

공제대상이 되는 교육비는 교육기관에 낸 수업료 · 입학금 · 보육비용 · 기타

공납금뿐만 아니라 근로자 본인의 학자금대출 원리금 상환액도 포함된다. 또한 초·중·고등학교의 급식비와 교과서 대금, 중·고등학교의 교복 구입비1인당 연 50만 원 이내, 방과 후 학교 수업료 등이 포함된다. 또한 해외 교육기관에 지급한 교육비도 공제대상이 된다. 그러나 학원 등의 사교육비는 해당되지 않지만, 취학 전 아동의 학원비와 체육시설 수강료는 유치원비와 마찬가지로 공제대상이 된다. 교육비 세액공제의 공제한도는 다음과 같이 정해져 있다.

- **본인과 장애인 특수교육비** : 전액
- **그 외 교육비** : 고등학생 이하는 1인 300만 원, 대학생은 1인 900만 원

Tips 교육비 세액공제액은 얼마인가

근로자가 본인의 대학원 등록금 800만 원, 초등학생 자녀의 사설학원 수강료 120만 원, 동생의 대학등록금 1,000만 원을 지출한 경우 교육비 세액공제를 받을 수 있는 금액은 얼마일까?

해답 교육비 공제대상 금액 산정내역

- **본인 대학원 교육비** : 120만 원 = 800만 원 × 15%
- **초등학생 자녀 사설학원 수강료** : 0원
- **동생 대학등록금** : 135만 원 = 900만 원 × 15%
- **④ 교육비 세액공제 대상 금액 합계** : 120만 원 + 135만 원 = 255만 원

(4) 기부금 세액공제

기부금 세액공제는 근로소득자와 부양가족이 기부한 기부금에 대해 세액을 공제해 주는 항목이다. 이때 부양가족은 소득요건만 충족하면 나이요건의 제한

은 없다. 즉, 소득이 없는 20대 대학생 자녀가 기부한 금액에 대해 그 부모가 공제를 받을 수 있다.

공제 가능한 기부금은 정치자금기부금, 법정기부금, 우리사주조합기부금 및 지정기부금의 4가지 유형이 있다. 기부금 세액공제의 공제율과 공제한도는 기부금의 유형에 따라 다르게 설정되어 있다. 종류별 기부금의 내용 및 한도는 다음과 같다.

Tips 사업소득자의 기부금

사업소득자의 기부금 지출액은 사업소득금액을 계산할 때 필요경비로 차감하는 방법으로 적용한다. 그러나 사업소득 이외에 다른 종합소득이 있는 경우에는 기부금세액공제를 적용할 수 있다.

① 정치자금기부금 : 거주자가 정치자금법에 따라 기부한 정치자금

근로자 본인의 기부금액만 공제대상이 된다. 특히 10만 원 이하의 금액에 대해서는 100/110의 비율로 공제되어 거의 전액이 공제되는데, 나머지 10/110은 지방소득세의 공제로 연결되기 때문이다. 또한 정치자금기부금은 공제한도가 근로소득금액 전액으로 정해져 있어서 다른 기부금보다 공제한도가 높다.

② 법정기부금 : 국가나 지방자치단체 등이 주관하는 공익적 성격의 사업에 대한 기부금

법정기부금은 다음과 같은 유형의 기부금을 말한다. 공제한도가 근로소득금액 전액으로 정해져 있어서 다른 기부금보다 공제한도가 높다.

- 국가 또는 지방자치단체에 대한 기부금
- 국방헌금과 국군장병 위문금품

- 천재지변으로 생기는 이재민을 위한 기부금
- 사립학교 등에 시설비 · 교육비 · 연구비 · 장학금으로 지출하는 기부금
- 국립 및 사립 대학병원 등에 시설비 · 교육비 · 연구비로 지출하는 기부금
- 법정기부금단체 대한적십자사, 사회복지공동모금회, 아름다운재단, 월드비전 등 에 지출하는 기부금
- 특별재난지역을 복구하기 위한 자원봉사 용역
- 제주특별자치도 설치 및 국제자유도시 조성을 위한 특별법에 따라 설립된 비영리 국제학교

③ 우리사주조합기부금 : 근로자가 근무하는 회사의 우리사주조합에 기부한 기부금

우리사주조합원이 아닌 근로자 본인의 기부금만 공제대상이다. 공제한도가 근로소득금액의 30%이다.

④ 지정기부금 : 공익단체로 지정된 단체에 대한 기부금

지정기부금은 종교단체에 대한 기부금과 종교단체 이외 공익단체에 기부한 기부금으로 구분하여 공제한도와 공제율을 적용한다. 종교단체 외 지정기부금은 근로소득금액의 30%를 한도로 하며, 종교단체 지정기부금은 근로소득금액의 10% 한도로 세액공제를 할 수 있다. 지정기부금의 유형은 다음과 같다.

- 지정기부금단체 사회복지법인, 학교, 학술연구단체, 종교단체, 의료법인 등 에 지출하는 기부금
- 학교의 장이 추천하는 개인에게 교육비 · 연구비 · 장학금으로 지출하는 기부금
- 무료 또는 실비로 이용할 수 있는 사회복지시설에 대한 기부금
- 노동조합비, 교원단체회비 등
- 기부금 대상 민간단체에 지출하는 기부금

Add-on 이웃에 사는 독거노인의 생활비를 기부한 경우는 공제대상이 되는가?

4가지의 기부금 유형에 해당되지 않는 기부금은 공제대상이 되지 않는다. 동창회 기부금 등도 동창회가 공익단체로 등록되어 있지 않아 기부금 세액공제 대상에 포함되지 않는 것이 일반적이다.

세금 에세이

2020년 세법 개정으로 기부금단체의 명칭을 통일하여 법인세법이 정하는 법정 · 지정 기부금단체를 공익법인으로, 소득세법이 정하는 기부금 대상 민간단체를 공익단체로 통일하였다.

4.5 월세 세액공제

월세 주택의 임대료에 대해 세액공제를 받을 수 있는 공제항목이다.

과세기간 종료일 현재 무주택 세대의 세대주는 월세액의 12%를 연 750만 원 한도로 세액공제를 받을 수 있다. 단, 해당 과세기간 총급여액이 7,000만 원, 종합소득금액 6,000만 원 이하여야 한다. 또한 국민주택규모 또는 기준시가 3억 원 이하의 거주 주택에 대한 월세액에 대해서만 공제된다.

만약 총급여가 6,000만 원, 종합소득금액 4,500만 원 이하이면 15%의 공제율을 적용한다.

4.6 표준세액공제

근로소득자가 소득세법상 특별 소득공제, 특별 세액공제 및 월세액 세액공제를 신청하지 않았을 때 연 13만 원을 산출세액에서 공제해 주는 항목이다.

Add-on 비거주자의 근로소득은 거주자와 동일한가?

본문의 근로소득에 관한 내용은 거주자에게 적용된다. 비거주자의 근로소득은 다음의 방식으로 과세된다.

〈비거주자의 과세방법〉

구분	국내 사업장이 있는 경우	국내 사업장이 없는 경우
과세 방법	▪ 당해 국내 사업장에 귀속되는 6가지 소득을 합산하여 신고함 ▪ 국내 사업장에 직접 귀속되지 않는 이자, 배당 등의 소득은 원천징수로서 분리과세됨(금융소득 종합과세 제외)	▪ 소득의 종류별로 완납적 원천징수로 분리과세됨
주의 사항	▪ 소득세의 결정 및 징수는 거주자와 동일 ▪ 소득공제는 본인의 기초공제만 해줌 ▪ 특별공제 및 표준공제는 해당 없음	▪ 원천징수 시 소득세법에 따라 원천징수하되 조세조약상의 제한세율을 적용받는 경우에는 제한세율을 우선 적용함

5 기납부세액에 따라 연말정산 환급금이 달라진다

산출세액에서 세액공제를 차감하면 결정세액이 된다. 결정세액에서 가산세를 더하고 기납부세액을 차감하면 납부할 세액이 계산되는데, 납부할 세액이 음수(−)로 계산되면 환급을 받게 된다.

결정세액 + 가산세 − 기납부세액 = 납부할 세액

기납부세액이란 이미 납부한 세액을 말하는데 매월 월급에서 차감된 소득세 원천징수 세액을 의미한다. 매월 월급에서 차감한 소득세의 1년 합계액이 결정세액보다 많으면 그 차액을 환급받을 수 있고, 결정세액이 더 많으면 회사가 그 차액을 추가로 징수하여 납부한다.

Add-on 원천징수금액은 누가 어떻게 결정하는가?

원천징수 세액은 국세청이 제공하는 간이세액표에 따라 계산된다. 간이세액표는 월급여와 부양가족의 수에 따라 대략적인 세액을 설정해 둔 것으로 연말정산의 결과에 따라 환급을 받거나 세금을 더 납부해야 한다. 예전과 달리 지금은 납세자의 권리를 존중하고자 간이세액표 금액의 80%, 100%, 120% 중 하나를 근로자가 선택할 수 있도록 하고 있다.

〈근로소득 간이세액표〉

월급여액(천원) [비과세 및 학자금 제외]		공제대상 가족의 수										
		1	2	**3**	4	5	6	7	8	9	10	11
이상	미만											
1,055	1,060	-	-	-	-	-	-	-	-	-	-	-
1,060	1,065	1,040	-	-	-	-	-	-	-	-	-	-
1,340	1,345	5,560	1,060	-	-	-	-	-	-	-	-	-
1,720	1,730	13,460	8,960	1,040	-	-	-	-	-	-	-	-
1,890	1,900	16,970	12,470	4,410	1,040	-	-	-	-	-	-	-
2,060	2,070	21,450	15,990	7,790	4,410	1,040	-	-	-	-	-	-
2,400	2,410	33,570	25,380	**14,530**	11,160	7,780	4,410	1,030	-	-	-	-
2,410	2,420	34,380	25,700	14,730	11,360	7,980	4,610	1,230	-	-	-	-
2,420	2,430	35,180	26,020	14,930	11,560	8,180	4,810	1,430	-	-	-	-
2,430	2,440	35,980	26,340	15,130	11,760	8,380	5,010	1,630	-	-	-	-
2,440	2,450	36,790	26,660	15,330	11,950	8,580	5,200	1,830	-	-	-	-
2,450	2,460	37,590	26,980	15,530	12,150	8,780	5,400	2,030	-	-	-	-

사업소득과 종합소득세 신고

1. 사업소득의 유형 / 2. 사업자의 유형 / 3. 사업자의 장부 / 4. 사업자의 종합소득세 신고
5. 장부 없이 하는 소득세 신고를 추계신고라고 한다 / 6. 사업소득의 절세방안

7

1 사업소득의 유형

사업소득은 종합소득세로 과세되는 소득 중 하나로, 영리를 목적으로 계속적·반복적으로 이루어지는 사업 활동에서 발생하는 소득이다. 실제 생활 속에서 알 수 있듯이, 사업소득의 종류는 무수히 많다. 이렇게 다양한 유형의 사업에 대해 정부가 과세를 하거나 정책적 지원을 하려고 한다면, "어떻게 업체를 선정할 것인가?"라는 현실적인 문제에 직면하게 될 것 같다. 우리나라에서는 모든 산업 활동을 성격에 따라 유형화하여 분류하고 있는데, 이를 한국표준산업분류라고 부른다.

이렇게 분류된 사업유형 중에는 과세대상으로 분류되어 있지 않은 유형도 있다. 작물재배업 중 곡물 및 기타 식량작물 재배업, 전문 과학 및 기술서비스업 중 연구개발업, 교육 서비스업 중 초·중·고등 교육기관, 보건 및 사회복지서비스업 중 장기요양사업 등이 이에 해당한다.

다음으로는 과세가 되는 사업소득이지만 과세를 하지 않는 비과세 사업소득도 있다. 대부분 소득의 크기를 기준으로 일정 소득 이내의 다음과 같은 소득이 여기에 해당한다. 농어가 부업소득, 산림소득, 어로어업 소득, 기타 작물재배업, 전통주 제조업 등 주로 농·수·축산업과 관련된 소득이 여기에 해당된다. 그리고 주택의 임대소득 역시 일정 조건에 해당하면 비과세 항목이 되고, 논밭의 임대소득은 전체가 비과세되고 있다.

Tips 주택 임대소득은 과세대상인가?

주택을 임대하고 받는 임대소득은 임대인의 보유주택 수와 전세 또는 월세 및 그 금액에 따라 과세여부가 결정된다. 전세의 경우, 2주택자 이하는 과세되지 않는다. 월세의 경우, 1주택자가 보유한 주택[고가주택 제외]을 임대하고 받는 임대료가 연 2천만 원 이하인 경우에 비과세된다.

2 사업자의 유형

일반적으로 사업자는 돈을 벌기 위해 사업 활동을 하는 자이다. 그러나 세법[부가가치세법]에서는 사업 목적의 영리 추구 여부와 관계없이 독립적으로 재화와 용역을 공급하는 자를 사업자로 규정한다. 따라서 개인이나 법인뿐만 아니라 국가나 지방자치단체 그리고 법인격이 없는 사단[사단법인]이나 재단[재단법인]도 사업자가 될 수 있다.

사업자는 사업의 형태에 따라 개인사업자와 법인사업자로 나눠지며, 과세유형에 따라 과세사업자와 면세사업자로 나눠진다. (개인)과세사업자는 사업의 규모에 따라 일반과세자와 간이과세자로 구분된다. 사업자의 유형은 세금과 매우 밀접하게 관련되어 있어 그 차이를 분명하게 인식할 필요가 있다. 사업자에 대한 구체적인 내용은 다음 장에서 살펴본다.

개인사업자는 부가가치세의 과세 여부에 따라 과세사업자와 면세사업자로 나눠진다. 이 중 과세사업자는 매출액의 규모에 따라 다시 일반과세자와 간이과세자로 구분되는데, 연간 매출액이 8,000만 원 이상이라면 일반과세자, 8,000만 원 미만이면 간이과세자가 된다.

Tips 면세사업자는 모든 세금이 면제되는 사업자인가?

면세사업자와 과세사업자는 "부가가치세법"에 따른 사업자 유형이다. 따라서 면세사업자에 대한 면세는 부가가치세가 면제된다는 의미이다. 면세사업자 역시 벌어들인 사업소득에 대해서는 당연히 종합소득세가 과세된다.

3 사업자의 장부

사업자의 사업소득금액은 총수입금액에서 필요경비를 차감하여 계산된다. 그럼 총수입금액과 필요경비는 어떻게 확인할 수 있을까? 현재 소득세는 납세자의 자진신고과세 항목이다. 따라서 납세자 스스로 총수입금액과 필요경비를 증명할 수 있도록 준비해야 한다. 따라서 사업자는 소득금액을 계산할 수 있도록 모든 거래 사실을 확인할 수 있는 증빙서류 등을 비치하고, 장부를 기록·관리해야 한다. 사업자가 비치해야 하는 장부는 복식부기장부와 간편장부가 있다. 장부의 유형은 사업의 규모나 사업의 유형에 따라 결정된다.

(1) 복식부기의무자

복식부기장부는 재산 상태나 손익의 발생에 대해 회계학을 기반으로 하여 기록되는 장부이다. 복식부기장부는 체계적으로 거래내용을 파악할 수 있지만, 장부의 작성에 전문적인 지식을 필요로 한다. 사업의 규모가 일정 기준 이상인 사업자와 전문직 사업자는 복식부기장부를 작성해야 한다. 여기서 전문직 사업자란 세무사, 공인회계사, 변호사, 변리사, 관세사, 감정평가사, 도선사, 건축사,

법무사, 의사, 치과의사, 한의사, 수의사, 약사, 한약사 등이 해당된다. 그러나 공인중개사나 행정사는 이에 해당하지 않는다.

복식부기의무자가 복식부기장부를 작성하지 않고 간편장부에 따라 과세소득을 계산하거나 추계신고를 하는 경우 신고를 하지 않은 것[무신고]으로 간주되어 무신고가산세와 무기장가산세 중 큰 금액을 가산세로 부담해야 한다.

Add-on 복식부기의무자는 누구인가?

업종별로 직전연도 수입금액이 다음 금액 이상인 경우에는 복식부기의무자가 된다.

업종군	업종 상세내용	직전연도 수입금액
1업종군	농업, 임업, 어업, 광업, 도매업, 소매업, 부동산매매업, 그 밖의 2업종군과 3업종군에 해당되지 아니하는 사업	3억 원
2업종군	제조업, 숙박 및 음식점업, 전기·가스·증기 및 수도사업, 하수·폐기물처리, 원료재생 및 환경복원업, 건설업, 운수업, 출판·영상·방송통신 및 정보서비스업, 금융 및 보험업	1억 5천만 원
3업종군	부동산임대업, 전문·과학 및 기술서비스업, 사업시설관리 및 사업지원서비스업, 교육서비스업, 보건 및 사회복지서비스업, 예술·스포츠 및 여가 관련 서비스업, 협회 및 단체, 수리 및 기타 개인서비스업, 가구 내 고용 활동	7천 5백만 원

(2) 간편장부 대상자

간편장부는 소규모 사업자를 위해 고안된 형태의 장부로 회계적 지식이 없어도 간단하게 작성할 수 있도록 만든 장부이다. 간편장부는 매출액 등 수입에 관한 사항, 경비지출에 관한 사항, 고정자산의 증감에 관한 사항을 주요 기록 항목으로 하고 있다.

간편장부 대상자가 복식부기장부를 기장하는 경우에는 기장세액공제를 받을 수 있다. 그러나 간편장부 대상자가 장부 없이 추계신고를 하는 경우에는 무기장가산세를 부담해야 한다.

Tips 간편장부의 양식은 어떻게 되어 있는가?

간편장부는 발생한 거래를 해당 항목에 맞게 기록하면 된다.

일자	거래 내용	거래처	수입(매출)		비용 (원가 관련 매입 포함)		고정자산 증감 (매매)		비고
			금액	부가세	금액	부가세	금액	부가세	

4 사업자의 종합소득세 신고

사업자는 한 해의 사업소득에 대해 다음 해 5월5. 1~5. 31에 종합소득세를 신고·납부해야 하고, 이를 통해 근로소득자의 연말정산과 마찬가지로 소득세를 납부하거나 환급받기도 한다. 사업자의 종합소득세 신고 역시 사업소득금액을 계산하는 것으로 시작한다.

Add-on 프리랜서 또는 3.3% 사업소득자

사업자등록 없이 일을 하는 프리랜서는 사업소득자이므로 5월5. 1~5. 31에 종합소득세를 신고 · 납부를 해야 한다. 이들에게 소득을 지급하는 자는 사업소득의 3.3%를 원천징수해야 한다. 영업사원, 보험모집인, 학습지 교사, 학원 강사나 유튜버 등이 여기에 속하는 프리랜서이다. 그러나 이 중에서 보험모집인, 방문판매업자와 계약배달업자는 프리랜서이지만, 연말정산 대상자이다. 다만, 이들 중 직전 과세기간의 수입금액이 7,500만원 미만인 경우에만 연말정산 대상이 된다. 이들의 사업소득에 대한 원천징수의무자가 사업소득 연말정산을 신청하거나 포기할 수 있다.

4.1 사업소득금액의 계산

사업자는 세금계산서와 영수증 등 증빙서류를 근거로 거래내용을 장부에 기록한 다음, 총수입금액에서 수입금액을 얻기 위하여 실제 지출한 비용을 차감하여 사업소득금액을 계산한다.

사업소득금액 = 총수입금액 – 필요경비

사업소득금액을 계산할 때, 사업자가 사업을 위하여 지출한 경비는 대부분 필요경비로 수입금액에서 차감되나, 다음 항목은 필요경비로 인정되지 않는다.

(1) 소득세와 지방소득세 소득분

사업소득 금액 계산의 목표는 소득세를 산출하는 데 있으므로 소득세와 지방소득세 소득분은 필요경비로 인정되지 않는다.

(2) 벌금, 과료, 과태료[벌금, 과료, 과태료는 잘못한 행위에 대해 "돈"을 납부한다는 점에서 별 차이가 없지만, 법적 효과에서는 상당한 차이가 있음], 가산금, 가산세 등※

징벌의 효과를 낮출 우려가 있기 때문에 벌금, 과료, 과태료 등은 필요경비로 인정하지 않는다.

※ **벌금**(사법상의 형벌) : 벌금은 위반행위를 했을 때 정식재판을 거쳐 일정 금액을 국가에 납부하도록 하는 형사 처벌로 전과기록이 남음. 벌금형은 제일 무거운 재산형임

※ **과료**(사법상의 형벌) : 벌금과 마찬가지로 일정 금액을 국가에 납부하게 하는 경미한 수준의 재산형이지만, 벌금보다 금액이 낮음. 과료는 2천 원 이상 5만 원 미만으로 하고 있음

※ **과태료**(행정상의 처분) : 벌금 및 과료와 달리 과태료는 형법상 형벌이 아니라 납부자에게 전과가 남지 않고 과태료의 납부사유가 대부분 경미한 법규위반이므로 재판을 거치지 않음. 행정법에서 일정한 의무를 이행하지 않거나 가벼운 벌칙을 위반한 사람에게 부담시켜 국가에 납부하게 하는 돈을 말함

(3) 가사 관련 경비

사업자가 집안일과 관련하여 지출한 경비 등은 필요경비로 인정하지 않는다.

(4) 업무 무관 경비

직접 업무와 관련 없이 지출한 경비는 필요경비로 인정되지 않는다.

(5) 사업주에 대한 급여 등

사업자는 이익분배 절차 없이 사업소득의 귀속주체가 되므로 사업주에 대한 급여 등은 필요경비로 인정되지 않는다.

Tips 법인 대표의 급여는 비용처리 된다

법인사업자의 대표자 급여는 손금으로 인정받는 점이 개인사업자와의 차이점이다.

(6) 일정 한도액을 초과하여 지출한 접대비와 기부금

한도를 초과한 지정기부금과 비지정기부금은 필요경비로 인정되지 않는다. 접대비 또한 일정한 한도액 범위 내에서만 필요경비로 인정된다.

Add-on 청바지나 아기 기저귀 등을 구입한 경우 경비로 처리할 수 있을까?

개인사업을 할 경우에 세무조사 시 가장 많이 문제가 되는 사례는 아래의 2가지 경우이다.

- **가사 관련 경비** : 가사 관련 경비는 사업에 사용하지 않고, 개인의 가사에 사용한 경비를 말한다. 청바지 판매가 목적이 아닌 자가 백화점에서 청바지를 구입했다면, 이는 가사 관련 경비가 아니다. 이런 경비는 사업에 대응되는 경비가 아니다.
- **사업 무관 경비** : 대형 마트에서 아기 기저귀 등을 구입한 경우 거래처의 선물접대비가 아닌 이상 사업과는 무관한 경비일 개연성이 매우 높다.

4.2 소득공제와 세액공제

소득금액 － 소득공제 ＝ 과세표준

과세표준 × 세율 ＝ 산출세액

산출세액 － 세액감면 · 세액공제 ＝ 결정세액

결정세액 ＋ 가산세 － 기납부세액 ＝ 납부할 세액

종합소득금액에서 공제되는 소득공제 항목은 여러 가지인적공제와 연금보험료 공제, 주택담보노후연금 이자비용 공제, 특별 소득공제, 연금저축소득공제, 신용카드 등 사용금액에 대한 소득공제 등가 있다. 이러한 공제 중 사업소득만 있는 사업자에게 해당하는 항목은 인적공제와 연금보험료 공제이다.

(1) 사업소득자의 소득공제

기본공제와 추가공제는 부양가족에 대한 공제항목이고, 연금보험료 공제는 공적연금의 납입액에 대한 공제항목이다. 해당 공제항목은 앞서 근로소득자에서 살펴본 내용과 동일하게 적용된다. 그러나 특별 소득공제보험료 공제와 주택 관련 공제와 "조세제한특례법"상의 소득공제도 대부분 사업소득자에게는 적용되지 않는다. 신용카드 등 소득공제 역시 근로소득자에게 적용되고, 사업소득자는 대상이 아니다. 사업소득자에게 적용되는 소득공제는 소기업소상공인 공제부금에 따른 소득공제로 노란우산공제 등이 있다.

세금 에세이

노란우산공제는 무엇인가?

소기업과 소상공인은 근로자와 달리 퇴직금이 없어 폐업과 은퇴를 대비한 안전망이 부족하다. 이에 압류나 담보제공을 금지하고 공제금을 보장하여 사업주의 퇴직금을 마련하기 위하여 중소기업 중앙회에서 시행하고 있는 공제제도가 노란우산공제이다.

업종별 3년 평균 매출액을 기준으로 하여 가입대상을 결정하며, 납입금은 500만 원까지 소득공제가 가능하다.

(2) 사업소득자의 세액공제와 세액감면

앞서 종합소득세에서 살펴본 세액공제 중에 사업소득자에게 해당되는 것은 자녀세액공제, 연금계좌 세액공제 그리고 표준세액공제이다. 8세 이상에서 20세 이하의 자녀에 대한 자녀세액공제, 연금저축계좌와 퇴직연금계좌에 대한 연금계좌 세액공제는 사업소득자에게도 동일하게 적용된다. 다만, 표준세액공제의 경우 근로소득이 없는 거주자로서 종합소득이 있는 사람에 해당하여 연 7만 원을 산출세액에서 공제할 수 있다. 기부금은 사업소득의 필요경비로 처리하므로 기부금세액공제 역시 사업소득자에게는 해당하지 않는다. 이 외에도 기장세액공제, 고용증대세액공제, 성실신고확인비용세액공제, 전자신고세액공제 등의 세액공제 항목이 있다.

Tips 성실신고확인대상자는 표준세액공제를 받을 수 있는가

성실신고확인대상자는 세액공제가 가능한 의료비, 교육비, 월세액 세액공제 신청을 하지 않은 경우에 한해 12만 원의 표준세액공제를 받을 수 있다.

(3) 사업소득자의 세액감면

세액감면은 세액공제와 같이 세액에서 차감되는 항목이다. 창업 중소기업·벤처기업세액감면, 중소기업특별세액감면, 공장이전세액감면, 주택임대사업자세액감면 등이 있다. 세액감면은 세액에 일정 비율을 적용하여 계산하며 이월공제가 되지 않는다.

4.3 종합소득세 신고

종합소득근로·사업·이자·배당·연금·기타 소득이 있는 사람은 다음 연도의 5월 1일~5월 31일까지 종합소득세를 신고·납부해야 한다. 소득세 신고를 하지 않으면, 각종 세액공제와 감면을 받을 수 없다. 또한 신고불성실 가산세 및 납부지연 가산세를 부담해야 하고, 상황에 따라 가산세 금액이 굉장히 커질 수도 있다.

Add-on 성실신고확인대상 사업자

개인사업자 중 매출금액이 큰 사업자는 종합소득세를 신고할 때 장부의 내용이 정확한지 여부를 세무사 등의 전문가에게 확인을 받은 후 신고하도록 되어 있다. 이를 성실신고확인제도라고 하고, 이 제도의 대상이 되는 자를 성실신고확인대상 사업자라고 한다.

기준이 되는 매출금액은 당기 수입금액을 기준으로 업종별로 다음의 금액이 적용된다. 농업·어업·광업·도소매업상품중개업 제외은 수입금액 15억 원 이상인 경우, 제조업·숙박·음식점 등은 7억 5천만 원 이상인 경우, 보건업·사업 서비스업·교육 서비스업·부동산 임대업 등은 수입금액 5억 원 이상인 경우에 해당한다.

이 기준에 해당되면, 성실신고 확인서를 6월 30일까지 제출해야 하고, 그 경우에 종합소득세의 신고·납부를 6월 30일까지 하는 것이 가능하다.

성실신고확인대상 사업자가 확인서 제출 등 납세협력의무를 이행하면, 의료비, 교육비, 월세 세액공제를 적용할 수 있는 혜택이 주어진다. 이런 세액공제는 근로소득자에게 해당하는 공제로 개인사업자에게는 적용되지 않지만 성실신고확인대상 사업자는 이를 적용할 수 있다. 또한 성실신고 확인에 따른 전문가수수료에 대해서도 지출의 60%가 세액공제된다.

세무사 등의 선임신고는 과세기간의 다음 연도 2월 10일까지 성실신고확인자 선임신고서를 납세지 관할 세무서장에게 제출해야 한다. 성실신고에 따른 확인사항은 아래와 같다.

- 사업장 현황
- 주요사업 내역 현황
- 수입금액 검토
- 필요경비에 대한 적격증빙 수취 여부 등 검토
- 3만 원 초과 거래에 대한 증빙 불비된 비용의 명세
- 배우자 및 직계존비속 등과의 거래 검토
- 차량소유 현황
- 사업용 계좌 등

반면 성실신고확인서를 제출하지 않은 경우 미제출가산세 등이 적용되는데, 이보다 수시 세무조사의 대상으로 선정될 수 있다는 점을 명심해야 한다.

그러나 일정 금액이 넘지 않으면 종합소득세 신고를 하지 않아도 되는 경우도 있다. 보험모집인 또는 방문판매원 등의 인적용역사업자의 경우에는 직전연도 수입금액이 7,500만 원 미만일 때는 소속회사에서 연말정산을 하는 것으로 소득세 신고를 대신할 수 있다. 수입금액이 7,500만 원 이상인 경우에는 종합소득세 신고를 해야 한다.

그리고 종합소득세는 중간예납제도를 두고 있다. 소득세 중간예납은 전년도 종합소득에 대한 소득세로서 납부하였거나 납부할 세액의 1/2에 상당하는 금액을 중간예납세액으로 매년 11월 1일~11월 15일 사이에 고지하고 있다. 그

러나 전년도에 비해 해당 연도 사업이 현저하게 부진한 경우에는 사업자가 별도로 신고할 수 있다. 즉, 종합소득이 있는 자가 신고할 소득세액이를 중간예납추계액이라 한다이 중간예납기준액의 30%에 미달할 경우에는 별도로 신고하여 납부할 수 있다.

Add-on 지방소득세는 별도로 신고해야 한다

지방소득세는 "지방세법"에서 납세의무가 있는 개인과 법인에게 소득액에 따라 부과하는 세금이다. 납세자는 소득세 및 법인세 납세의무가 있는 개인 및 법인이다. 지방세이므로 세무서가 아닌 지방자치단체에 신고해야 한다. 지방세와 관련된 사항은 위택스wetax.go.kr를 통해 조회하거나 신고할 수 있다.

5 장부 없이 하는 소득세 신고를 추계신고라고 한다

앞서 살펴본 바와 같이 사업자는 장부를 기장하고, 장부에 근거하여 사업소득세를 신고한다. 사업자가 장부를 기장하였다면, 장부와 증빙서류에 의하여 확인된 필요경비를 수입금액에서 차감하여 사업소득금액을 계산한다. 그러나 장부를 작성하지 않은 경우에는 필요경비를 확인할 수 없기 때문에 추계[대략적으로 추정하여 계산한다는 의미]하여 사업소득금액을 신고하게 된다. 이때에는 장부를 작성할 의무를 다하지 못했으므로 그에 상응하는 가산세를 부담해야 한다. 국세청에서는 필요경비의 크기를 추계할 수 있도록 업종별로 평균적인 경비율을 공시하고 있다. 여기에는 기준경비율과 단순경비율의 2가지 종류의 경비율이 있으며, 사업의 규모, 즉 매출액의 크기에 따라 경비율을 적용할 수 있다.

Add-on 손실을 인정받기 위해서는 장부가 필요하다

사업의 성과는 매년 달라질 수 있다. 만약 결손이 생겼다면 해당 연도의 세금을 납부하지 않아도 되며 그 결손금을 15년 내의 소득에서 공제[2020년도 이전에 발생액은 10년간 공제] 받을 수도 있다. 미래의 세금이 그만큼 줄어드는 것이다. 그러나 이런 혜택은 장부와 증빙에 의해 증명된 경우에만 받을 수 있다.

(1) 기준경비율

기준경비율을 적용한 추계신고는 필요경비를 주요 경비와 기타 경비로 구분하여 추계한다. 주요 경비는 증명할 수 있는 서류를 통해 확인되는 금액으로, 기타 경비는 기준경비율을 적용하여 필요경비를 추계하는 방식이다. 즉, 주요 경비는 증빙[장부가 아님]에 의해 확인된 금액을 필요경비로 인정하고, 기타 경비는 매출액에 기준경비율을 곱한 금액을 필요경비로 추계해서 소득금액을 계산하는 방식이다.

- 사업소득금액 = 총수입금액 − 필요경비
  = 총수입금액 − 주요경비[인건비 + 임차료 + 매입비용 등]
  − 기준경비 [수입금액 × 기준경비율]

<table>
<tr><th colspan="5">수입금액</th></tr>
<tr><td colspan="3">주요 경비</td><td rowspan="2">기준경비</td><td rowspan="2">사업소득금액</td></tr>
<tr><td>매입비용</td><td>임차료</td><td>인건비</td></tr>
</table>

* 복식부기의무자가 추계신고하는 경우 기준경비는 (수입금액 × 기준경비율 × 1/2)을 사용한다.

이때 주요 경비는 인건비, 임차료, 매입비용 등을 의미한다. 따라서 기준경비율을 적용할 경우, 주요 경비인 인건비, 임차료, 매입비용 등은 실제 비용으로

지출했더라도 증빙서류가 없는 경우에는 필요경비로 인정받지 못하게 된다. 만약 복식부기의무자가 장부가 없어 추계과세를 해야 한다면, 기타 경비에 대한 기준경비율을 정해진 수치의 1/2을 적용하여 필요경비를 계산하게 된다.

주요 경비의 범위는 다음과 같다.

- **인건비** : 종업원의 급여 · 임금 및 일용근로자의 임금과 실제 지급한 퇴직금을 말함
- **임차료** : 사업에 직접 사용하는 건축물, 기계장치 등 사업용 고정자산의 임차료를 말함
- **매입비용** : 재화, 재료, 소모품, 전기요금 등의 매입비용과 외주가공비 및 운송업의 운반비를 말함. 그러나 음식대금, 보험료, 수리비 등의 금액은 제외됨

인건비는 원천징수영수증이나 지급조서 및 지급 관련 증빙서류를 비치 · 보관해야 한다. 임차료와 매입비용은 세금계산서, 신용카드매출전표 등 법정 증빙서류를 받아야 하며, 일반영수증을 받은 경우에는 '주요경비 지출명세서'를 제출해야 한다.

(2) 단순경비율

한편, 장부를 기록하지 않은 사업자 중에서 직전연도 수입금액이 적은 사업자와 해당 연도 신규 사업자는 단순경비율 적용 대상자에 해당된다. 단순경비율은 필요경비를 전부 추계하는 것으로 소규모 사업자의 납세 편의를 위한 방법이다.

■ 사업소득금액 = 총수입금액 − 필요경비

= 총수입금액 − (수입금액 × 단순경비율)

다만, 신규 사업자 중에서 수입금액이 복식부기의무자에 해당하는 사업자는 단순경비율 적용 대상에서 제외된다. 단순경비율은 업종별로 직전연도 수입금액이 다음의 금액에 미달하는 사업자가 적용할 수 있으며, 기준경비율은 이 금액 이상인 사업자가 적용할 수 있다.

〈단순경비율 적용 대상자 구분기준〉

업종	직전연도 수입금액
1업종군 : 농업 및 임업, 어업, 광업, 도매업 및 소매업, 부동산매매업, 2업종군과 3업종군에 해당하지 아니하는 업	6,000만 원
2업종군 : 제조업, 숙박 및 음식점업, 전기 · 가스 · 증기 및 수도사업, 하수 · 폐기물처리 · 원료재생 및 환경복원업, 건설업, 운수업, 출판 · 영상 · 방송통신 및 정보 서비스업, 금융 및 보험업	3,600만 원
3업종군 : 부동산임대업, 서비스업(전문 · 과학 · 기술 · 사업시설관리 · 사업지원 · 교육), 보건 및 사회복지사업, 예술 · 스포츠 및 여가 관련 서비스업, 협회 및 단체 · 수리 및 기타 개인서비스업, 가구 내 고용 활동	2,400만 원

세금 에세이

단순경비율과 기준경비율을 적용하게 될 경우 불이익은 없는가?

개인사업자가 소득신고를 할 경우에는 원칙적으로 실제 이익에 따라 신고해야 한다. 추계과세제도인 단순경비율과 기준경비율은 국가가 장부로 신고하지 않는 사업자를 대상으로 과세를 결정하는 제도이다. 엄밀히 말하면 개인사업자가 신고하는 방법이 아니지만, 현재는 신고를 하여도 특별한 이상이 없는 이상 비용-효익을 따져 신고를 받아주고 있다. 이런 추계제도는 여러 가지 제한과 가산세의 적용 등 세무상 불이익이 있을 수 있으므로 반드시 세무전문가와 상의하는 것이 바람직하다.

6 사업소득의 절세방안

(1) 1,000만 원이 넘는 세금은 분납하자

확정 신고·납부세액이 1,500만 원인 경우는 1,000만 원은 신고할 때 내고, 500만 원은 신고기한 경과 후 2개월 이내에 납부하면 된다. 확정 신고·납부세액은 신고서에 분할납부할 세액을 구분하여 기재하고, 중간예납세액 고지를 받은 경우는 '소득세중간예납세액 분할납부신청서'를 제출하면 된다. 분할납부를 신청한 경우는 신고기한 내에 납부할 세액을 납부하지 아니하거나 일부만을 납부한 경우도 납부기한이 지나지 않은 분할납부 세액에 대해서는 가산세를 부과하지 않는다.

(2) 기한 내에 세금을 납부하자

납부기한까지 세금을 납부하지 않은 경우 또는 고의로 세금 납부를 회피한 경우는 재산 압류, 신용불량자 등록, 출국 제한, 면허 취소, 관허사업 제한, 가산금 부과최고 75% 등의 불이익을 받을 수 있다.

(3) 세금납부 연기를 신청할 수도 있다

만약 재해를 당하거나 거래처의 파업 등으로 사업이 어려움에 처할 경우에 세금 납부를 연기할 수 있는 제도가 있다. 납부기한을 연장할 수 있는 사유는 납세자의 현저한 손실로 사업이 부도나 도산의 우려에 처했을 때 또는 납세자나 그 가족이 질병이나 중상해를 입었을 때 등 여러 가지가 있다. 이런 사유에 해당된다면 납부할 세금의 납부기한 또는 독촉장의 기한만료일 3일 전까지 납부기한 등의 연장 신청서를 제출해야 한다. 이런 신청서 제출 없이 무작정 세금의 납부를 미루게 되면 가산세의 부담이 커질 수밖에 없다.

(4) 증빙서류를 반드시 준비하자

장부를 기장한다고 할 때, 기장이란 영수증 등 증빙자료에 의해 거래사실을 장부에 기록하는 것이라는 뜻이다. 따라서 장부만으로는 거래가 있었다는 사실을 확인하기 힘들기에 거래사실을 증명할 수 있는 자료를 요구하게 된다. 증빙이 없이 장부만으로 비용을 인정받을 수 없는 것은 아니지만 증빙을 갖출 의무를 다하지 못한 것에 대해 가산세를 부담해야 한다. 특히 복식부기의무자가 적격 증빙서류를 미수취한 경우 해당 금액의 2%에 해당하는 증빙불비가산세를 납부해야 한다.

8

사업의 시작과 종료

1. 사업자등록 / 2. 사업자의 유형 / 3. 개인사업자와 법인사업자 / 4. 사업의 휴업·폐업신고

자신만의 아이디어나 기술로 사업을 하고자 창업을 하는 경우 가장 많은 어려움을 느끼는 분야 중 하나가 세금 문제이다. 세금은 기업 활동 전반에 많은 영향을 미치기 때문에 사업의 준비단계에서부터 세금 문제를 고려하여 계획하는 자세가 필요하다.

1 사업자등록

사업을 하고자 하는 사람은 사업 시작일로부터 20일 이내에 사업장을 관할하는 세무서에 사업자등록을 해야 한다. 따라서 강남구에 살면서 종로구에서 피자헛 가게를 운영하고자 하면 종로세무서에 사업자등록을 해야 한다. 그러나 최근에는 인터넷 등 기술의 발전으로 사업자등록 · 정정 · 휴폐업 신고를 전국 모든 세무서는 물론 인터넷 홈텍스에서 접수하는 것도 가능하다. 즉, 살고 있는 강남구에 있는 강남[삼성]세무서에 사업자등록 신청을 해도 된다.

신청을 받은 세무서장은 신청일로부터 2근무일토요일, 공휴일, 근로자의 날은 제외 이내에 사업자등록증을 발급해 주어야 한다. 특별한 현지조사가 필요할 경우에는 5일 정도 늦어질 수도 있다. 다만, 신규로 사업을 개시하고자 하는 자는 사업 개시 이전이라도 등록할 수 있다.

사업자등록증이 발급되면 주민등록번호처럼 총 10자리로 구성된 사업자등록번호가 주어진다. 이 사업자등록번호로 세금관리가 모두 이루어진다고 보면 된다. 세금계산서를 발행하고 수령할 때 모두 이 사업자등록번호로 하며, 소득신고를 비롯한 모든 세무신고도 이 번호로 진행이 된다.

〈사업자등록 신청 시 필요서류〉

구분	개인사업자 등록	법인사업자 등록
필요 서류	■ 사업자등록신청서 ■ 임대차계약서 사본(사업장을 임차한 경우) ■ 사업허가증, 사업등록증, 신고필증 각 사본(인허가 및 자격을 요하는 사업의 경우) ■ 동업계약서(공동사업일 경우)	■ 사업자등록신청서 ■ 법인등기부등본 ■ 정관 사본 ■ 주주 및 출자자 명부(대표이사 및 대주주와의 관계표시) ■ 임대차계약서 사본(사업장을 임차한 경우) ■ 허가증, 등록증, 신고필증 사본(각종 인허가 및 자격을 요하는 사업의 경우)

사업을 하고자 하는 업종이 허가가 필요한 업종일 경우에는 사업허가증 사본과 세무서에 비치된 사업자등록 신청서를 작성하여 제출하면 된다. 만약 피자헛 가게를 종로구와 서초구반포동 등 여러 곳에서 운영하려고 한다면, 각 사업장마다 사업자등록 신청종로세무서와 반포세무서 등을 해야 한다. 둘 이상 개별 사업장을 묶어서 세금 업무를 처리하고 싶으면 본점 또는 주사무소 관할 세무서장에게 사업자단위과세 사업자로 변경신청을 하면 된다.

Add-on 사업자등록을 제때 하지 않으면 어떤 불이익을 받을까?

사업자는 사업장마다 사업자등록 신청을 사업시작일로부터 20일 이내에 해야 한다. 만약 20일 이내에 사업자등록 신청을 하지 않으면 미등록가산세매출액의 1%가 부과되고, 부가가치세 매입세액도 공제받을 수 없게 된다. 한편, 새롭게 피자헛 가게를 개업하려는 사람은 가게를 오픈하기 전에 설비를 구입하고 인테리어 공사를 하게 되는데, 이때 세금계산서를 발급받기 위해서는 사업자등록번호가 필요하다. 따라서 사업을 시작하기 전이라도 사업자등록을 할 수 있도록 되어 있다.

Tips 매입세액공제를 받으려면 언제까지 신청해야 하는가?

사업 초보인 박태환은 피자헛 가게를 5월 1일에 임차하여 인테리어 공사, 설비품 구입, 비품 구입 등을 하고, 5월 20일에 사업을 개시하였다. 이런저런 바쁜 일정으로 사업자등록을 8월 21일에 하였다면 매입세액공제를 받을 수 있을까?

이 경우 매입세액공제를 받을 수 없다.

인테리어 공사, 설비품 구입, 비품 구입 시에 부담한 부가가치세는 사업자등록을 제때에 신청하면 받을 수 있다. 그럼 언제까지 해야 하는가? 공급시기가 속한 과세기간이 끝난 후6월 30일 20일 이내에 해야 한다. 즉, 7월 20일까지 신청을 해야 5월 1일부터 8월 21일까지의 매입세액에 대해서 공제를 받을 수 있다.

사업자등록을 할 때는 일반과세자와 간이과세자 중 하나를 선택해야 한다. 이런 구분이 있는 이유는 부가가치세가 과세되는 사업을 할 때 세금계산 방법 및 세금계산서 발행 등 세금 업무에 큰 차이가 있기 때문이다. 따라서 어느 유형이 자신의 사업에 유리한지를 살펴본 후 사업자등록을 해야 한다. 일반과세자 및 간이과세자와 관련된 내용은 "제10장 부가가치세"에서 살펴본다.

사업을 개시하고도 사업자등록을 하지 않은 경우에는 사업장 관할 세무서장이 조사해서 등록할 수도 있다.

2 사업자의 유형

사업자는 사업 형태에 따라 개인사업자와 법인사업자로 구분된다.

(1) 개인사업자

개인사업자는 별도의 회사설립 절차 없이 사업장을 관할하는 세무서장에게 사업자등록을 신청하면 된다. 개인사업자는 소득세 납세의무가 있는 개인으로 설립 절차 및 휴·폐업이 비교적 간단하다.

(2) 법인사업자

법인사업자는 회사설립 등기를 통해 법인격을 취득한 법인과 법인격이 없는 단체 중 법인으로 보는 단체를 포함한다. 법인사업자는 법인세의 납세의무가 있다. 설립 절차가 비교적 까다롭고 자본금과 등록면허세, 채권 매입비용 등의 설립 비용이 들어간다.

3 개인사업자와 법인사업자

사업 경험이 없는 사업 초기에는 개인사업자가 유리하지만, 사업의 규모가 커지게 되면 세금적인 면이나 대외적인 이미지 등 법인이 유리한 면이 많이 있다. 다음에서는 두 사업자 유형의 차이점을 비교해서 살펴본다.

3.1 설립 절차

개인기업은 설립 절차가 비교적 간단하고 비용도 적게 든다. 사업장을 임차한 경우에는 임대차 계약서를 가지고 사업자등록을 하면 된다. 이에 반해 법인은 등기소에서 법인등기부등본을 먼저 발급받고 나서야 사업자등록이 가능하다. 법인은 하나의 인격이 생기는 것이므로 절차가 아무래도 까다롭다. 법인등기부등본을 발급받으려면 필요서류를 준비하여 등기를 진행해야 한다.

Tips 법인의 설립 준비

〈설립 시 필요서류 및 준비물〉

임원[이사, 감사] 전원의 인감 2통, 주민등록등본 1통, 인감도장

단, 대표이사는 인감 3통, 주민등록등본 2통, 인감도장

〈참고사항〉

㉠ 상호는 중복의 우려가 있으므로 복수로 준비한다.

㉡ 목적란에는 하고자 하는 모든 사업을 적는다.[추후 등기부등본의 정정 절차를 줄임]

㉢ 본점 소재지는 임대차계약서의 주소와 일치시킨다.[사업자등록 시 용이함]

㉣ 주식은 1주당 100원 이상으로 하되, 보통 1주당 5,000원으로 하는 것이 일반적이다.

㉤ 이사는 1인 이상이면 가능하나 대표이사의 직함을 사용하기 위해서는 2인 이상인 것이 좋다.※

※ 회사 성립 후에는 1인 이사도 가능하다.

㉥ 감사는 1인 이상을 선임한다.

㉦ 1인 주주도 가능하다. 단, 이사나 감사가 주주이어야 하는 것은 아니다.

법인의 설립 절차 중 특이한 사항으로 정관의 작성과 인증, 주식의 인수와 납입, 창

립총회의 개최, 이사회의 개최 등을 들 수 있다. 현재 최저 자본금에는 제한이 없으므로 100원만 있어도 법인을 만들 수 있지만 사업자등록증을 발급받기가 어려울 수 있다.

법인 설립 시 준비 체크리스트

주식회사 설립 시 필요사항 체크리스트					
상호					
본점 소재지					
사업목적					
자본금	원	1주당 금액	원	발행주식총수	주
직책	성명	주민(법인)등록번호			주식인수비율 또는 주식수
	주소				
대표이사					
이사					
이사					
감사					

3.2 자본의 조달과 사업주의 책임

개인사업의 경우에는 사업주가 모든 자본을 조달해야 하므로 자본의 조달에 제약이 있을 수 있지만, 법인의 경우에는 주주를 통해서 자금을 조달하므로 비교적 용이하게 자본을 조달할 수 있다.

사업주가 모든 자본을 조달하기 때문에 개인사업의 경우에는 경영상 발생하는 모든 문제와 부채, 손실, 세금에 대해서 전적으로 기업주가 책임지는 무한 책임이다. 사업주가 사업에 실패하면, 사업주의 다른 재산으로라도 그 채무를 변제해야 한다. 그러나 법인의 경우에는 출자한 지분의 한도 내에서만 책임지는 유한책임으로 기업이 도산하더라도 피해를 최소화할 수 있다.

3.3 대외 신인도

대외 신인도 면에서 개인기업의 신인도는 개인의 신용과 재력에 따라 평가받으므로 법인기업보다 현실적으로 낮다. 외부에서 보기에도 '주식회사 금성'이 더 신인도가 높다고 본다.

3.4 운영상의 차이

개인사업	법인사업
■ 의사결정이 신속하다. ■ 기업주의 활동이 자유롭다. ■ 창의적인 노력이 극대화된다. ■ 자본 증가에 제한이 있다. ■ 신용도가 취약하다. ■ 일정 규모 이상인 경우 세금부담이 과중된다. ■ 단독으로 무한책임을 진다.	■ 대외 신용도가 우월하다. ■ 유한책임을 진다. ■ 주식 양도를 통해 재산의 이전이 용이하다. ■ 자본의 증가가 용이하다. ■ 기업주의 활동이 제한적이다. ■ 상법, 세법 등 관련법의 규제가 비교적 많다.

3.5 세법 적용의 차이

개인사업의 경우 종합소득세로 과세가 되지만, 법인사업의 경우 법인세가 과세된다. 2023년 현재 개인사업은 6~45%의 8단계 초과누진세율 구조로 되어 있지만, 일반법인은 9%, 19%, 21%, 24% 4단계 초과누진세율 구조로 되어 있다.

법인의 경우 대표자의 급여도 비용처리가 되는 장점이 있지만, 법인의 고정자산을 양도할 경우에는 토지 등의 양도소득에 대해서 추가로 세금을 더 내야 하는 단점이 있다.

〈개인과 법인의 주요 세제상의 차이〉

구분	개인	법인
납부세금	소득세	법인세
세율구조	6～45% 8단계 초과누진세율	2억 이하 : 9% 2억 초과 : 19% 200억 초과 : 21% 3,000억 초과 : 24%
납세지	사업자 주소지	본점 · 주사무소 소재지
기장의무	복식부기(원칙)/간편장부	복식부기
외부감사제도	없음	직전 자산총액 120억 원 이상 법인 등

Tips 법인세와 소득세가 같아지는 과세표준은 얼마일까?

과세표준 = A

법인세 : 10% × A

소득세 : 720,000원 + (A − 12,000,000원) × 15%

10% × A = 720,000원 + [(A − 12,000,000원) × 15%]를 풀면 A = 21,600,000원이다. 따라서 소득세와 법인세가 같아지는 과세표준 구간은 21,600,000원이다. 즉, 과세표준이 21,600,000원보다 더 크면 법인세가 더 적게 나오게 된다.

(1) 과세소득의 개념 차이

개인기업은 소득원천설에 따라 제한적인 열거소득을 과세소득으로 파악하는 데 비해 법인기업은 순자산증가설에 따라 과세소득을 파악한다. 예를 들어 고정자산처분손익은 법인기업의 경우 과세소득에 포함되지만, 개인기업의 경우 과세소득에 포함되지 않는다.

(2) 과세소득의 범위

법인기업은 각 사업연도소득과 청산소득에 대한 납세의무가 있지만 개인기업은 당해연도의 소득에 대해서만 납세의무가 주어진다. 당해연도 소득이란 종합소득과 양도소득, 퇴직소득을 말한다.

법인은 주사무소의 소재지를 기준으로 내국법인국내에 본점 또는 주사무소과 외국법인외국에 본점 또는 주사무소으로, 영리추구 유무를 기준으로 영리법인과 비영리법인으로 구분할 수 있으며, 이러한 법인의 종류에 따라 과세소득의 범위가 다르다.

〈법인 종류별 법인세 납세의무〉

구분		각 사업연도 소득에 대한 법인세	청산소득에 대한 법인세	토지 등 양도소득
내국법인	영리법인	국내외의 모든 소득	납세의무 있음	납세의무 있음
	비영리법인	국내외의 수익사업에서 생긴 소득	납세의무 없음	
외국법인	영리법인	국내 원천소득	납세의무 없음	
	비영리법인	국내 원천소득 중 수익사업에서 생긴 소득	납세의무 없음	

(3) 과세기간의 차이

"소득세법"상 과세기간은 매년 1월 1일부터 12월 31일까지인 데 비해 "법인세법"상 과세기간은 법인의 사업연도로 정한다. 법인의 사업연도는 일반적으로 정관이나 규칙 또는 법령에서 규정하고 있는 회계기간을 말하며, 그 기간은 원칙적으로 1년을 초과하지 못한다. 한편 법령 또는 정관에 사업연도 규정이 없는 내국법인은 법인설립신고 또는 사업자등록 시 사업연도를 신고해야 하며, 신고하지 않은 경우에는 매년 1월 1일부터 12월 31일까지를 법인의 사업연도로 한다.

(4) 확정신고의 차이

"소득세법"상 소득세는 앞서 살펴본 바와 같이 종합소득세를 계산하여 다음 연도 5월 1일부터 5월 31일까지 신고·납부해야 한다. "법인세법"상 법인세는 다음의 절차를 거쳐 세액을 확정하고 사업연도 종료일로부터 3개월 이내에 신고·납부한다.

① 결산의 확정

결산의 확정이란 결산을 완료한 후 정기주주총회 또는 사원총회에서 결산보고서의 승인을 받는 것을 말한다.

② 세무조정

법인세의 과세표준 및 세액을 신고·납부하기 위해서는 기업회계와 세무회계의 차이를 조정할 필요가 있다. 이를 위해 기업회계기준에 따라 작성된 결산서류를 세법의 규정에 맞게 수정하는 일정한 조정 절차를 거치게 된다. 이러한 절차를 '세무조정'이라고 한다. 이때 국세청장이 지정한 외부조정 신고대상 법인은 세무사 또는 공인회계사가 작성한 세무조정계산서를 제출해야 한다.

③ 법인세의 신고·납부

법인은 법인세 과세표준 및 세액신고서와 첨부서류를 작성하여 각 사업연도 종료일로부터 3개월 이내에 서면으로 관할 세무서에 신고·납부해야 한다. 법인세를 신고할 때 제출해야 하는 서류는 다음과 같다.

- 기업회계기준을 준용하여 작성한 재무상태표 및 포괄손익계산서
- 기업회계기준을 준용하여 작성한 이익잉여금처분[결손금처리] 계산서
- 세무조정계산서
- 기타 부속서류

위 서류 중에 기타 부속서류를 제외한 나머지 서류를 첨부하지 않고 신고서를 제출하는 경우에는 신고를 하지 아니한 것으로 보아 가산세가 부과된다.

세금 에세이

법인세의 중간예납제도

법인세 중간예납제도란 법인의 사업연도가 6개월을 초과하는 경우 당해 사업연도의 개시일로부터 6개월간을 중간예납기간으로 하여 중간예납세액을 계산하여 미리 납부하도록 한 후 당해 사업연도의 법인세 과세표준 및 세액의 신고·납부 시 중간예납세액을 공제하여 납부하도록 하는 제도이다. 중간예납제도는 법인세를 일시에 납부하는 데 따른 법인의 세부담을 분산하는 효과가 있으며, 정부의 입장에서는 경기 조절의 역할과 세수의 조기 확보 효과가 있다.

3.6 청산 시의 차이

청산 시 법인사업의 법적 절차는 복잡하다. 세금 신고 절차인 폐업신고, 부가가치세 신고 등 세무상 절차는 개인사업과 동일하지만, 법인사업은 상법상의 해산 등기 등 추가로 청산 절차를 수행해야만 청산이 종결된다.

4 사업의 휴업·폐업신고

사업을 폐업하려면 반드시 폐업신고를 해야 한다. 폐업신고를 하려면 국세청 홈페이지에서 폐업신고서를 다운받거나 세무서에 비치된 폐업신고서를 작성하여 사업자등록증과 함께 가까운 세무서에 제출하면 된다. 또한 면허 또는 허가증이 있는 사업은 당초 면허와 허가를 받은 기관에 폐업신고를 해야 한다. 2020년 개정세법에서는 폐업신고 시 종전에 첨부하던 폐업신고확인서는 삭제하고, 사업자등록증만 첨부하여 제출하면 폐업신고서를 제출한 것으로 보고 납세자 편의를 제고하였다.

사업개시 전에 사업자등록을 신청하였으나 사업을 개시하지 않게 된 경우에도 휴업 또는 폐업 신고를 해야 한다. 폐업을 하거나 등록신청을 하고도 사실상 사업을 개시하지 않은 경우에는 관할 세무서장이 사업자등록을 말소하고 등록증을 회수해야 하며, 등록증을 회수할 수 없는 경우에는 등록말소 사실을 공시해야 한다.

4.1 폐업신고를 하지 않을 경우의 불이익

(1) 가산세 등 추가 부담

부가가치세 매입세액을 공제받지 못하거나 적자가 났더라도 그 사실을 인정받지 못하여 가산세 등을 추가로 부담하게 되어 세금부담이 훨씬 늘어난다.

(2) 사업자 명의대여로 간주

사업자등록을 말소하지 않고 사업 인수자가 계속 사용하면 사업자 명의대여로 간주되어 불이익을 받을 수 있다.

(3) 등록면허세 부과

면허 · 허가기관에 폐업신고를 하지 않으면 매년 1월 1일을 기준으로 면허가 자동으로 갱신된 것으로 보아 등록면허세가 계속 부과된다.

(4) 국민연금관리공단 · 국민건강보험공단 등의 보험료 불이익

폐업신고 후 폐업사실증명서를 국민연금관리공단 및 국민건강보험공단에 제출해야만 보험료가 조정되어 불이익을 받지 아니한다.

4.2 폐업신고와 세금 납부

(1) 부가가치세 확정 신고 · 납부

폐업일의 말일로부터 25일 이내에 신고·납부한 폐업자의 부가가치세 확정·신고 대상기간은 폐업일이 속하는 과세기간 개시일부터 폐업일까지이다. 따라서 폐업일의 말일로부터 25일 이내에 과세기간 개시일부터 폐업일까지의 사업실적에 대한 부가가치세를 확정·신고해야 한다.

폐업시기	신고·납부 대상
1기(1. 1～6. 30) 중 폐업 시	1. 1～폐업일까지의 사업실적
2기(7. 1～12. 31) 중 폐업 시	7. 1～폐업일까지의 사업실적

폐업 시 남아 있는 재화는 자가공급에 해당한다. 따라서 폐업 시 잔존재화의 시가를 과세표준에 포함하여 부가가치세를 납부해야 한다. '자가공급'이란 자기의 사업과 관련하여 생산하거나 취득한 재화를 자기의 사업을 위하여 직접 사용·소비하는 것을 말한다. 자기가 만든 것을 자기에게 공급하는 것도 재화의 공급에 해당이 되어 부가가치세 과세대상이 된다.

건물·차량·기계 등 감가상각 자산도 세법에서 정한 방법에 따라 시가를 계산하여 부가가치세를 납부해야 한다.

사업의 경영주체만 변경되고 사업에 관한 권리와 의무를 포괄적으로 승계시키는 사업의 양도는 부가가치세 납부의무가 없으며, 이 경우 '사업포괄양도양수계약서'를 제출해야 한다.

세금 에세이

사업자가 사업을 하다가 사망하면 그 이후의 절차는 어떻게 되는가?

사업자가 사망하면 사업을 진행하기가 어렵게 된다. 이러한 경우 우선 사업자를 변경해야 한다. 상속자들 중에 사업자를 정하여 사업자 정정신고를 해야 한다. 망자[피상속인]의 소득세 확정신고기한은 상속개시일이 속하는 달의 말일로부터 6개월 이내이며, 피상속인 또는 상속인 주소지 관할 세무서에 신고해야 한다.

이러한 경우는 사업자 정정이 되므로 부가가치세는 통합해서 신고하면 된다. 그럼 소득세는 어떻게 신고해야 하는가? 소득세 신고는 상속인 명의로 신고를 하되 상속인의 타 소득과 합산하지는 않는다. 결손금과 이월세액공제가 있는 경우에는 승계되지 않는다. 승계받은 상속인은 신규 사업자와 동일한 취급을 받아서 기장의무를 판정한다.

(2) 종합소득세 확정 신고·납부

1월 1일부터 폐업일까지의 종합소득을 폐업일이 속하는 연도의 다음 연도 5월[5. 1~5. 31]에 확정 신고·납부해야 한다. 성실신고 확인 대상자는 5. 1~6. 30까지 확인하고 신고·납부해야 한다. 그리고 폐업한 사업과 관련된 소득 이외에 다른 소득이 있는 경우는 합산하여 신고·납부해야 한다.

(3) 법인세 확정 신고·납부

사업연도 중에 법인이 해산하는 경우 해당 사업연도의 개시일부터 법인의 해산 등기일까지와 해산등기일 익일[다음날]부터 그 사업연도의 종료일까지가 각각 하나의 사업연도로 의제된다. 납세의무가 있는 내국법인은 각 사업연도 종료일이 속하는 달의 말일부터 3개월 이내에 법인세를 신고·납부해야 한다. 그리고 사업연도 중에 청산이 완료되어 잔여재산가격이 확정되는 경우는 그 사업연도의 개시일부터 잔여재산가액 확정일까지가 1개의 사업연도로 의제된다. 청산소득에 대한 법인세 납세의무가 있는 내국법인은 잔여재산가액 확정일이 속하는 달의 말일부터 3개월 이내에 법인세를 신고·납부해야 한다.

종업원의 고용과 사업자의 의무

1. 원천징수 / 2. 4대 사회보험

9

사업을 영위하고 있는 사업자는 고려해야 할 일들이 많다. 특히, 직원을 고용하고 있는 경우에는 신경을 써야 할 일들이 더욱 많다. 이번 장에서는 종업원의 고용과 관련한 사업자의 원천징수 의무와 4대 보험에 관해 살펴본다.

1 원천징수

(1) 원천징수제도

원천징수란 소득자가 자신의 세금을 직접 납부하지 아니하고 원천징수 대상 소득을 지급하는 원천징수의무자[국가, 법인, 개인사업자, 비사업자 포함]가 소득자로부터 세금을 미리 징수하여 국가[국세청]에 납부하는 제도를 말한다.

원천징수의 대표적인 사례는 회사가 종업원에게 급여를 지급할 때 소득세를 원천징수하고 납부기일[해당 월에 지급한 근로소득, 일용근로소득, 사업소득 등에 대하여 다음 달 10일까지 원천징수이행상황신고와 원천세 납부, 그리고 지급명세서를 제출]에 대신 원천징수액을 납부하는 것이다. 원천징수한 금액은 원천세라고 부른다.

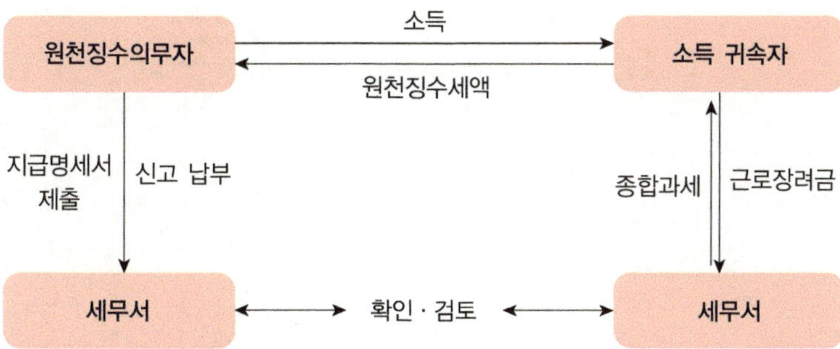

(2) 원천징수의무자

원천징수의무자는 국내에서 거주자나 비거주자, 법인에게 세법에 따른 원천징수 대상 소득 또는 수입금액을 지급하는 개인이나 법인이다. 이자·근로·퇴직·기타 소득을 지급하는 자가 사업자등록번호 또는 고유번호가 없는 개인인 경우에도 원천징수의무자에 해당되어, 원천징수한 세금을 신고·납부 및 지급명세서 제출의무가 있다. 다만, 사업소득을 지급하는 자가 사업자가 아닌 개인인 경우 원천징수의무는 없다. 하나의 사례를 들어보자. 사인 간 금전거래 시에는 이자소득 원천징수, 경품 당첨금 지급 시에는 기타소득 원천징수 대상에 해당이 되지만, 뇌물과 같은 경우에는 기타소득에는 해당이 되나 원천징수 대상에는 해당되지 않는다.

Add-on 아르바이트 직원은 일용직인가요?

일용직은 동일한 사업자에게 3개월 이하로 고용된 근로자를 말한다. 예외적으로 건설업의 경우에는 이 기간이 1년이다. 보통 단기간의 고용으로 시급이나 일급으로 소득을 지급받는 자를 의미한다.

(3) 원천징수 대상 및 방법

1) 소득세 또는 법인세

적용대상		대상이 되는 소득	납부할 세목
소득세법	거주자	이자소득, 배당소득, 사업소득, 근로소득, 연금소득, 기타소득(종교인소득 포함), 퇴직소득	소득의 종류에 따라 달라지게 됨 (근로소득세, 퇴직소득세 등)
	비거주자	국내원천소득 중 원천징수 대상 소득(이자소득, 배당소득, 부동산소득, 선박 등의 임대소득, 사업소득, 인적용역소득, 근로소득, 퇴직소득, 연금소득, 토지건물의 양도소득, 사용료소득, 유가증권양도소득, 기타소득)	
법인세법	내국법인	이자소득 배당소득(집합투자기구로부터의 이익 중 투자신탁의 이익에 한정)	법인세
	외국법인	국내원천소득 중 원천징수 대상 소득(이자소득, 배당소득, 부동산소득, 선박 등의 임대소득, 사업소득, 인적용역소득, 토지건물의 양도소득, 사용료소득, 유가증권양도소득, 기타소득)	

2) 농어촌특별세

납부대상의 소득이 다음과 같이 농어촌특별세액 과세대상에 해당하는 경우 원천징수의무자는 농어촌특별세를 징수하여 신고 · 납부해야 한다.

구분	대상이 되는 소득
이자 · 배당 소득	"조세특례제한법"에 의해 소득세를 감면받은 경우(다만, "농어촌특별세법" 제4조 제4호의 감면은 비과세)
근로소득	주택자금차입금 이자세액공제를 적용받는 근로자

농어촌특별세의 과세표준 및 세액의 계산은 다음과 같다.

구분	과세표준	세액
이자 · 배당소득	"조세특례제한법"에 의하여 감면받은 이자 · 배당소득에 대한 소득세의 감면세액	과세표준 × 10%
주택자금차입금 이자세액공제	주택자금차입금 이자세액공제금액	과세표준 × 20%

농어촌특별세의 신고 및 납부 방법은 다음과 같다. 먼저, 원천징수이행상황신고서의 해당 세목에 농어촌특별세 세액을 기재하여 원천징수를 관할하는 세무서장에게 제출한다. 그리고 납부서의 농어촌특별세란에 세액을 기재하여 금융회사 등에 납부하면 된다.

3) 지방소득세 특별징수

원천징수의무자가 "소득세법" 및 "법인세법"에 따라 소득세와 법인세를 원천징수하는 경우 "지방세법"에 따라 지방소득세를 소득세 등과 동시에 특별 징수해야 한다. 특별 징수하는 지방소득세의 납세지는 다음과 같다.

구분	납세지
근로소득 및 퇴직소득에 대한 지방소득세	근무지를 관할하는 지방자치단체
이자소득 · 배당소득 등에 대한 소득세 및 법인세의 원천징수 사무를 본점 또는 주사무소에서 일괄처리 하는 경우 지방소득세	소득의 지급지를 관할하는 지방자치단체

또한 특별 징수하는 지방소득세의 세율은 소득[법인]세액의 10%이다. 조세조약에 따라 지방소득세가 포함된 제한세율을 적용하는 경우[미국, 필리핀, 남아프리카공화국, 콜롬비아는 제외한 국가]의 지방소득세는 '법인[소득]세 = 과세표준[지급액] × 제한세율 × 10/11', '지방소득세 = 과세표준[지급액] × 제한세율 × 1/11'로 계산하여 납

부한다. 납부는 징수일이 속하는 달의 다음달 10일[반기별 납부대상 원천징수의무자는 반기 마지막 달의 다음달 10일까지]까지 "지방세법"상 특별징수세액의 납부서에 계산서와 명세서를 첨부하여 한다. 인터넷을 이용하여 지방소득세를 신고·납부할 수 있는데, 이 경우 서울특별시에서는 '서울시 이택스https://etax.seoul.go.kr', 그 외 지방자치단체에서는 '위택스https://www.wetax.go.kr'로 신고 및 납부할 수 있다.

4) 원천징수 제외 및 배제

다음에 해당하는 경우에는 소득세 등의 원천징수를 하지 아니한다. 먼저, ① 소득세[법인세]가 과세되지 아니하거나 면제되는 소득, ② 과세최저한[건별 기타소득금액 5만 원 이하 등] 적용 기타소득금액은 원천징수가 제외된다. 그리고 "소득세법" 제85조 제3항에 따라 원천징수 대상 소득을 지급하면서 원천징수를 하지 않았으나 해당 소득자가 그 소득금액을 이미 종합소득 또는 법인세 과세표준에 합산하여 신고하였거나 과세관청에서 소득세 등을 부과·징수한 경우에는 원천징수를 배제하고 있다.

구분	검토 내용
원천징수의무자 납부 여부	이미 소득자가 종합소득세 등 신고 시 합산하여 납부한 경우 납부할 필요 없음
가산세 적용 여부	원천징수 등 납부지연 가산세 부과대상임
지급명세서 제출 여부	원천징수 대상 소득에 대해 원천징수 여부와 관계없이 지급명세서를 제출해야 함
지급명세서 미제출 시 불이익	지급명세서 미제출 가산세 적용대상임

한편, 소액부징수라고 하여 소득세 또는 법인세의 원천징수에서 당해 세액이 1,000원 미만인 때에는 원천징수를 하지 아니한다. 다만, 거주자에게 지급되는 이자소득의 경우 당해 소득에 대한 원천징수세액이 1,000원 미만이더라도

원천징수를 해야 한다. 그리고 일용근로자에게 일당을 한꺼번에 지급하는 경우에는 소득자별 지급액에 대한 원천징수 세액 합계액을 기준으로 소액부징수 대상 여부를 판단한다.

5) 원천징수 시기

원천징수의무자가 원천징수 대상 소득금액 또는 수입금액을 지급하는 때 원천징수한다. 다만, 일정 시점까지 지급하지 아니한 경우에는 원천징수시기 특례가 적용되어 특례 적용시기에 지급한 것으로 보아 원천징수한다. 원천징수 시기 특례 규정이 적용된 경우에는 해당 지급명세서를 소득금액에 대한 과세연도 종료일이 속하는 연도의 다음 연도 3월 10일까지 제출해야 한다.

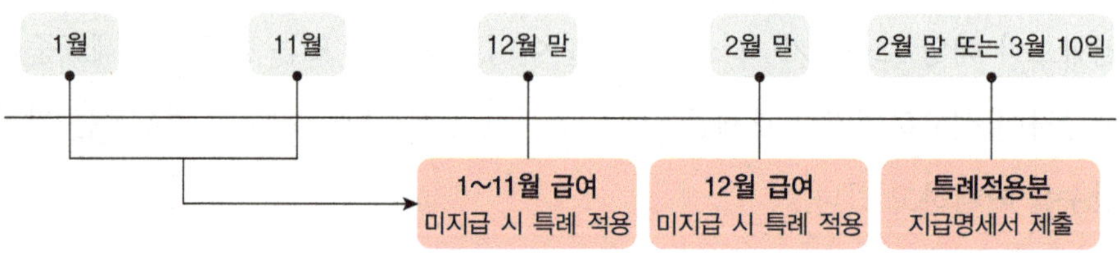

구분	원천징수시기 특례 적용
근로소득	- 1월부터 11월까지 근로소득을 12월 31일까지 지급하지 않은 경우는 12월 31일 - 12월분 근로소득을 다음 연도 2월 말일까지 지급하지 않은 경우는 2월 말일
이자 · 배당소득	- 법인이 이익 처분 등에 따른 배당 · 분배금 처분을 결정한 날부터 3개월이 되는 날까지 지급하지 아니한 경우는 3개월이 되는 날 - 다만, 11월 1일부터 12월 31일까지의 사이에 결정된 처분에 따라 다음 연도 2월 말일까지 배당소득을 지급하지 아니한 경우는 처분을 결정한 날이 속하는 과세기간의 다음 연도 2월 말일
기타소득	- "법인세법" 제67조에 따라 처분되는 배당과 기타소득(법인세 과세표준 결정 또는 경정) 소득금액변동통지서를 받은 날 - 법인세 과세표준 신고는 그 신고일 또는 수정신고일

사업소득	– 1월~11월의 연말정산 사업소득을 12월 31일까지 미지급한 경우는 12월 31일 – 12월분 연말정산 사업소득을 다음 연도 2월 말일까지 미지급한 경우는 2월 말일
퇴직소득	– 1월~11월 퇴직자의 퇴직소득을 12월 31일까지 미지급한 경우는 12월 31일 – 12월 퇴직자의 퇴직소득을 다음 연도 2월 말일까지 미지급한 경우는 2월 말일

6) 원천징수의 납세지

원천징수한 소득세[법인세]를 원천징수 관할 세무서에 신고 · 납부해야 한다.

<table>
<tr><th colspan="2">원천징수의무자</th><th>소득세 납세지</th><th>법인세 납세지</th></tr>
<tr><td colspan="2">① 거주자</td><td colspan="2">거주자의 주된 사업장 소재지(사업장이 없는 경우 거주자 주소지 또는 거소지). 다만, 주된 사업장 외의 사업장에서 원천징수 하는 경우 그 사업장의 소재지</td></tr>
<tr><td colspan="2">② 비거주자</td><td colspan="2">비거주자의 주된 국내 사업장 소재지(국내 사업장이 없는 경우 비거주자의 거주지 또는 체류지)
다만, 주된 국내 사업장 외의 국내 사업장에서 원천징수 하는 경우 그 국내 사업장의 소재지</td></tr>
<tr><td rowspan="3">③ 법인</td><td>일반</td><td>(a) 본점(주사무소) 소재지
(b) 지점 등 사업장 소재지
※ 독립채산제에 따라 독립적으로 회계사무를 처리하는 경우</td><td>(a) 본점(주사무소) 소재지
※ 법인으로 보는 단체는 사업장 소재지
※ 외국법인은 주된 국내 사업장 소재지
(b) 지점 등 사업장 소재지
※ 독립채산제에 따라 독립적으로 회계사무를 처리하는 경우</td></tr>
<tr><td>본점일괄 납부 신청</td><td colspan="2" rowspan="2">법인의 본점 또는 주사무소 소재지
(법인의 지점 · 영업소, 그 밖의 사업장이 독립채산제에 따라 독자적으로 회계 사무를 처리하는 경우 본점일괄납부를 신청하여 승인)</td></tr>
<tr><td>사업자단위로 등록한 경우</td></tr>
<tr><td colspan="2">④ 비거주자의 국내원천소득의 원천징수의무자
(①~③의 납세지를 가지지 아니한 경우)</td><td colspan="2">※ 유가증권 양도소득의 경우 유가증권을 발행한 내국법인 또는 외국법인의 국내 사업장 소재지
※ 그 외의 경우 국세청장이 정하는 장소</td></tr>
</table>

법인의 지점 · 영업소 등 사업장이 독립채산제에 의해 독자적으로 회계사무를 처리하는 경우 원천징수세액을 각 지점 등에 납부해야 하나, 본점 관할 세무서장에게 원천징수세액 본점일괄납부신청서를 제출한 경우 본점이나 주사무소에 일괄하여 원천징수세액을 납부할 수 있다. 이와 같이 본점 관할 세무서장에게 원천징수세액을 본점 일괄 신청 및 납부를 하려면, 즉 독립채산제 지점 등에서 지급하는 소득의 원천징수세액을 본점 등에서 일괄 납부하고자 하는 때에는 일괄 납부[일괄 납부는 모든 세목을 신청하거나 세목별로 부분신청 가능]하려는 달의 말일부터 1개월 전까지 "원천징수세액 본점일괄납부신고서"를 본점 등의 관할세무서장에게 제출해야 한다. 본점일괄납부 사업자는 본점일괄납부 대상 사업장의 원천징수내역을 한 장의 신고서에 작성, 신고 · 납부해야 한다. 그리고 원천징수세액 본점일괄납부 법인이 당해 원천징수세액을 각 지점별로 납부하고자 하는 때에는 "원천징수세액 본점일괄납부 철회신청서"를 관할 세무서장에게 제출해야 한다. 이런 경우 승인받은 날이 속하는 달부터 3년 이내에는 철회신청을 할 수 없다. 또한 사업자단위로 등록한 법인[사업자단위과세제도라고 하는데, 이는 사업자가 둘 이상의 사업장을 가지고 있는 경우로서 해당 사업자의 본점, 주사무소를 관할하는 세무서장에게 등록을 한 후, 본점 또는 주사무소에서 신고 · 납부하여 납세편의를 도모하는 제도]은 본점 등을 원천징수세액의 납세지로 한다.

7) 원천징수 관련 가산 세

국세를 징수하여 납부할 의무를 지는 자가 징수해야 할 세액을 납부기한까지 납부하지 아니하거나 과소 납부한 때에는 그 납부하지 아니한 세액 또는 과소 납부한 세액에 대해 가산세를 부담해야 한다. 미납가산세는 미납세액의 3%와 과소 납부한 세액의 경과일수에 따라 계산한 금액을 합하여 계산한다. 과소 신고하거나 납부하지 않은 세액에 대해 수정 신고한다면 수정일이 빠를수록 가산세를 줄일 수 있다.

미납세액 × 3% + (과소 · 무납부세액 × 2.2/10,000 × 경과일수) ≦ 50%

Tips 수정신고에 따른 과소신고 가산세의 감면

법정신고기한이 지난 후 1개월 이내 : 90% 감면

법정신고기한이 지난 후 1개월 초과 3개월 이내 : 75% 감면

법정신고기한이 지난 후 3개월 초과 6개월 이내 : 50% 감면

법정신고기한이 지난 후 6개월 초과 1년 이내 : 30% 감면

법정신고기한이 지난 후 1개월 초과 1년 6개월 이내 : 20% 감면

법정신고기한이 지난 후 1년 6개월 초과 2년 이내 : 10% 감면

2 4대 사회보험

"사회보장기본법" 제3조 제1호에는 "사회보장이란 질병 · 장애 · 노령 · 실업 · 사망 등 각종 사회적 위험으로부터 모든 국민을 보호하고 빈곤을 해소하며 국민생활의 질을 향상시키기 위하여 제공되는 사회보험, 공공부조, 사회복지서비스 및 관련 복지제도를 말한다"라고 정의되어 있다. 우리나라 4대 사회보험 제도는 노령, 장애, 사망 등에 대한 연금보험, 질병과 부상 등에 대한 건강보험, 실업에 대한 고용보험, 업무상 재해에 대한 산재보험을 말한다.

4대 보험[국민 · 건강 · 고용 · 산재 보험]을 적용받기 위해서는 먼저 각각의 공단에 해당 사업장을 등록하는 절차인 사업장 성립 신고를 해야 한다.

사업장 성립은 대표 혼자 있는 1인 개인사업자에게는 적용되지 않는다. 1인 개인사업자는 건강보험의 지역가입자로 분류된다. 사업자가 직원을 1명 이상 채용하면 4대 보험 측면에서 사업장이 성립되고, 사업장이 성립되면 사업자의

건강보험은 지역가입자에서 직장[사업장]가입자로 변경된다.

지역가입자에서 직장가입자로 자동 변경은 되지 않기 때문에 직원을 채용하게 되면 먼저 사업장성립신고를 한 후 4대 보험 자격취득을 신고해야 한다. 사업장성립신고는 근로자 고용 시 최초 1회만 신고하면 되고, 이후 4대 보험은 근로자 채용 시마다 신고하면 된다. 4대 보험의 각 공단에서 사업장성립신고를 해야 하는데, 4대 사회보험 정보연계센터에서 한 번에 신고할 수 있다. 사업장성립신고 후 바로 4대 보험 자격취득 신고도 할 수 있다.

(1) 국민연금

정부가 직접 운영하는 공적연금제도로, 국민 개개인이 소득 활동을 할 때 납부한 보험료를 기반으로 하여 나이가 들거나, 갑작스런 사고나 질병으로 사망 또는 장애를 입어 소득 활동이 중단된 경우 본인이나 유족에게 연금을 지급함으로써 기본 생활을 유지할 수 있도록 하는 연금제도를 말한다.

국민연금은 공적연금으로 가입이 법적으로 의무화되어 있기 때문에 사[私]보험에 비해 관리운영비가 적게 소요되며, 관리운영비의 상당 부분이 국고에서 지원되므로 사보험처럼 영업 이익을 추구하지 않는다. 현행 국민연금제도는 부담과 급여의 수준이 일정 기간 불완전 균형을 이루는 수정 적립 방식을 채택해 운용하고 있다.

연금제도는 경제활동을 하는 국민이 노령·폐질 또는 사망 등으로 인하여 소득을 가지지 못할 경우 본인과 그 가족의 생활안정을 위해 미리 설정한 기준에 따라 장기간에 걸쳐 정기적으로 급여가 행해지는 사회보험제도이다. 연금제도는 그 운영 주체에 따라 정부에 의한 공적연금제도와 기업의 사용주에 의한 사적연금제도로 나누어 볼 수 있는데 국민연금은 공적연금제도에 해당된다.

우리나라의 공적연금제도는 1960년 공무원 연금제도의 도입에서 시작되었으며, 일반 국민을 대상으로 하는 공적연금제도는 1973년에 제정된 "국민복지연금법"을 바탕으로 1986년 12월 31일에 전면 개정한 "국민연금법"에 의해 1988년부터 실시되고 있다.

"국민연금법"은 국내에 거주하고 있는 60세 미만의 전 국민을 적용대상으로 하며[단, "공무원연금법" · "군인연금법" · "사립학교교직원연금법"의 적용대상자와 저소득계층 등은 제외], 1인 이상의 근로자를 사용하는 모든 사업장, 사업장가입자가 아닌 지역가입자, 본인의 희망에 의한 임의가입자 등이 가입대상이다.

국민연금의 재원은 가입자가 매월 불입하는 보험료이다. 보험료는 가입자가 자격 취득 시의 신고 또는 정기결정에 의하여 결정되는 기준소득월액에 보험료율9%을 곱해 산정한다. 사업장가입자의 경우는 본인과 사업장의 사용자가 각각 절반4.5%씩 매월 부담하고, 지역가입자의 경우는 가입자 본인이 전액 부담한다. 급여의 종류는 노령연금을 비롯하여 장애연금 · 유족연금 · 반환일시금 등 4가지이다.

2023년도 국민연금 요율은 9%로, 사업주가 4.5%, 근로자가 4.5%를 부담하며, 2023년 6월까지 적용되는 월 소득액 산정기준으로 상한액은 553만 원, 하한액은 35만 원이다.

(2) 건강보험

건강보험은 질병이나 부상으로 인해 발생한 고액의 진료비가 가계에 과도한 부담이 되는 것을 방지하기 위해 국민들이 평소에 보험료를 내고 보험자인 국민건강보험공단이 이를 관리 · 운영하다가 필요시 보험급여를 제공함으로써 국민 상호 간 위험을 분담하고 필요한 의료서비스를 받을 수 있도록 하는 사회보장제도이다.

우리나라 건강보험은 1977년 500인 이상 사업장의 근로자를 대상으로 하여 직장의료보험제도가 도입되면서 처음 시행되었다. 이후 1979년 공무원, 사립학교 교직원, 300인 이상 사업장의 근로자, 1988년 농어촌지역 의료보험, 1989년 도시 자영업자를 대상으로 의료보험이 시행되면서 전 국민 의료보험시대가 시작되었다.

1998년 10월 지역의료보험조합과 공무원 교원 의료보험 공단을 국민의료보험관리공단으로 통합하였고, 2000년 7월 국민의료보험관리공단과 직장의료보험조합을 단일조직으로 통합하면서 의료보험이 건강보험으로, 국민의료보험관리공단이 국민건강보험공단으로 변경되었다.

건강보험은 가입자 및 피부양자의 질병과 부상에 대한 예방, 진단, 치료, 재활, 출산, 사망 및 건강증진에 대하여 법령이 정하는 바에 따라 현물 또는 현금의 형태로 서비스를 제공하고 있다.

국민건강보험은 직장가입자와 지역가입자로 적용대상을 구분하는데, 직장가입자는 사업장의 근로자 및 사용자와 공무원 및 교직원, 그리고 그 피부양자로 구성되고 지역가입자는 직장가입자를 제외한 자로 구성된다. 국민건강보험 대상자 중 피부양자는 직장가입자에 의하여 주로 생계를 유지하는 자로서 보수 또는 소득이 없는 자를 의미하며, 직장가입자의 배우자, 직계존속배우자의 직계존속 포함, 직계비속배우자의 직계비속 포함 및 그 배우자, 형제 · 자매를 포함한다.

2023년도 건강보험 요율이 7.09%로 사업주가 3.545%, 근로자가 3.545%를 부담하며, 장기요양보험요율은 건강보험의 12.81%씩 사업주와 근로자가 각각 부담한다.

(3) 고용보험

고용보험은 근로자가 실직한 경우에 생활안정을 위하여 일정 기간 급여를 지급하는 실업급여사업과 함께 구직자에 대한 직업능력 개발 · 향상 및 적극적인 취업알선을 통한 재취업의 촉진과 실업예방을 위하여 고용안정사업 및 직업능력개발사업 등의 실시를 목적으로 하는 사회보험이다.

원래 전통적인 실업보험제도는 실직된 근로자의 생활안정을 위하여 실업급여를 지급하는 소극적 노동시장정책으로 도입되었으나, 고용보험제도는 실직근로자의 생활안정과 함께 고용촉진 및 실업예방을 목적으로 하는 적극적 노동시장정책으로 전환하여 다양한 보험 사업을 실시하고 있다.

"고용보험법"은 고용안정 및 직업능력개발사업을 통해 1차적으로는 취업중인 근로자의 고용안정을 촉진하고, 부득이 실업이 되더라도 2차적으로 실업급여를 지급하고 재취업을 촉진함으로써 근로자의 실업으로 인한 사회·경제적인 어려움을 해소하는 것을 주된 내용으로 하고 있다. 또한 여성근로자들의 고용기회 확보를 위해 직장과 가정생활의 양립을 지원하는 육아휴직급여 및 산전후휴가급여를 실시한다.

고용안정 및 직업능력개발사업은 피보험자 및 피보험자였던 자, 그 밖에 취업할 의사를 가진 자에 대한 실업의 예방, 취업의 촉진, 고용기회의 확대, 직업능력개발·향상의 기회 제공 및 지원, 그 밖에 고용안정과 사업주에 대한 인력 확보를 지원하기 위하여 실시하는 사업이다. 실업급여는 실직근로자의 생활안정을 도모하고 재취업을 촉진하기 위해 지급하는 보험급여로서, 구직급여 및 취업촉진수당으로 구성된다. 육아휴직과 산전후휴가급여모성보호급여는 임신·출산 등과 관련된 여성의 취업 활동을 보장하기 위하여 육아 또는 출산을 목적으로 휴직하는 근로자가 일정 요건을 갖춘 경우에 육아휴직급여·산전후휴가급여를 지급하는 것을 그 내용으로 한다.

"고용보험법"은 1993년 12월에 제정되어 1995년 7월 1일부터 시행되고 있다. 그 후 여러 차례 개정되면서 고용보험의 적용범위를 확대하고 있으며, 2004년부터는 일용근로자, 주 15시간 이상 시간제근로자 등 비정규직근로자에게까지 고용보험 적용이 확대되고, 건설공사의 경우 총 공사금액이 2천만 원 이상인 경우에도 고용보험이 적용된다. 또한 60세 이후에 신규로 고용되는 자, 국가·지방자치단체가 직접 시행하는 공공근로 종사자 및 선원에 대해서도 고용보험이 적용된다.

고용보험사업 중 실업급여 지급 현황을 보면 시행초기인 1997년에는 48,677명에게 실업급여가 지급되었으나, 외환위기를 맞이한 1998년에는 412,600명으로 급증했으며, 2009년에는 1,301,132명으로 증가하였다. 2020년 4월에는 신종 코로나바이러스 감염증코로나19 사태가 촉발한 '고용 충격'으로 인해 신규 구직급여 신청자가 12만 9,000명, 구직급여액이 9,933억 원에 달했다.

실업급여는 근로자와 사업주가 0.9%씩 실업급여를 부담한다.

보험료율		근로자	사업주
실업급여		0.9%	0.90%
고용안정, 직업능력, 개발사업	150인 미만 기업	–	0.25%
	150인 이상 우선지원 대상 기업	–	0.45%
	150인 이상~1,000인 미만 기업	–	0.65%
	1,000인 이상 기업, 국가 지방자치단체	–	0.85%

주 : 우선지원 대상 기업 : 제조업 500인 이하, 광업 300인 이하, 건설업 300인 이하 외(2022. 7. 기준)

Tips 실업급여

- 지원목적 : 고용보험 가입자 중 비자발적 이직자의 재취업 촉진 및 생계안정 지원을 위해 구직급여 등 지급
- 지원대상 : 비자발적으로 이직하고 기여요건을 충족하면서 상시 취업이 가능한 상태에서 적극적으로 재취업 활동을 하는 사람으로 이직 전 3개월간 1일 평균임금의 60%(예술인·노무제공자는 이직 전 12개월간 1일 평균보수의 60%)를 120~270일간 지급한다.

(4) 산재보험

공업화가 진전되면서 급격히 증가하는 산업 재해 근로자를 보호하기 위하여 1964년에 도입된 우리나라 최초의 사회보험제도이다. 산재보험은 산재근로자와 그 가족의 생활을 보장하기 위하여 국가가 책임을 지는 의무보험으로 원래 사용자의 근로기준법상 재해보상책임을 보장하기 위하여 국가가 사업주로부터 소정의 보험료를 징수하여 그 기금[재원]으로 사업주를 대신하여 산재근로자에게 보상을 해주는 제도이다.

산재보험의 주요특성은 다음과 같다.

① 근로자의 업무상 재해에 대하여 사용자는 무과실 책임주의에 따라 고의·과실의 유무를 불문하고 책임지도록 한다.

② 보험 사업에 소요되는 재원인 보험료는 원칙적으로 사업주가 전액 부담한다.

③ 산재보험 급여는 재해발생에 따른 손해 전체를 보상하는 것이 아니라 평균임금을 기초로 하는 정률보상 방식으로 행한다.

④ 자진신고 및 자진납부를 원칙으로 한다.

⑤ 재해보상과 관련된 이의 신청을 신속히 진행하기 위하여 심사 및 재심사 청구 제도를 운영한다.

부가가치세

10

1 부가가치세의 개요

1.1 부가가치세는 어떤 세금인가?

부가가치세value added tax ; VAT란 상품[재화]의 거래나 서비스[용역]의 제공과정에서 얻어지는 부가가치[이윤]에 대하여 과세하는 세금이며, 사업자가 납부하는 부가가치세는 매출세액에서 매입세액을 차감하여 계산한다.

부가가치세 = 매출세액 – 매입세액

부가가치세는 물건값에 포함되어 있기 때문에 실제로는 최종소비자가 부담하는 것이며, 사업자는 최종소비자가 부담한 부가가치세를 세무서에 납부해야 한다. 그러므로 부가가치세 과세대상 사업자는 상품을 판매하거나 서비스를 제공할 때 거래금액에 일정 금액의 부가가치세를 징수하여 납부해야 한다.

사업상 상품[재화]의 판매나 서비스[용역]를 제공하는 모든 사업자는 영리 목적의 유무와 상관없이 부가가치세를 신고·납부할 의무가 있다. 다만, 미가공식료품 등 생필품 판매, 의료·교육 관련 용역 제공 등 법령에 열거된 규정에 따라 부가가치세가 면제되는 사업만을 영위하는 경우에는 부가가치세 신고·납부 의무가 없다.

사업을 영위하는 사업자는 일반적으로 모두 부가가치세 납세의무자이지만, 연간 매출액 등을 기준으로 일반과세자와 간이과세자로 구분된다. 일반과세자는 10%의 세율이 적용되는 반면, 물건 등을 구입하면서 받은 매입세금계산서상의 세액을 전액 공제받을 수 있고, 세금계산서를 발급할 수 있다. 연간 매출액이 8천만 원 이상으로 예상되거나, 간이과세가 배제되는 업종 또는 지역에서 사업을 하고자 하는 경우에는 일반과세자로 등록해야 한다. 반면 간이과세자는 1.5~4%의 낮은 세율이 적용되지만 매입액[공급대가]의 0.5%만 공제받을 수 있으며, 신규 사업자 또는 직전연도 매출액이 4천 8백만 원 미만인 사업자는 세금계산서를 발급할 수 없다. 주로 소비자를 상대하는 업종으로서 연간 매출액이 8천만 원[과세유흥장소 및 부동산임대업 사업자는 4천 8백만 원]에 미달할 것으로 예상되는 소규모사업자의 경우에는 간이과세자로 등록하는 것이 유리하다.

1.2 사업자의 구분

개인사업자는 부가가치세의 과세 여부에 따라 과세사업자와 면세사업자로 구분된다. 면세사업자는 면세 재화와 용역을 제공하는 사업자로 부가가치세 납세의무가 없다. 과세사업자는 부가가치세의 납세의무가 있는 사업자로 일반과세자와 간이과세자로 나눌 수 있다. 과세사업과 면세사업을 같이 운영하는 경우는 과세사업자로 사업자등록증이 발급된다. 일반과세자와 간이과세자는 세금의 계산방법 및 세금계산서의 발행 등에 차이가 있으므로 어느 유형이 자신의 사업에 적합한가를 살펴본 후 사업자등록을 하는 것이 좋다.

(1) 일반과세자

일반과세자는 부가가치세가 과세되는 재화 또는 용역을 공급하는 사업자로, 부가가치세를 포함한 연간 매출액이 8,000만 원을 초과하는 사업자를 말한다. 일반과세자로 분류하는 기준은 매출액 외에도 여러 가지가 있다. 법인의 경우에는 무조건 일반과세자로 분류된다. 또한 간이과세자가 될 수 없는 업종도 있으며, 사업장의 위치에 따라서 간이과세자가 되지 못하기도 한다.

일반과세자는 재화·용역을 구입·판매할 때 반드시 세금계산서를 주고받아야 한다. 부가가치세를 신고할 때 공급자는 매출세금계산서를 요약한 매출처별 세금계산서합계표를, 공급받은 자는 매입세금계산서를 요약한 매입처별 세금계산서합계표를 세무서에 제출해야 한다.

Add-on 공급대가와 공급가액을 구분하자

재화나 용역의 가격을 표시할 때 부가가치세를 포함할 수도 있고 포함하지 않을 수도 있다. 이런 상황은 금액을 얘기할 때 상당한 혼란을 가져올 수 있다. 따라서 부가가치세를 포함하지 않은 상품 등의 금액을 공급가액이라고 하고, 상품 등의 가격에 부가가치세를 포함한 금액을 공급대가라고 구분해서 용어를 사용한다. 일반과세자의 기준은 공급대가 8,000만 원이다.

(2) 간이과세자

간이과세자는 직전연도의 부가가치세를 포함한 연간 매출액이 8,000만 원 미만인 영세 개인사업자들이다. 이 제도는 부가가치세 신고를 수행할 역량이 낮은 사업자를 위한 것인데, 현실적으로 간이과세자에 적용되는 실질적인 부가가치율이 일반과세자보다 낮아서 간이과세자를 선호하기도 한다. 일반과세자와 간이과세자의 부가가치세율은 부가가치세의 계산에서 자세하게 살펴볼 것이다.

복식부기의무자는 공급대가가 8,000만 원 미만인 경우에도 간이과세가 적용되지 않는다. 또한 간이과세자는 세금계산서를 발급하지 못하고 영수증만을 발급해야 한다. 하지만 공급대가가 4,800만 원 이상인 간이과세자는 세원 투명성 제고를 위해 세금계산서를 발급해야 한다.

세금 에세이

간이과세자로 등록을 못 하는 경우는?

① 일반과세가 적용되는 다른 사업장을 보유하고 있는 사업자

단, 개인택시나 용달차운송업, 이 · 미용업 등은 제외

② 일반과세자로부터 포괄양수 받은 사업자

③ 간이과세배제 업종을 영위하는 사업자

- 광업
- 제조업과자점업, 도정업, 제분업, 양복점업, 양장점업, 양화점업 등과 같이 최종소비자를 대상으로 하는 사업은 간이과세 적용 가능
- 도매업 및 상품중개업재생용 재료 수집 및 판매업은 제외
- 부동산매매업
- 부동산임대업으로서 둘 이상의 사업장 임대료 합계액이 8,000만 원 이상인 경우 또는 특별시 · 광역시 및 시 지역에 소재하고 일정 규모 이상인 경우
- 특별시 · 광역시 및 시 지역 또는 읍 · 면 지역 중 국세청장이 정하는 지역에 소재하는 과세유흥장소
- 전문직 사업자
- 복식부기의무자가 영위하는 사업
- 둘 이상 사업장의 공급대가 합계액이 8,000만 원 이상인 경우
- 전기 · 가스 · 증기 · 수도업
- 건설업[단, 최종소비자에게 직접재화 또는 용역을 공급하는 사업으로서 시행규칙으로 정하는 것(예 : 도배업, 인테리어 공사업 등)은 제외]
- 전문 · 과학 · 기술서비스업 · 사업시설관리 · 사업지원 및 임대서비스업[(단, 최종소비자에게 직접 용역을 공급하는 사업으로서 시행규칙으로 정하는 것(예 : 인물사진 · 행사용 영상 촬영업 등)은 제외]

* 자세한 간이과세배제기준은 국세청 홈페이지 참조.

http://www.nts.go.kr 〉 국세청뉴스 〉 고시 · 공고 〉 국세청고시

(3) 일반과세자와 간이과세자의 전환

등록된 일반과세자나 간이과세자는 그 유형이 변경될 수도 있다. 예를 들어 사업을 시작할 때 간이과세자로 등록을 했어도 부가가치세 신고 실적을 1년으로 환산한 공급대가두 개 이상의 사업장이 있으면 공급대가의 합계액를 기준으로 과세 유형을 다시 판단하게 된다.

만약 사업상 간이과세자가 불리하다고 판단된다면 간이과세자 포기신고를 통해 일반과세자가 될 수도 있다. 포기신고는 변경하고자 하는 달의 전달 말일까지 제출하면 된다. 이때 주의해야 할 사항은 간이과세를 포기하면 3년간은 다시 간이과세를 적용받을 수 없다는 점이다. 따라서 충분한 검토가 필요하다.

Tips 간이과세자가 일반과세자로 전환되는 시기는 언제부터인가?

간이과세자로 2022년 1기에 등록을 했는데 1년 공급대가매출액 + 부가가치세를 환산한 결과 8,000만 원 이상일 경우에는 다음 해 7월 1일부터 그다음 해의 6월 30일까지 일반과세자가 된다. 즉, 2023년 7월 1일부터 일반과세자로 전환된다. 신규로 사업을 개시한 일반과세자의 경우에도 최초로 사업을 개시한 해의 다음 해 7월 1일부터 그다음 해 6월 30일까지로 한다.

세금 에세이 일반과세자가 간이과세자로 전환될 때는 주의를 요한다

일반과세자로 등록한 경우에도 1년으로 환산한 공급대가가 8,000만 원에 미달할 경우 간이과세자로 변경되는데, 이때 부가가치세를 환급받은 금액이 많으면 '간이과세포기신고'를 하는 것이 유리하다. 왜냐하면 간이과세자로 전환하면 일반과세자로 등록하고 환급받은 부가가치세 일부를 추가로 납부해야 하기 때문이다. 이를 '재고납부세액'이라고 한다. 간이과세자로 전환되면 부가가치세는 적게 부담하지만 기존 환급받은 세금은 다시 납부해야 한다는 사실을 기억하자.

2 신고·납부기한

2.1 부가가치세 신고·납부는 어떻게 하나?

부가가치세는 6개월을 과세기간으로 하여 신고·납부하게 되며, 각 과세기간을 다시 3개월로 나누어 중간에 예정신고기간을 두고 있다.

과세기간	과세대상기간		신고납부기간	신고대상자
제1기 (1. 1～6. 30)	예정신고	1. 1～3. 31	4. 1～4. 25	법인사업자
	확정신고	1. 1～6. 30	7. 1～7. 25	개인사업자
		4. 1～6. 30	7. 1～7. 25	법인사업자
제2기 (7. 1～ 12. 31)	예정신고	7. 1～9. 30	10. 1～10. 25	법인사업자
	확정신고	7. 1～12. 31	다음 해 1. 1～1. 25	개인사업자
		10. 1～12. 31	다음 해 1. 1～1. 25	법인사업자

일반적인 경우 법인사업자는 1년에 4회, 개인사업자는 2회 신고를 하게 된다. 구체적으로 개인 일반사업자와 소규모 법인사업자[직전 과세기간 공급가액의 합계액이 1억 5천만 원 미만]는 직전 과세기간[6개월] 납부세액의 50%를 예정고지서[4월·10월]에 의해 납부[예정신고의무 없음]하여야 하고, 예정고지된 세액은 다음 확정신고시 기납부세액으로 차감된다. 여기서 예정고지 대상자라도 휴업 또는 사업 부진으로 인하여 사업실적이 악화되거나 조기환급을 받고자 하는 경우에는 예정신고를 할 수 있으며, 이러한 경우 예정고지는 취소된다.

한편, 간이과세자는 1년을 과세기간으로 하여 신고·납부하게 된다. 다만, 7월 1일 기준 과세유형전환 사업자[간이과세자 → 일반과세자]와 예정부과기간[1. 1～6. 30]에 세금계산서를 발급한 간이과세자는 1. 1～6. 30을 과세기간으로 하여 7.

25까지 신고 · 납부하여야 한다.

과세기간	신고 · 납부기간
1. 1~12. 31	다음 해 1. 1~1. 25

이상에서 간단히 살펴본 부가가치세의 사업자 구분은 다음과 같이 정리된다.

구분	기준금액	세액계산
일반과세자	1년간의 매출액 8,000만 원 이상	매출세액[매출액의 10%] – 매입세액 = 납부세액
간이과세자	1년간의 매출액 8,000만 원 미만	(매출액 × 업종별 부가가치율 × 10%) – 공제세액 = 납부세액 ※ 공제세액 = 매입액공급대가 × 0.5%

부가가치세 간이과세자에게 적용되는 업종별 부가가치율은 다음과 같이 정리된다.

업종	부가가치율
소매업, 재생용 재료수집 및 판매업, 음식점업	15%
제조업, 농업 · 임업 및 어업, 소화물 전문 운송업	20%
숙박업	25%
건설업, 운수 및 창고업(소화물 전문 운송업은 제외), 정보통신업	30%
금융 및 보험 관련 서비스업, 전문 · 과학 및 기술서비스업(인물사진 및 행사용 영상 촬영업은 제외), 사업시설관리 · 사업지원 및 임대서비스업, 부동산 관련 서비스업, 부동산임대업	40%
그 밖의 서비스업	30%

이상에서 살펴본 부가가치세의 일반적 개요를 다음과 같은 예를 통해 정리해 보자. 부가가치란 사업자가 일정 기간 동안 새롭게 창출한 가치로 재화 또는

용역의 매출액에서 중간재 등의 매입액을 차감해 계산한다. 60,000원에 상품을 구입해 100,000원에 판매하는 거래를 했다면, 이 사업자는 거래를 통해 40,000원의 가치를 창출한 것이 된다. 따라서 새롭게 창출된 가치인 40,000원에 대해 부가가치세가 과세된다. 현행 부가가치세 세율은 10%이다. 따라서 이 사업자는 40,000원의 10%인 4,000원의 부가가치세를 납부해야 한다. 즉, 사업자가 창출한 40,000원의 부가가치에 대한 부가가치세 4,000원은 소비자의 지갑에서 나오는 상황이 된다. 따라서 부가가치세는 납세의무자와 세금을 실제 부담하는 담세자가 다른 간접세이다. 그러나 이러한 소비자의 부담은 소비행위를 하지 않으면 발생하지 않는다. 따라서 부가가치세는 소비에 대해 과세되는 소비세의 일종이다.

Add-on 간접세란 무엇인가?

부가가치세의 납세의무자는 재화나 용역을 판매하는 사업자지만, 부가가치세를 실제로 부담하는 사람은 재화나 용역을 구매하는 소비자이다. 예를 들어 편의점에서 허니버터칩을 한 봉지 사먹었다고 하자. 상품가격 2,000원에 부가가치세가 200원 붙어 판매가격은 2,200원이었다. 이때 소비자는 200원의 부가가치세를 부담한 것이다. 편의점 사업자는 소비자가 부담한 부가가치세 200원을 국가에 내는 것이다. 즉, 납세의무자는 편의점 사업자이고 부가가치세를 부담하는 자는 소비자이다.

세금 에세이 상품 가격과 부가가치세를 따로 표시하는 경우도 있다

상품 가격을 표시하는 방법은 사회적 인식과 문화에 따라 다르다. 일본에서는 상품의 가격과 세금을 따로 표시하는 방식으로 가격표를 표시하지만, 우리나라에서는 대부분 부가가치세를 포함한 전체 가격으로 표시한다. 어느 방식이 더 좋은지를 평가할 수는 없지만, 세액이 따로 표시된다면 세금 부담에 대해 좀 더 자주 더 많이 생각할 수는 있을 듯하다. 우리나라에서도 사업자 간의 거래에서는 부가가치세를 분리하는 경우가 더 흔하다.

사업자 구분	기분	법정신고기한	제출대상 서류
일반과세자	1기 예정신고	4. 1～4. 25	1. 부가가치세(예정 또는 확정)신고서 [아래 항목은 해당하는 경우에만 제출] 2. 매출처별세금계산서합계표 3. 매입처별세금계산서합계표 4. 영세율 첨부서류 5. 대손세액공제신고서 6. 매입세액 불공제분 계산근거 7. 매출처별계산서합계표 8. 매입처별계산서합계표 9. 신용카드매출전표등수령명세서 10. 전자화폐결제명세서(전산작성분 첨부 가능) 11. 부동산임대공급가액명세서 12. 건물관리명세서 13. 현금매출명세서 14. 주사업장 총괄납부를 하는 경우 "사업장별 부가가치세 과세표준 및 납부세액(환급세액) 신고명세서" 15. 사업자단위과세를 적용받는 사업자의 경우 "사업자단위과세의 사업장별 부가가치세과세표준 및 납부세액(환급세액) 신고명세서" 16. 건물 등 감가상각자산취득명세서 17. 의제매입세액공제신고서 18. 그 밖의 필요한 증빙서류
	1기 확정신고	7. 1～7. 25	
	2기 예정신고	10. 1～10. 25	
	2가 확정신고	다음 해 1. 1～1. 25	

3 부가가치세 세액계산 흐름도(일반과세자의 경우)

가. 매출세액	가 = (1) + (2) + (3) ± (4)
(1) 과세분	세금계산서 교부분 + 기타 매출분
(2) 영세율(수출)	세금계산서 교부분 + 기타 매출분
(3) 예정신고 누락분	
(4) 대손세액 가감	
나. 매입세액	나 = (5) + (6) + (7) − (8)
(5) 세금계산서 수취분	일반 매입분 − 수출기업 수입부가세 납부유예분 + 고정자산 매입분
(6) 예정신고 누락분	
(7) 그 밖의 공제매입세액	신용카드매출전표 등 + 의제매입세액 + 재활용폐자원등 매입세액 + 과세사업전환매입세액 + 재고매입세액 + 변제대손세액 + 외국인관광객에 대한 환급세액
(8) 공제받지 못할 매입세액	(매입세액 불공제 + 공통매입세액면세사업)
다. 납부(환급)세액	다 = 가 − 나
라. 경감 · 공제세액	라 = (9) + (10) + (11)
(9) 신용카드 매출전표 발행공제 등	
(10) 그 밖의 경감 · 공제 세액	전자신고세액공제 + 택시운송사업자 경감세액 + 현금영수증사업자 세액공제 + 전자세금계산서 발급세액공제 + 대리납부 세액공제
(11) 소규모 개인사업자 감면세액	
마. 예정신고 미환급세액	
바. 예정고지세액	
사. 사업양수자의 대리납부 기납부세액	

아. 매입자 납부특례 기납부세액	
자. 신용카드업자의 대리납부 기납부세액	
차. 가산세액	
* 차가감 납부(환급) 세액	다 – 라 – 마 – 바 – 사 – 아 – 자 + 차

4 가산세

가산세명	가산세액 계산
무신고	■ 부당 무신고납부세액 × 40% or 일반 무신고납부세액 × 20%
과소신고 · 초과환급신고	■ 부당과소신고 납부세액 등 × 40% or 일반 과소신고 납부세액 등 × 10%
납부지연 · 환급불성실	■ 미납세액(초과환급세액) × 경과일 수 × 이자율(1일 22/100,000)
영세율과세표준 신고불성실	■ 무 · 과고신고 영세율 과세표준 × 0.5%
미등록	■ 공급가액 × 1%(간이과세자는 공급대가 × 0.5%)
명의위장 등록	■ 공급가액 × 1%(간이과세자는 공급대가 × 0.5%)
세금계산서 발급 및 전송불성실	■ 세금계산서의 지연발급 : 공급가액 × 1% ■ 세금계산서의 미발급가산세 : 공급가액 × 2% ■ 종이세금계산서 발급가산세 : 공급가액 × 1% ■ 둘 이상의 사업장을 가진 사업자가 다른 사업장 명의로 발급 : 공급가액 × 1% ■ 전자세금계산서 발급명세서 지연전송 가산세 : 공급가액 × 0.3% ■ 전자세금계산서 발급명세서 미전송 가산세 : 공급가액 × 0.5% ■ 세금계산서 기재불성실가산세 : 공급가액 × 1%

세금계산서 등 부정수수 (간이과세자의 경우 발급만 적용)	▪ 세금계산서 등 가공 발급(수취)가산세 : 공급가액 × 3% ▪ 세금계산서 등 위장 발급(수취)가산세 : 공급가액 × 2% ▪ 세금계산서 등 공급가액 과다기재 발급(수취)가산세 : 과다기재 공급가액 × 2%
자료상이 수수한 세금계산서 (간이과세자의 경우 발급만 적용)	▪ 자료상이 수수한 세금계산서가산세 : 공급가액 × 3%
경정에 따른 매입세액공제 불성실	▪ 경정 등에 따라 공제되는 신용카드수취 매입세액공제 : 공급가액 × 0.5%
매출처별 세금계산서 합계표 불성실	▪ 미제출 · 기재내용 누락 및 부실기재 : 공급가액 × 0.5% ▪ 지연제출(예정분 → 확정분) : 공급가액 × 0.3%
매입처별 세금계산서 합계표 불성실 [(미제출(경정공제분) 가산세를 제외한 나머지는 일반과세자만 적용]	▪ 세금계산서의 지연수취 : 공급가액 × 0.5% ▪ 미제출(경정 공제분) · 기재내용 누락 및 부실기재 · 과다기재 : 공급가액 × 0.5%
현금재출명세서 등 제출 불성실 (일반과세자만 적용)	▪ 미제출 또는 과소 기재 수입금액 × 1%

※ 간이과세자의 경우 2021. 7. 1. 이후 재화 또는 용역을 공급하거나 공급받는 분부터 세금계산서 등 발급 관련 가산세(부가법§60②③1 · 3 · 5호)와 매출처별 세금계산서 합계표 관련 가산세(부가법§60⑥), 세금계산서 미수취 가산세[(신설) 공급대가 × 0.5%]가 적용됨.

※ 세금계산서 발급의무가 있는 간이과세자만 적용.

5 거래의 증빙과 사업자의 구분

부가가치세의 개념을 통해 사업자가 창출한 부가가치가 얼마인지를 파악하는 것이 매우 중요하다. 부가가치를 파악하기 위해서는 얼마에 구입해서 얼마에 판매했는지에 대한 정보가 필요하다. 이를 위해서 사업자는 거래를 할 때마다 거래를 확인할 수 있는 거래 증빙을 작성해서 주고받도록 되어있다. 또한 사업자가 사용할 수 있는 증빙의 종류는 사업자의 유형에 따라 차이가 있다.

5.1 거래의 증빙

거래를 할 때 주고받는 증빙서류는 다양한 종류가 있다. 하지만 부가가치세를 신고할 때 거래를 인정받기 위해서는 부가가치세법에서 인정하는 증빙서류를 갖추어야 한다. 세금계산서, 신용카드 매출전표 및 현금영수증이 이러한 적격증빙에 해당한다.

(1) 세금계산서

세금계산서란 재화와 용역을 공급하는 사업자가 공급받는 자에게 발급하는 것이다. 공급하는 사업자는 2매의 세금계산서를 작성하여 1매는 보관하고 1매는 공급받는 사업자에게 발급한다.

세금계산서에는 공급자의 사업자번호와 명칭, 공급받는 자의 사업자번호, 공급가액과 부가가치세액 및 작성연월일이 정확하게 기재되어 있어야 한다. 이런 항목을 필요적 기재사항이라고 한다. 필요적 기재사항이 사실과 다르게 기재된 경우에는 공급자와 공급받는 자 모두에게 불이익이 있다. 따라서 세금계산서를 주고받을 때에는 거래당사자 모두 정확하게 내용을 확인해야 한다.

〈세금계산서의 필요적 기재사항〉

- 공급자의 사업자등록번호와 성명 또는 명칭
- 공급받는 자의 사업자등록번호
- 공급가액과 부가가치세액
- 작성연월일

최근에는 종이세금계산서보다 전자세금계산서의 사용이 일반적이다. 사업자가 법인이거나 직전 연도의 공급가액이 1억 원 이상인 개인사업자는 전자세금계산서의 발급이 의무화되어 있다. 세금계산서는 재화나 용역의 공급시기에 발급하며, 전자세금계산서는 재화나 용역의 공급시기가 속하는 달의 다음 달 10일까지 발급해야 한다.

부가가치세가 면세되는 거래의 경우에는 공급자가 세금계산서가 아닌 계산서를 발행할 수 있다. 부가가치세가 면제되는 거래이지만 요건에 따라 추가적인 세금 혜택을 볼 수 있는 경우가 있기 때문에 계산서 역시 중요한 증빙이 된다.

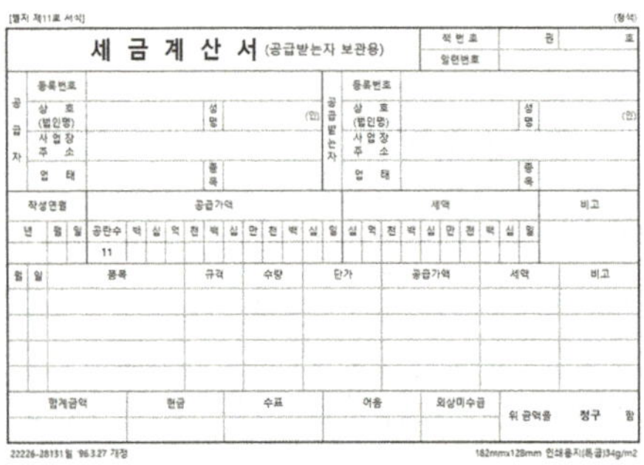
세 금 계 산 서 (공급받는자 보관용)

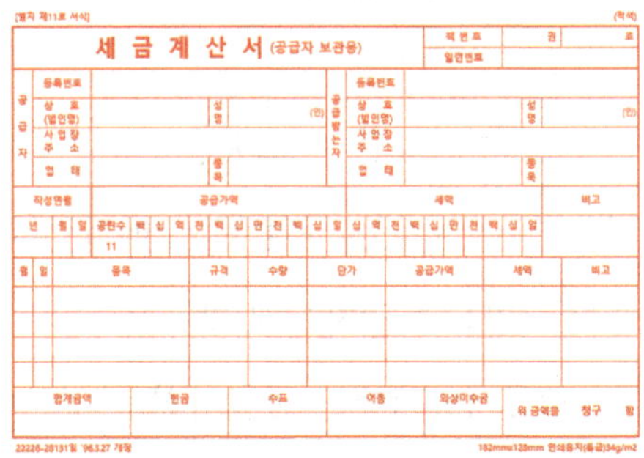
세 금 계 산 서 (공급자 보관용)

Add-on 전자세금계산서 의무발급 대상 사업자 확대

2024년 7월 이후에는 직전 연도의 공급가액이 8,000만 원 이상인 개인사업자는 전자세금계산서 발급이 의무화되어 적용될 예정이다.

(2) 신용카드 매출전표

거래의 증빙이란 거래의 당사자와 금액이 확인되는 서류라는 의미이다. 기술의 발전에 따라 다양한 방식의 결제수단이 등장하였고 이로 인해 거래의 확인도 가능해지게 되었다. 신용카드를 통한 결제가 그 대표적인 사례이다.

신용카드 시스템은 재화나 용역을 공급하는 사업자가 카드회사의 가맹점으로 가입하고, 소비자는 회원으로 가입하게 되어 있다. 따라서 신용카드 회사의 정보를 통해 거래자와 거래내용을 확인할 수 있으므로 신용카드 매출전표 역시 적격증빙으로 인정된다.

사업자는 사업상 지출을 위해 사업용 카드를 발급받아 사용한다.

(3) 현금영수증

현금영수증은 기업과 소비자 간 거래의 투명성과 자영업자들의 소득 파악을 목적으로 도입된 제도이다. 신용카드 시스템과 유사한 현금영수증제도를 통해 현금영수증 가맹점과 소비자들의 정보를 확인할 수 있으므로, 현금영수증 또한 부가가치세법상 적격증빙이 된다.

현금영수증은 두 가지 종류가 있다. 하나는 근로자가 소득공제를 받기 위해 발급받는 소득공제용 현금영수증이며, 다른 하나는 사업자가 지출을 증명하기 위해 발급받는 지출증빙용 현금영수증이다. 사업자가 경비 인정을 받으려면 지출증빙용 현금영수증을 발급받아야 한다.

6 부가가치세의 계산

6.1 일반과세자의 부가가치세 계산

앞서 부가가치세는 창출한 부가가치에 10%의 세율을 적용해 계산한다고 하였다. 이 설명은 부가가치에 대한 개념을 이해하는 데 도움이 되지만 현실적인 계산법은 아니다. 실제로는 매출세액에서 매입세액을 공제차감해서 계산한다.

다시 말해서 부가가치세 납부세액은 재화·용역을 판매하면서 상대방으로부터 받은 매출세액에서 구입 시 상대방에게 지급한 매입세액을 차감하여 계산한다. 이런 계산방식을 전단계세액공제법이라고 한다.

> 부가가치세 납부세액 = 매출세액 − 매입세액
> = (매출액 × 10%) − (매입액 × 10%)

앞서의 예를 다시 보자. 60,000원에 상품을 구입하여 100,000원에 판매하는 거래를 한 사업자가 40,000원의 가치를 창출하였고, 이에 대해 부가가치세 세율 10%를 적용해서 납부해야 할 부가가치세를 4,000원으로 계산한다고 하였다. 이 예를 위의 전단계세액공제법을 적용하면 다음과 같이 계산될 것이다.

부가가치세 납부세액 = 매출세액 − 매입세액
= (100,000원 × 10%) − (60,000원 × 10%)
= 10,000원 − 6,000원
= 4,000원

이렇게 계산하여도 결과 값은 4,000원으로 동일한데 오히려 계산을 더 복잡하게 한다는 느낌이 든다. 그러나 문제는 모든 매입내역에 대해 부가가치세를 공제하지 않는다는 점이다. 매입세액공제에는 많은 정책적 판단이 관련되어 있을 수 있다. 예를 들어 접대비로 지출한 금액에 해당하는 부가가치세는 공제를 못하도록 한다거나, 사업과 관련 없는 지출을 한 경우에도 해당 부가가치세는 매입세액공제를 못하게 하는 것이다. 이런 항목들을 가려내기 위해서는 전단계

세액공제법이 매우 유용한 방법이다. 매입세액으로 공제받기 위해서 세금계산서 등의 적격증빙을 발급받아야 하는 것은 기본이다.

6.2 간이과세자의 부가가치세 계산

간이과세자의 부가가치세 납부세액은 일반과세자와는 달리 다음과 같이 계산한다. 이 계산식을 살펴보면 근거자료에 따라 세액을 계산하지 않고 추산에 의해 부가가치세를 계산하겠다는 의미를 읽을 수 있다. 간이과세자의 분류 목적이 부가가치세를 적용할 역량이 낮기 때문임을 상기하자.

부가가치세 납부세액 = (매출액 × 업종별 부가가치율 × 10%) − 공제세액

만약 업종별 부가가치율이 20%인 간이과세자의 매출액이 100,000원이라고 가정하면 부가가치세는 다음과 같이 계산된다.

부가가치세 납부세액 = (매출액 × 업종별 부가가치율 × 10%)
= 100,000 × 20% × 10%
= 2,000

위 계산식에 포함된 공제세액이라는 항목은 부가가치세 매입세액이 아니다. 공제세액 항목은 부가가치세 체계를 건실하게 하고 근거자료를 확보하기 위해 이에 협조하는 간이과세자에 대해 공제혜택을 주는 항목이다. 공제세액 항목에는 매입세금계산서 등 수취세액공제, 신용카드매출전표 등 발행세액 공제, 의제매입세액공제 및 전자신고 세액공제 등이 있다.

간이과세자의 업종별 부가가치율은 과세당국이 결정해서 고시하며, 매년 변경될 수 있으므로 항상 확인하여 적용해야 한다. 한편, 간이과세자의 경우에는 1년 동안의 공급대가가 4,800만 원 미만인 때는 부가가치세 납부의무가 면제된다.

7 영세율과 면세

영세율zero rating은 재화나 용역의 공급에 대한 매출세액을 '영0'의 세율을 적용하여 계산하는 제도이다. 매출세액의 계산에서 '영0'의 세율을 적용하므로 중간재 등을 구입할 때 부담한 매입세액은 전액 환급받을 수 있다. 따라서 영세율이 적용되면 사업자는 부가가치세를 전혀 부담하지 않게 된다. 이러한 영세율 제도는 재화의 수출이나 외국에서 제공한 용역, 선박 · 항공기의 외국항행 용역 등에 적용된다.

반면, 면세exemption는 특정 재화나 용역에 대하여 부가가치세를 과세하지 않는 것이다. 따라서 면세되는 재화 · 용역을 공급하는 면세사업자는 부가가치세 신고와 납부 자체를 하지 않는다. 따라서 자신이 공급하는 재화 · 용역에 대하여 거래상대방에게 부가가치세를 거래징수하지도 않고, 재화 · 용역 등을 구입할 때 부담한 매입세액을 공제받을 수도 없다. 즉, 면세사업자는 중간재인 재화 · 용역을 구입할 때 부가가치세를 지급하지만, 자신이 지급한 부가가치세를 공제받지 못하기 때문에 중간의 부가가치세는 면세사업자 자신이 부담하게 된다.

이러한 면세제도는 주로 기초적인 생활필수품 등에 대해 적용되는데, 주요 부가가치세 면세대상 재화와 용역은 다음과 같다.

〈면세 적용 사례〉

- 기초생활필수품
  - 미가공 식료품국내산 및 외국산
  - 국내산 비식용 미가공 농 · 축 · 수 · 임산물
  - 수돗물
  - 연탄과 무연탄
  - 여객운송용역항공기 · 고속버스 · 전세버스 · 택시 · 고속철도에 의한 여객운송용역 제외
  - 주택과 이에 부수되는 토지의 임대용역
  - 여성용 생리처리 위생용품
- 국민후생 및 문화 관련 재화 · 용역
  - 의료보건용역과 혈액쌍꺼풀수술, 코성형수술, 유방확대 · 축소술, 주름살제거술, 지방흡인술, 치아미백 등 미용목적 성형수술, 치과용역 및 수의사의 애완동물 진료용역은 제외
  - 교육용역무도학원이 제공하는 교육용역과 자동차운전학원이 제공하는 교육용역은 과세
  - 도서, 신문, 잡지, 뉴스통신광고 제외
  - 예술창작품골동품 제외, 예술행사, 문화행사와 아마추어 운동경기
  - 도서관, 과학관, 박물관, 미술관, 동물원, 식물원 입장
- 부가가치 구성요소
  - 토지
  - 법 소정 인적용역
  - 금융 · 보험용역
- 기타 재화 · 용역
  - 우표, 인지, 증지, 복권, 공중전화
  - 법 소정 담배
  - 공익목적단체가 공급하는 법 소정 재화 또는 용역

– 국가 · 지방자치단체 · 지방자치단체조합이 공급하는 재화 · 용역우정사업조직의 택배용역, 고속철도 여객운송용역, 부동산임대업, 도 · 소매업, 음식 · 숙박업, 골프장 · 스키장 운영업, 기타 운동시설 운영업에서 공급하는 재화 또는 용역 제외

– 국가 · 지방자치단체 · 지방자치단체조합 · 공익단체에 무상으로 공급하는 재화 · 용역

세금 에세이

성형수술도 부가가치세를 내야 할까

의료 · 보건 용역은 부가가치세가 면세된다. 그러나 2014년부터는 치료 이외에 다음과 같은 의료용역에 대해 과세가 이루어지는 등 부가가치세 과세 범위가 확대되었다.

① 쌍꺼풀수술, 코성형수술, 유방확대 · 축소술유방암에 따른 유방재건술 제외, 지방흡인술, 주름살제거술, 안면윤곽술 등 성형수술단, 성형수술로 인한 후유증 치료, 선천성 기형의 재건수술, 종양 제거에 따른 재건 수술은 제외

② 치아성형은 미백, 라미네이트, 잇몸성형술에 한해서 부가가치세가 과세된다.

③ 악안면 교정술단, 악안면 교정술 중 치아교정치료가 선행되는 경우는 제외

④ 미용목적 피부 관련 시술

부동산의 취득과 취득세

1. 부동산과 관련된 세금 / 2. 취득세 / 3. 취득세의 부가세 / 4. 인지세
5. 부동산 취득에 소요된 자금출처 조사 / 6. 부동산 취득과 관련된 절세

11

1 부동산과 관련된 세금

부동산의 사전적 의미는 토지와 토지의 정착물이다. 그러나 우리의 일상생활에서 부동산이 가지는 의미는 그 이상이다. 이유는 부동산이 우리의 삶에 기본이 되는 의식주의 하나이기도 하지만, 보유재산 중에 가장 큰 자산인 경우가 대부분이기 때문이다. 사람들의 부동산에 대한 지대한 관심은 부동산 가격의 상승과 하락으로 나타난다. 이에 정부는 부동산가격을 안정시키고, 부동산 투기를 방지하기 위하여 부동산과 관련한 다양한 정책을 시행하는데 그중 가장 강력한 정책수단 중 하나로 여겨지는 것이 세금정책이다. 정부의 과세권은 경찰권, 수용권, 귀속권, 과세권으로 구성된 부동산에 대한 공적 제한 중 하나이다.

부동산과 관련된 세금은 부동산을 취득하면서 내는 세금, 부동산을 보유하는 동안 내는 세금 및 부동산을 양도하면서 내는 세금으로 구분된다.

세금 에세이

부동산에 대한 공적 제한

부동산에 대한 공적 제한은 공공의 복리나 필요에 의해 국가가 개인의 부동산 소유권에 일정한 제한을 가하는 것을 말한다. 공적 제한의 종류에는 공익을 위해 사적 부동산 활동을 통제할 수 있는 경찰권, 공익을 위하여 개인의 재산을 수용할 수 있는 수용권, 상속인이 없는 경우 해당 부동산을 국가에 귀속시킬 수 있는 귀속권, 그리고 세금을 부과할 수 있는 과세권이 있다.

(1) 부동산 취득 시 내는 세금

부동산을 취득하고 등기하면서 내는 세금에는 취득세가 있고, 그 취득세에 덧붙여서 농어촌특별세와 지방교육세가 있다. 또한 매매계약서를 작성할 때 내야 하는 인지세도 있다. 또한 부동산을 증여나 상속으로 받았을 때에는 증여세와 상속세를 내야 한다.

(2) 부동산 보유 시 내는 세금

보유한 부동산이 주택인 경우에는 건물과 토지를 통합하여 재산세[7월과 9월에 각각 과세]와 종합부동산세[일정 기준금액 초과 시]가 과세되고, 그 외의 일반건물에는 재산세만 과세된다. 토지는 종합합산 대상 및 별도합산 대상 토지로 구분하여 재산세와 종합부동산세[일정 기준금액 초과 시]가 과세된다. 그리고 재산세에는 지방교육세·지역자원시설세가, 종합부동산세에는 농어촌특별세가 부가세로 부과된다.

(3) 부동산 양도 시 내는 세금

보유 부동산을 처분하여 양도차익이 발생하면, 국세인 양도소득세를 납부하고 지방소득세 소득분도 덧붙여 납부해야 한다.

〈부동산 관련 국세와 지방세〉

구분	국세	지방세제	
		지방세	관련 부가세
취득시점	인지세(계약서 작성 시) 상속세(상속받은 경우) 증여세(증여받은 경우)	취득세	농어촌특별세(국세) 지방교육세
보유시점	종합부동산세(일정 금액 초과 시) 농어촌특별세 (종합부동산세 관련 부가세)	재산세	지방교육세 지역자원시설세
양도시점	양도소득세	양도소득세에 대한 지방소득세	

세금 에세이

부가세와 부가가치세의 차이는?

부가가치세附加價值稅는 앞의 장에서 살펴본 바와 같이 재화와 용역으로 부가가치가 창출된 부분에 대해서 부과하는 국세의 종류를 말하며, 부가세附加稅는 국세나 지방세에 일정 부분을 덧붙여서 내는 세금을 말한다. 취득세를 본세라고 하고 지방교육세, 농어촌특별세를 부가세라고 한다.

2 취득세

부동산의 취득이란 매매, 신축, 교환, 상속, 증여 등의 방법에 의하여 대가를 지급하거나 대가 없이 부동산의 소유권을 획득하는 것을 말한다.

세금 에세이

부동산 취득 시 세금 내는 방법

부동산을 매매한 경우에는 계약체결일로부터 60일 이내[상속은 상속개시일부터 6개월 이내]에 실지거래가격으로 취득세[농어촌특별세, 지방교육세 포함]를 부동산 소재지를 관할하는 시·군·구청에 신고·납부해야 한다. 이 기한을 넘기면 신고불성실 가산세[20%] 및 납부지연 가산세 1일 0.022%를 추가로 부담해야 한다.

2.1 개요

취득세란 부동산 등을 매매, 교환, 상속, 증여, 기부, 법인에 대한 현물 출자, 건축, 개수, 공유수면 매립, 간척에 의한 토지의 조성 등과 기타 이와 유사한 취득으로서 원시취득, 승계취득 또는 유상·무상을 불문한 일체의 취득에 대하여 부과하는 조세이며, 특별(광역)시·도세로 보통세이다.

2.2 과세대상

취득세의 과세 객체는 과세대상 물건을 취득하는 행위이다. 과세대상 물건은 "지방세법"에 제시되어 있다. 부동산의 과세대상은 토지와 건축물이다. 토지의 지목변경이나 건축물 개수 등의 간주취득에도 취득세가 과세된다.

〈부동산 이외의 취득세 과세대상〉

- 선박, 광업권, 어업권, 차량, 기계장비, 입목, 항공기 등
- 골프회원권, 승마회원권, 콘도미니엄회원권, 종합체육시설이용권, 요트회원권 등
- **시설** : 레저시설, 저장시설, 도크시설, 접안시설, 도관시설, 급배수시설, 에너지공급시설, 기계식 및 철골조립식 주차시설 등

2.3 납세의무 성립시기

취득세 과세물건을 취득하는 때 성립한다. 취득유형별 취득하는 시기는 다음과 같다.

〈취득시기 정리〉

구분	내용
원시취득	■ **공유수면 매립·간척** : 공사준공 인가일 * 공사준공인가일 전에 사용 승낙이나 허가를 받은 경우에는 사용 승낙일 또는 허가일
	■ **건축**(신축·증축) : 사용승인서 교부일과 사실상 사용일 중 빠른 날 * 사용승인서 교부일 전에 임시사용승인을 받은 경우는 임시사용일
승계취득	■ **상속** : 상속개시일
	■ **유증** : 유증개시일
	■ **기타 무상취득**(증여 등) : 계약일 단, 등기·등록하지 아니하고 취득일부터 60일 내에 계약해제 사실을 입증하면 제외
	■ **사실상 취득을 확인할 수 없는 경우**(법 제10조 제5항 제1호 내지 제4호에 하지 않는 경우) : 계약서상 잔금지급일(계약서상 잔금지급일이 명시되지 않았으면 계약일로부터 60일이 경과한 날) 단, 등기·등록하지 아니하고 취득일부터 60일 내에 계약해제 사실을 입증하면 제외
	■ 사실상 취득을 확인할 수 있는 경우(법 제10조 제5항 제1호 내지 제4호에 해당) : 사실상 잔금지급일

2.4 과세표준

취득세 과세표준의 기준은 취득당시 가액이다. 다만, 연부[매매계약서상 연부계약 형식을 갖추고 일시에 완납할 수 없는 대금을 2년 이상에 걸쳐 일정액씩 분할해 지급하는 것을 말함]로 취득하는 경우 연부금액[매회 사실상 지급되는 금액]을 취득세의 과세표준으로 한다.

"지방세법"에 따르면 취득세의 과세표준은 무상취득, 유상승계취득, 원시취득 등의 유형별로 규정되어 있어 취득한 부동산과 그 취득사유에 해당하는 과세표준을 적용하여야 한다.

일반적인 매매나 교환에 의해 취득하는 경우 과세표준이 되는 취득당시 가액이란 해당 물건을 취득하기 위해 거래상대방이나 제3자에게 지급해야 할 금액으로 사실상 취득가격으로 규정되어 있다. 부동산 등을 원시 취득하는 경우에도 사실상 취득가격을 과세표준으로 하고 있다.

부동산을 증여받은 경우의 취득당시 가액은 시가인정액으로 규정되어 있다. 시가인정액은 취득시기의 불특정 다수인 사이의 자유로운 거래에서 통상적으로 성립된다고 인정하는 가액을 의미하며, 감정가액, 공매가액 및 매매사례가액 중 가장 최근의 거래가액을 의미한다. 부동산을 상속에 의해 취득하는 경우에는 시가표준액을 과세표준으로 한다.

Tips

2022년까지 부동산에 대한 취득세는 공시가격을 과세표준으로 하였다. 즉, 토지는 개별공시지가, 주택은 국토교통부가 공시하는 공동주택가격 또는 개별주택가격이 취득세 과세표준이었다. 2023년부터는 시가인정액을 산정하기 어려울 때만 기존의 개별공시지가와 공동주택가격, 개별주택가격을 과세표준으로 적용한다.

Add-on 시가표준액은 무엇을 말하는가?

시가표준액은 다음의 사이트에서 확인할 수 있다.

http://www.kreic.org/realtyprice(국토교통부 > 부동산공시가격알리미)

구분		신청방법
건물	주택	개별(공동)주택의 공시가격
	주택 이외	지방자치단체의 장이 결정한 가액
토지		개별공시지가

2.5 세율

취득세의 세율은 주택의 경우 유상·무상 취득, 주택의 수, 취득가격, 규모 및 조정지역 여부 등에 따라 각기 다르게 결정된다. 또한 부동산의 경우에도 유상·무상 취득, 부동산의 유형, 위치, 취득자 등에 따라서도 세율이 달라진다. 취득세율을 정리하면 다음과 같다.

부담부증여[부모가 담보권이 설정된 재산을 자녀에게 증여하면서 그에 따른 채무도 함께 넘기는 경우처럼 자녀(수증자)가 증여자의 채무를 인수하는 증여를 말함]의 취득세는 채무액에 대해서는 매매 취득세율을 적용하고, 시가인정액에서 채무액을 뺀 나머지 금액에 대해서는 증여 취득세율을 적용하도록 하고 있다.

(1) 주택의 유상·무상 취득세율

취득원인	구분		전국	조정지역
유상	1주택	6억 원 이하	1%	1%
		6억 원 초과~9억 원	1~3%	1~3%
		9억 원 초과	3%	3%
	2주택		1~3%	8%(일시적 2주택 제외)
	3주택		8%	12%
	4주택~ 및 법인취득		12%	12%
무상(상속 제외)	3억 원 이상		3.5%	12%
	3억 원 미만		3.5%	3.5%

Tips 6억 원 초과~9억 원 이하의 1주택에 대한 취득세는 얼마인가?

1주택의 취득세 중 6억 원 이하는 1%, 9억 원 초과는 3%로 세율이 일정하다. 그러나 그 사이에 해당하면 세율이 1~3% 사이의 값으로 결정된다. 해당 세율의 결정은 다음과 같다.

[(취득가액 × 2/3억 원) − 3] × 1/100

(2) 주택 외 부동산의 취득세율

구분		세율
주택 외 유상매매(토지·건축물)		4%
원시취득, 상속(농지 외)		2.8%
무상취득(증여)	**비영리사업자**	2.8%
	그 외	3.5%
농지	**매매**	3.0%
	상속	2.3%
공유물 분할		2.3%

(3) 중과세율

중과세 대상에 해당하는 부동산의 경우, 위의 (1)과 (2)에 해당되는 항목의 세율표준세율에 다음의 세율을 더해서 결정한다. 중과기준세율은 2%이다.

중과세 대상		세율
대도시 내 법인	①-1. 본점용 부동산 신·증축 위한 부동산 취득	표준세율 + 중과기준세율 × 2배
	①-2. 공장 신·증설 위한 부동산 취득	표준세율 + 중과기준세율 × 2배
	②-1. 법인설립, 지점설치, 전입 관련 부동산 취득	표준세율 × 3배 - 중과기준세율 × 2배
	②-2. 공장 신·증설 위한 부동산 취득	표준세율 × 3배 - 중과기준세율 × 2배
	① 및 ②가 동시 적용되는 경우	표준세율 × 3배
사치성 재산	③ 별장, 골프장, 고급주택, 고급오락장, 고급선박	표준세율 + 중과기준세율×4배
	②와 ③이 동시에 적용되는 경우	표준세율(4%) × 3배 + 중과기준세율 × 2배
	법인·다주택자의 주택 취득과 ③이 동시 적용되는 경우	중과세율(8~12%) + 중과기준세율 × 4배

Tips 주거용 오피스텔에 대한 취득세 세율은 얼마인가?

주거용 오피스텔은 취득시점에 확인 가능한 건축물대장 등의 공부에 기재되어 있는 업무시설로 인정된다. 따라서 주택 외 유상매매에 해당하는 4% 세율이 적용된다.

취득세 세율은 특례규정에 따라 표준세율에서 중과기준세율[2%]을 차감하여 적용하기도 한다. 다음과 같은 경우가 이에 해당한다.

- 건물의 개수로 인한 취득(면적 증가분은 제외)
- 지목의 변경으로 인한 토지 가액의 증가분
- 존속기간이 1년을 초과하는 임시 건축물의 취득
- 법인의 주식 취득으로 과점주주가 된 경우

또한 실질적인 취득이 아닌 형식상 소유권을 취득하는 것으로 보는 다음의 항목에 대해서는 취득세에 중과기준세율[2%]을 적용하는 특례규정이 있다.

- 상속으로 인한 1가구 1주택[고급주택 제외]의 취득
- 공유물 · 합유물의 분할로 인한 취득[본인 지분 초과분 제외]
- 법인의 합병으로 인한 취득
- 건축물의 이전으로 인한 취득
- 민법 규정에 따른 재산분할로 인한 취득
- 환매등기를 병행하는 부동산 매매로 환매 기간 내에 환매하는 경우의 취득

2.6 취득세의 징수

① **납세지** : 과세물건 소재지 시 · 도

② **신고 및 납부**

- 취득한 날로부터 60일 이내 신고 · 납부
- 상속(실종)으로 인한 취득 : 상속개시일(실종선고일)이 속하는 달의 말일부터 6개월 이내에 신고 · 납부
- 취득한 후 중과세 대상 재산의 신고 · 납부 : 적용대상이 된 날로부터 30일 이내 신고 · 납부

③ **분할납부**

- 개인이 주택 · 차량 · 기계장비를 2013. 12. 31까지 취득하고 취득일부터 30일 이내에 등기 · 등록하는 경우 납부할 취득세액의 일부를 취득일부터 60일 이내로 분납할 수 있다.

2.7 불이행 시 가산세 등

납세의무자가 신고 또는 납세 의무를 다하지 아니하면 산출세액 또는 그 부족세액에 가산세를 합한 금액으로 보통 징수하며, 납세의무가 있는 법인이 취득 당시의 가액을 증명할 수 있는 장부와 관련 증거서류의 작성과 보존 의무를 이행하지 아니한 경우에는 산출세액 또는 부족세액에 그 금액의 10/100을 가산해 징수한다.

구분		가산세율
무신고 가산세	일반 무신고	20%
	부정 무신고	40%
과소신고 가산세	일반 과소신고	10%
	부정 과소신고	40%
납부지연 가산세		1일 0.022%
중가산세	과세대상 물건을 사실상 취득한 후 신고를 하지 아니하고 매각하는 경우	80%

3 취득세의 부가세

취득세를 납부할 때에는 취득세를 본세로 하는 부가세surtax 역시 납부해야 한다. 농어촌특별세와 지방교육세가 취득세의 부가세이다.

농어촌특별세의 경우 조세제한특별법상 감면된 취득세에 대해서는 취득세의 20%, 그 외의 경우에는 10%취득세율 2%를 한 10%이다의 세율이 적용된다. 전용면적 85m^2 이하 주택에 대해서는 비과세된다.

지방교육세는 주택의 경우 취득세율이 1~3%에 해당하면 그 금액의 50%를 과세표준으로 하여 지방교육세율 20%가 적용된다. 1주택의 경우 해당되는 부가세율은 다음과 같다.

취득원인	구분			농어촌특별세	지방교육세
유상	1주택	6억 원 이하	85m² 이하	비과세	0.1%
			85m² 초과	0.2%	0.1%
		6억 원 초과~ 9억 원 이하	85m² 이하	비과세	0.2%
			85m² 초과	0.2%	0.2%
		9억 원 초과	85m² 이하	비과세	0.3%
			85m² 초과	0.2%	0.3%

Tips

박태환은 건설회사로부터 125m²의 아파트를 2억 원에 분양 매입하였다. 취득세와 관련 부가세는 얼마인가?

〈계산내역〉

취득세 : 2,000,000원 취득가액 × 1%

농어촌특별세 : 400,000원 취득가액 × 0.2%

지방교육세 : 200,000원 취득가액 × 0.1%

합계 : 2,600,000원

아파트를 구입하게 되면 취득세뿐만 아니라 중개업자에게는 중개수수료, 법무사에게는 등기대행수수료 등을 지불해야 한다. 아울러 국민주택채권도 매입해야 한다. 채권을 매입한 경우에는 그 자리에서 할인하는 경우가 대부분이다. 할인율은 국민은행에서 확인 가능하므로 할인금액을 확인하는 것도 중요하다. 정리하면, 부동산 취득 시 자금을 준비할 때 취득에 소요되는 직접적인 금액을 제외하고 추가로 여유자금을 가지고 있어야 하는데, 취득가액의 10% 정도가 더 들어간다고 보고 의사결정을 하는 것이 현명하다.

4 인지세

부동산 취득과 관련하여 매매계약서 등 증서를 작성하는 경우에는 증서의 기재금액별 인지세액에 상당하는 수입인지를 구입하여 증서에 첨부하고 인장 또는 서명으로 소인하면 된다. 매매의 경우 증서의 기재금액별 인지세액은 다음과 같다.

기재금액	지방교육세
1천만 원 초과~3천만 원 이하	2만 원
3천만 원 초과~5천만 원 이하	4만 원
5천만 원 초과~1억 원 이하	7만 원
1억 원 초과~10억 원 이하	15만 원
10억 원 초과	35만 원

5 부동산 취득에 소요된 자금출처 조사

세대주의 재산을 배우자나 자녀들에게 분산시키면서 세금을 회피하는 경우가 종종 발생한다. 예를 들어 상속세를 줄이기 위해 죽기 전에 배우자나 자녀 명의로 소유권을 이전한다거나 배우자나 자녀의 부동산 취득자금을 세대주가 대신 부담해 주는 경우이다. 이처럼 직업·연령·소득 및 재산상태 등으로 보아 해당 부동산을 자신의 능력으로 취득하였다고 인정하기 어려운 경우에는 취득자금의 출처를 조사받게 된다. 그 조사결과 취득자금의 출처를 제시하지 못한 금액에 대해서는 증여세를 부담해야 한다. 다만, 재산취득일 전 또는 채무상환일 전 10년 이내에 당해 재산취득가액 및 상환가액이 아래의 기준금액 미만인 경우에는 자금출처 조사를 하지 않는다. 단, 기준금액 이내라도 객관적으로 증여 사실이 확인되면 증여세가 과세된다.

〈자금출처 조사 금액기준〉

구분	취득자산		채무상환	총액
	주택	주택 이외		
1. 세대주인 경우 ⓐ 30세 이상인 자 ⓑ 40세 이상인 자	 2억 원 미만 4억 원 미만	 5천만 원 미만 1억 원 미만	5천만 원 미만	 2.5억 원 미만 5억 원 미만
2. 세대주가 아닌 경우 ⓐ 30세 이상인 자 ⓑ 40세 이상인 자	 1억 원 미만 2억 원 미만	 5천만 원 미만 1억 원 미만	5천만 원 미만	 1.5억 원 미만 3억 원 미만
3. 30세 미만인 자	5천만 원 미만	3천만 원 미만	3천만 원 미만	8천만 원 미만

세금 에세이

26살 아들이 결혼할 때 아파트를 한 채 사주고 싶다면 어떻게 해야 할까?

26살 아들이 취직을 하여 월급 1,500,000원을 받는다. 취직한 지는 1년 정도 되어 간다. 이때까지 백수로 지낸 아들이 대견스러워 어머니가 3억 원 상당의 아파트를 구입해 주고 싶다. 이럴 경우 세금 문제는 없는가?

먼저 자금출처금액의 가이드라인을 보면 30세 미만이므로 5천만 원까지임을 알 수 있다. 월 1,500,000원을 1년에 한 푼도 쓰지 않고 모으더라도 18,000,000원이 된다. 그럼 3억 원 아파트를 취득하기에는 턱없이 모자란다. 이럴 경우에는 아파트 구입 자금이 어디서 났는지 조사할 확률이 매우 높아지게 된다. 그럼 자금출처를 대비하는 방안에는 어떤 것이 있을까가 궁금하다. 이 중 사용 가능한 방법은 전세금 및 대출금을 많이 끼고 사는 것이다.

〈자금출처 조사의 대비방안 및 입증방법〉

자금출처 조사 대비방안	입증방법
중장기계획에 의해서 취득자금 마련	5년간 급여액, 퇴직금
공동명의를 사용하는 방법	–
법인을 이용하는 방법	사업소득액, 배당소득액
증여플랜이나 가업승계를 이용하는 방법	상속·증여액, 가업승계금액
금융상품을 이용하는 방법	부동산 처분, 대출금, 전세금

Tips 자금출처 소명금액

부동산 취득자금이 10억 원 미만일 경우 자금의 출처가 80% 이상 확인되면 취득자금 전체가 소명된 것으로 본다. 취득자금이 10억 원 이상인 경우에는 자금출처를 입증하지 못한 금액이 2억 원 미만일 때 취득자금 전체가 소명된 것으로 본다.

6 부동산 취득과 관련된 절세

(1) 부동산 실거래가액 허위신고 땐 큰 낭패를 보게 된다

종전에는 부동산을 사고팔 때 공시지가 등 시가표준액을 기준으로 매매계약서를 작성하여 검인을 신청하고, 관할 시청·군청·구청에서도 계약서에 특별히 하자가 없는 한 검인을 하여 주었다. 그러나 지난 2006년 1월 1일부터 '부동산 실거래가격 신고의무제도'가 시행되어 검인계약서를 사실과 다르게 작성한 경우에는 다음과 같은 큰 불이익이 따르기 때문에 반드시 실거래 내용대로 계약서를 작성해야 한다.

세금 에세이

실거래가액을 사실과 다르게 하였을 경우에 불이익은 어떤 것이 있는가?

- 실거래가액 등을 허위로 신고한 경우에는 매도인, 매수인 및 중개업자는 과태료 등을 물어야 한다.
- 거래당사자가 중개업자로 하여금 부동산거래신고를 하지 아니하게 하거나 거짓된 내용을 신고토록 요구한 경우에도 과태료 처분을 받게 된다. 또한 중개업자가 거짓기재 또는 이중계약서를 작성한 경우에는 중개업 등록취소 또는 6개월 이내 자격정지 처분을 받게 된다.
- 실거래가액을 사실과 다르게 했을 경우에는 양도 시에 조사받을 가능성이 높게 된다.

(2) 부동산을 취득하면 취득세를 기한 내에 납부해야 한다.

취득세는 부동산을 취득한 날로부터 60일 이내에 부동산이 소재한 관할 시청, 군청, 구청에 신고·납부해야 한다. 이 기한 내에 취득세를 신고·납부하지 않으면 신고불성실 가산세(20%) 및 납부지연 가산세(1일 0.022%)를 추가로 납부해야 한다.

부동산의 보유와 보유세

1. 종합부동산세 / 2. 재산세 / 3. 부동산 보유세의 절세

12

부동산과 관련한 세금은 거래세와 보유세로 구분해 볼 수 있다. 거래세는 부동산의 매매 시에 부담해야 하는 세금이고, 보유세는 부동산을 보유하고 있는 동안 부담하는 세금을 말한다. 거래세로는 취득세와 양도소득세가 대표적인 세금이고, 보유세에는 종합부동산세와 재산세가 있다. 이번 장에서는 보유세에 속하는 종합부동산세와 재산세에 대해 살펴본다.

1 종합부동산세

부동산 보유에 대한 조세부담의 형평성을 제고하고, 부동산 가격 안정을 도모함으로써 지방재정의 균형발전과 국민경제의 건전한 발전을 위하여 지난 2005년부터 일정 금액 이상의 부동산 보유자에 대해서는 재산세[지방세]를 부과한 후 추가로 국세인 종합부동산세[매년 12. 1~12. 15]가 과세된다. 종합부동산세는 관할 세무서장이 납부할 세액을 결정 · 고지하는 것이 원칙이지만, 신고 · 납부방식으로 납부하고자 하는 납세의무자는 납부기간에 신고 · 납부할 수 있다. 이 경우 당초 고지결정은 없는 것으로 본다.

1.1 종합부동산세의 개념

종합부동산세는 전국의 부동산을 유형별로 구분한 후 세대별 또는 개인별로 합산하여 일정 기준을 초과하는 보유자에게 부과하는 세금이다. 구체적으로 과세기준일인 매년 6월 1일 현재 국내에 소재한 재산세 과세대상인 주택 및 토지를 3가지 유형으로 구분하여 개인별로 합산한 공시가액 합계액이 각 유형별 공제금액을 초과하는 경우에 그 초과분에 대하여 과세되는 세금이다. 1차적으로 시청·군청· 구청에서 자기 관내의 부동산 소유자 모두에 대하여 재산세를 과세하고, 2차적으로 국가에서 국내에 있는 부동산의 공시가격을 인별로 합산하여 일정 기준금액을 초과하는 부동산 보유자에 대해서만 종합부동산세를 과세한다.

1.2 주택·토지 공시가격의 평가

구분	단독주택	공동주택 아파트·연립주택·다세대	토지
공시일자	4월 30일	4월 30일	5월 31일
공시기관	시청·군청·구청	국토교통부	시청·군청·구청
가격열람	시청·군청·구청 종합민원실		

1.3 과세대상 및 기준금액

(1) 과세대상

주택부속 토지 포함, 종합합산토지나대지, 잡종지 등, 별도합산토지일반건축물의 부속 토지 등로 구분하고 각각의 공시가격을 합산하여 일정한 기준금액 초과 시 과세대상이 된다.

(2) 기준금액

과세대상 부동산을 유형별로 구분하여 인별로 전국 합산한 가액이 아래의 과세기준금액을 초과하는 경우에만 과세된다.

<table>
<tr><th colspan="2">과세대상 유형 및 과세단위의 구분</th><th>과세기준금액</th></tr>
<tr><td>주택
(1세대 1주택)</td><td rowspan="3">인별
전국
합산</td><td>주택공시가격 9억 원 초과
(1세대 1주택 : 주택공시가격 12억 원 초과)</td></tr>
<tr><td>종합합산토지
(나대지, 잡종지 등)</td><td>토지 개별공시가격 5억 원 초과</td></tr>
<tr><td>별도합산토지
(일반건축물의 부속토지 등)</td><td>토지 개별공시가격 80억 원 초과</td></tr>
</table>

종합부동산세에서 말하는 1세대 1주택은 세대원 중 1명만이 주택분 재산세 과세대상인 1주택을 소유한 경우를 말한다. 다만, 지방소재 1주택 및 등록문화재 주택은 주택 수에서 제외한다. 또한 혼인 및 노부모 봉양을 하기 위해 세대를 합가하는 경우, 혼인합가한 날로부터 5년간 세대합산을 유예하여 주택 수에서 제외한다.

(3) 부동산 유형별 과세대상의 구분

<table>
<tr><th colspan="2">구분</th><th>부동산의 종류</th><th>재산세</th><th>종합부동산세</th></tr>
<tr><td rowspan="5">건물</td><td rowspan="4">주거용</td><td>주택(아파트, 단독·다가구·다세대), 오피스텔(주거용)</td><td>○</td><td>○</td></tr>
<tr><td>별장(주거용 건물로서 휴양·피서용으로 사용되는 것)</td><td>○</td><td>×</td></tr>
<tr><td>일정한 건설임대주택·매입임대주택 등 장기임대주택</td><td>○</td><td>×</td></tr>
<tr><td>일정한 미분양주택·사원주택·기숙사·주거 겸용 어린이 놀이방</td><td>○</td><td>×</td></tr>
<tr><td>기타</td><td>일반건축물(상가·사무실·빌딩, 공장, 기타 사업용 건물)</td><td>○</td><td>×</td></tr>
<tr><td rowspan="5">토지</td><td rowspan="5">종합합산</td><td>나대지, 잡종지, 일부 농지·임야·목장용지 등</td><td>○</td><td>○</td></tr>
<tr><td>재산세 분리과세 대상 토지 중 기준 초과 토지</td><td>○</td><td>○</td></tr>
<tr><td>재산세 별도합산과세 대상 토지 중 기준 초과 토지</td><td>○</td><td>○</td></tr>
<tr><td>재산세 분리과세·별도합산과세 대상이 아닌 모든 토지</td><td>○</td><td>○</td></tr>
<tr><td>주택건설사업자의 일정한 주택 신축용 토지</td><td>○</td><td>×</td></tr>
</table>

별도합산	일반건축물의 부속토지(기준면적 범위 내의 것)	○	○
	법령상 인·허가 받은 사업용 토지(운송사업 차고용 토지 등)	○	○
분리과세	일부 농지, 임야, 목장용지(재산세 0.07%)	○	×
	공장용지, 일부 공급용 토지(재산세 0.2%)	○	×
	골프장, 고급오락장용 토지(재산세 4.0%)	○	×

1.4 과세표준 산정방법

주택은 건물 및 부속 토지를 통합하여 평가한 공시가격을 기준으로 인별로 전국 합산한 후 과세기준금액을 공제한 금액에 공정시장가격비율을 곱하여 과세표준을 산정한다. 토지는 국내에 있는 종합합산토지와 별도합산토지의 공시가격개별공시지가을 각각 인별로 전국 합산한 후 과세기준금액을 공제하고 공정시장가격비율을 곱하여 과세표준을 산정한다.

공정시장가격비율은 2019년부터 단계적으로 매년 5%씩 인상하도록 하여 2022년에 100%로 공시가격을 현실화하도록 하고 있다2019년 85%, 2020년 90%, 2021년 95%, 2022년 100%.

과세대상	과세표준	공시가격기준
주택	(주택공시가격을 인별로 전국 합산한 가액 − 9억 원 혹은 12억 원) × 100%	주택공시가격
종합합산토지 (나대지, 잡종지 등)	(토지공시가격을 인별로 전국 합산한 가액 − 5억 원) × 100%	개별공시가격
별도합산토지 (일반건축물의 부속 토지 등)	(토지공시가격을 인별로 전국 합산한 가액 − 80억 원) × 100%	개별공시가격

1.5 종합부동산세 계산방법

(1) 계산방법

종합부동산세의 계산방법은 다음과 같다.

{(인별 전국 합산 공시가격 – 과세기준금액) × 공정시장가액비율} = 종합부동산세 과세표준

종합부동산세 과세표준 × 세율 – 법정공제세액 = 납부할 세액

법정공제세액은 아래의 항목으로 이 공제세액을 차감한다.

- 재산세액 중 종합부동산세 과세표준에 부과된 표준세율로 계산한 재산세 상당액
- 1세대 1주택 세액공제액
- 세부담 상한액을 초과하는 금액

(2) 종합부동산세 세율

종합부동산세의 세율은 주택, 종합합산토지나대지·잡종지 등, 별도합산토지상가·공장·물류시설 부지 등로 구분하여 세율을 적용한다.

〈토지분 종합부동산세율〉

종합합산 토지			별도합산 토지		
과세표준	세율	누진공제	과세표준	세율	누진공제
15억 원 이하	1%	–	200억 원 이하	0.5%	–
45억 원 이하	2%	1,500만 원	400억 원 이하	0.6%	2,000만 원
45억 원 초과	3%	6,000만 원	400억 원 초과	0.7%	6,000만 원

〈주택분 종합부동산세율〉

과세표준	2주택 이하	3주택 이상*
3억 원 이하	0.5%	0.5%
3억 원 초과 6억 원 이하	0.7%	0.7%
6억 원 초과 12억 원 이하	1.0%	1.0%
12억 원 초과 25억 원 이하	1.3%	2.0%
25억 원 초과 50억 원 이하	1.5%	3.0%
50억 원 초과 94억 원 이하	2.0%	4.0%
94억 원 초과	2.7%	5.0%
법인	2.7%	5.0%

* 조정지역 2주택자의 경우도 '3주택 이상' 세율 아닌 '2주택 이하' 세율 적용.

(3) 세부담 상한액

각 과세대상 유형별로 해당 연도에 부과된 재산세액과 세부담 상한액 적용 전 종합부동산세 상당액의 합계액이 전년도와 비교하여 150%를 초과하는 경우 그 초과액은 종합부동산세액에서 공제한다.

당해연도 총세액 상당액	≤	전년도 총세액 상당액 × 한도비율
당해연도 (재산세 + 종합부동산세)		전년도 (재산세 + 종합부동산세) × 150%

〈주택수 등에 따른 세부담상한비율 차등 적용〉

구분	일반 1·2주택	조정대상 지역 2주택	3주택 이상
세부담상한비율	150%	200%	300%

Tips 사례

전년도 주택분 재산세 상당액이 250만 원이고 주택분 종합부동산세 상당액이 150만 원이었는데 금년도 주택분 재산세 상당액이 400만 원이고 주택분 종합부동산세 세부담 상한 적용 전 상당액이 300만 원일 경우 올해 납부할 종합부동산세는 얼마가 될까?

〈계산내역〉

세부담 상한액은 600만 원[= (전년도 재산세 상당액 250만 원 + 전년도 종합부동산세 상당액 150만 원) × 150%] 이고 세부담 상한액 초과금액이 100만 원[= 올해 총세액 상당액 700만 원 − 세부담 상한액 600만 원] 임에 따라 올해 납부할 종합부동산세는 200만 원[= 세부담 상한 전 종합부동산세 300만 원 − 세부담 상한액 초과금액 100만 원] 이 된다.

Tips 종합부동산세 계산 산식 구조도

구분	주택분	종합합산 토지분	별도합산 토지분
감면 후 Σ 공시가격	Σ 주택 공시가격	Σ 종합합산 토지 공시가격	Σ 별도합산 토지 공시가격
−			
과세기준금액	9억 원(1주택자 12억 원)	5억 원	80억 원
×			
공정시장가액비율	100%	100%	100%
=			
종부세 과세표준	주택분 종부세 과세표준	종합합산 토지분 종부세 과세표준	별도합산 토지분 종부세 과세표준
×			
세율(%)	주택분 세율표 참조	(아래 표 참조)	(아래 표 참조)
=			
종합부동산세액	주택분 종합부동산세액	토지분 종합합산세액	토지분 별도합산세액
−			
공제할 재산세액	재산세 부과세액 중 종합부동산세 과세표준금액에 부과된 재산세 상당액		
=			
산출세액	주택분 산출세액	종합합산 토지분 산출세액	별도합산 토지분 산출세액
−			
1주택자 세액공제(%)	장기보유공제 : 5~10년(20%), 10~15년(40%), 15년 이상(50%) 고령자 공제 : 60세 이상(20%), 65세 이상(30%), 70세 이상(40%)		
=			
세부담 상한 전 종부세액	세부담 상한 전 종부세액 = 산출세액 − 세액공제		
−			
세부담 상한 초과세액	[(직전연도 재산세 + 종부세) × 150%]를 초과하는 세액		
=			
납부할 세액	250만 원 초과 분납		

세율(%) — 종합합산 토지분 / 별도합산 토지분:

과세표준	세율	누진공제	과세표준	세율	누진공제
15억 원 이하	1	−	200억 원 이하	0.5	−
45억 원 이하	2	1,500만 원	400억 원 이하	0.6	2,000만 원
45억 원 초과	3	6,000만 원	400억 원 초과	0.7	6,000만 원

(4) 1세대 1주택 세액공제

1세대 1주택자로서 고령자 및 장기보유자에 대해서는 다음을 세액 공제한다. 세액공제 항목은 중복적용이 가능하다.

- **고령자 세액공제** : 60세 이상 20%, 65세 이상 30%, 70세 이상 40%
- **장기보유자 세액공제** : 5~10년 20%, 10~15년 40% , 15년 이상 50%

1.6 종합부동산세 고지 및 납부

종합부동산세는 관할 세무서장이 납부할 세액을 결정 · 고지하는 것이 원칙이다. 하지만 신고 · 납부방식으로 납부하고자 하는 납세의무자는 납부기간에 신고 및 납부할 수 있으며, 이 경우 당초 고지결정은 없는 것으로 본다.

(1) 과세기준일

매년 6월 1일 현재 소유 부동산을 기준으로 종합부동산세 과세대상 여부를 판단한다.

(2) 납부기한과 분납 및 유예

종합부동산세의 납부기한은 해당 연도 12월 1일부터 12월 15일까지이며, 해당 세액을 금융회사 또는 세무서에 납부하면 된다.

또한 납부할 세액이 250만 원을 초과하는 경우 납부할 세액의 일부를 납부기한 경과 후 6개월 이내에 나누어 낼 수 있으며, 분납 시 이자는 가산되지 않는다.

- 납부할 세액이 500만 원 이하일 경우에는 납부할 세액에서 250만 원을 차감한 금액을 분납할 수 있다.
- 납부할 세액이 500만 원을 초과하는 경우에는 납부할 세액의 1/2 이하의 금액을 분납할 수 있다.

다음 요건을 모두 충족하는 경우에는 주택을 양도증여 및 상속 포함할 때까지 종합부동산세의 납부를 유예하는 것도 가능하다. 납부유예를 위해서는 납부기한 3일 전까지 신청해야 하고 담보제공도 필요하다. 단, 납부유예 이후 양도 및 2주택자가 되는 등의 납부사유가 발생하면 유예받은 세액과 이자 상당의 가산액을 포함하여 납부해야 한다.

- 해당 연도 주택분 종합부동산세액이 100만 원 초과
- 1세대 1주택자일시적 2주택자 포함
- 만 60세 또는 주택 보유기간 5년 이상
- 직전 과세기간 총급여 7,000만 원 이하, 종합소득금액 6,000만 원 이하

1.7 종합부동산세의 부가세

종합부동산세가 과세되는 경우에는 부가세인 농어촌특별세도 함께 부과된다. 농어촌특별세는 종합부동산세로 납부할 세액의 20%가 적용된다.

2 재산세

재산세는 납세자가 소유한 재산의 경제적 교환가치에 담세력을 두어 과세하는 조세로 토지·건축물·주택·선박·항공기를 과세대상으로 하여 과세한다.

2.1 과세기준일 및 납부기한

매년 6월 1일 현재 토지와 건물 등을 사실상 보유한 자에 대하여 다음과 같이 재산세를 부과한다. 다만, 주택분 재산세액이 5만 원 이하인 경우에는 7월에 전액 고지할 수 있다.

〈재산세 납부방법〉

대상	납부기한	납부방법	소관기관
건물분 재산세 주택분 재산세 1/2	7. 16~7. 31	고지납부	시청·군청·구청
토지분 재산세 주택분 재산세 1/2	9. 16~9. 30		

예를 들어 홍길동이 주택을 취득하고자 거래상대방과 매매계약을 체결 후 2023년 5월 31일 잔금을 지급하고 관할 구청에 취득신고를 하였으나 2023년 6월 10일 소유권이전등기를 한 경우 홍길동이 2023년도 재산세를 납부할 의무가 있는지에 대해 살펴보자. 재산세는 매년 6월 1일 현재 토지와 건물 등을 사실상 보유한 자에 대하여 부과하고 있으므로 이 경우에는 재산세 과세기준일 이전에 잔금을 지급하고 소유권을 취득한 이상, 비록 이전등기는 재산세 과세기준일 이후에 하였더라도 홍길동이 과세기준일 현재의 소유자에 해당함에 따라

2023년도 재산세 납부 의무가 있다고 할 것이다.

세금 에세이

부동산 취득 시 잔금일은 6월 1일과 6월 2일 중 어느 날짜가 좋을까?

부동산 취득과 매매 시기의 일반적인 원칙은 잔금일과 등기접수일 중에서 빠른 날이 우선한다는 것이다. 만약에 잔금일이 6월 1일과 6월 2일 중 선택 가능하다면 어떤 날짜를 잔금일로 하는 것이 유리할까? 매수인 입장에서는 6월 2일 잔금일이 더 유리하다. 잔금일이 취득시기가 되어 6월 1일의 등기권리증에는 매도인이 소유자로 기재되어 있을 것이고 이 경우에 재산세 및 종합부동산세는 매도인이 내게 된다. 따라서 매수인이라면 6월 2일 이후에 잔금을 주는 전략이 절세 전략이 된다. 부동산 매매 시에는 잔금일에 등기접수를 하는 것이 일반적이다.

2.2 과세표준

재산세의 공정시장가액비율은 주택이 60%, 토지와 건축물이 70%이다.

구분	과세대상	시가표준액	재산세 과표
주택분	주택과 부속토지	주택공시가격	시가표준액 × 공정시장가액비율
건물분	일반건물	지방자치단체장이 결정한 가액	시가표준액 × 공정시장가액비율
토지분	종합합산토지 별도합산토지	개별공시지가	시가표준액 × 공정시장가액비율

※ 주택분과 건물분 재산세는 1개 물건별 개별과세를 하며, 토지분 재산세는 지방자치단체별 관내 토지를 인별로 합산하여 과세함.

2.3 재산세 세율

<table>
<tr><th>과세대상</th><th>과세표준</th><th>세율</th><th>비고</th></tr>
<tr><td rowspan="4">주택</td><td>6천만 원 이하</td><td>0.1%</td><td rowspan="4">별장 4%</td></tr>
<tr><td>1억 5천만 원 이하</td><td>6만 원 + 0.6억 원 초과금액의 0.15%</td></tr>
<tr><td>3억 원 이하</td><td>19.5만 원 + 1.5억 원 초과금액의 0.25%</td></tr>
<tr><td>3억 원 초과</td><td>57만 원 + 3억 원 초과금액의 0.4%</td></tr>
<tr><td rowspan="3">건축물</td><td>골프장, 고급오락장</td><td>4%</td><td rowspan="3">과밀억제권역 안의 공장 신·증설 (5년간 1.25%)</td></tr>
<tr><td>주거지역 및 지정지역 내 공장용 건축물</td><td>0.5%</td></tr>
<tr><td>기타 건축물</td><td>0.25%</td></tr>
<tr><td rowspan="3">나대지 등 (종합합산과세)</td><td>5천만 원 이하</td><td>0.2%</td><td rowspan="3"></td></tr>
<tr><td>1억 원 이하</td><td>10만 원 + 5천만 원 초과금액의 0.3%</td></tr>
<tr><td>1억 원 초과</td><td>25만 원 + 1억 원 초과금액의 0.5%</td></tr>
<tr><td rowspan="3">사업용 토지 (별도합산과세)</td><td>2억 원 이하</td><td>0.2%</td><td rowspan="3"></td></tr>
<tr><td>10억 원 이하</td><td>40만 원 + 2억 원 초과금액의 0.3%</td></tr>
<tr><td>10억 원 초과</td><td>280만 원 + 10억 원 초과금액의 0.4%</td></tr>
<tr><td rowspan="3">기타 토지 (분리과세)</td><td>전·답·과수원·목장용지 및 임야</td><td>0.07%</td><td rowspan="3"></td></tr>
<tr><td>골프장 및 고급오락장용 토지</td><td>4%</td></tr>
<tr><td>위 이외의 토지</td><td>0.2%</td></tr>
</table>

2.4 재산세의 세부담상한제

재산세는 종합부동산세와 마찬가지로 세부담의 급격한 상승을 방지하기 위해 세부담상한제를 적용하고 있다. 토지와 건축물은 150%이며, 주택은 공시가격별로 다양하다.

- 주택 공시가격 3억 원 이하 : 105%, 3억 원 ~ 6억 원 이하 : 110%, 6억 원 초과 : 130%

2.5 재산세의 부가세

지방교육세는 재산세의 부가세로 다음과 같이 과세된다.

과세표준	세율
재산세액	20%

3 부동산 보유세의 절세

(1) 공시가격 변동에 관심을 가져라

개별공시지가 또는 개별(공동)주택가격 등 공시가격은 국세나 지방세의 부과기준으로 활용될 뿐만 아니라 개발부담금 등 각종 부담금의 부과기준으로도 쓰이고 있다. 따라서 공시가격이 높게 결정되면 재산세나 종합부동산세 등의 부담이 늘어나고, 낮게 결정되면 그만큼 부담이 줄어든다. 개별주택가격은 매년 1월 1일 현재의 가격을 조사하여 4월 30일까지 결정·공시하며 개별공시지가는 토지소재지 관할 시·군·구에서 매년 1월 1일 현재의 가격을 조사하여 5월 31일까지 결정·공시하는데, 결정하기 전에 토지소유자 등에게 지가조사 내역을 열람할 수 있도록 하고 있다. 그러므로 공시지가의 경우 특별한 사유도 없이 전년도에 비해 크게 높아졌거나 인근 토지보다 월등히 높게 책정된 경우에는 이의신청을 통해 공시지가를 감액 조정함으로써 관련 세부담을 줄일 수 있다.

(2) 부부 등이 공동명의이면 종합부동산세 세부담을 줄일 수도 있다

종합부동산세는 개인별로 과세되는 세금이므로 공동명의이면 부부가 각자의 지분에 따라 세액을 계산하게 된다. 또한 특례를 신청한 경우 1세대 1주택자로 보아 기본공제와 세액공제를 적용받을 수 있다.

(3) 일시적 2주택자의 경우에는 1주택자로 과세할 수 있다

이사와 혼인 등의 사유로 일시적 2주택이 된 경우에도 납세자가 특례 신청을 하는 경우 1주택자로 보아 과세한다. 또한 이사로 인한 신규 주택의 취득일 경우에는 2년 이내에 종전 주택을 양도해야 하며, 양도하지 못한 경우에는 경감받은 종합부동산세액을 추징당하게 된다.

(4) 합산배제 신청을 기억하자

다주택자의 경우 지자체 임대사업자 등록 및 세무서 주택임대업 사업자 등록을 하였다면 과세기준일 현재 실제로 임대 개시를 하고 있는 주택은 종합부동산세 합산배제 임대주택에 해당된다. 또한 어린이집용 주택이나 등록문화재 주택, 노인복지주택 등도 합산배제가 가능하다. 단, 합산배제 신청을 해야 한다.

부동산의 양도와 양도세

1. 양도의 의미 / 2. 양도소득세 과세대상 자산 / 3. 양도시기
4. 1세대 1주택에 대한 양도소득세의 비과세 / 5. 양도소득세 계산구조 / 6. 양도소득세 신고 및 납부
7. 양도소득세의 부가세 / 8. 부동산과 관련된 세금을 줄일 방법은 없는가?

13

1 양도의 의미

양도는 자산에 대한 등기 또는 등록과 관계없이 매도, 교환, 대물변제, 법인에 대한 출자 등으로 인하여 그 자산이 사실상 유상으로 이전되는 것을 말한다. 양도로 보는 경우와 양도로 보지 않는 경우는 다음과 같이 구분된다.

양도로 보는 경우	양도로 보지 않는 경우
ⓐ 매매·교환·법인에 대한 현물출자	ⓐ 환지처분 또는 체비지 충당
ⓑ 부담부증여	ⓑ 양도담보제공자산
ⓒ 대물변제	ⓒ 명의신탁해지
ⓓ 담보자산의 처분	ⓓ 매매원인 무효로 자산이전
ⓔ 법률에 의해 토지가 수용되는 경우	ⓔ 공유물의 분할
ⓕ 상속받은 재산을 교환하는 경우	ⓕ 토지거래 허가를 받지 못해 무효인 경우
ⓖ 경매처분으로 경락된 자산의 환원	ⓖ 어음부도로 계약이 해지된 경우
ⓗ 체비지의 양도	ⓗ 재산분할 청구권의 행사
ⓘ 매매계약이 성립된 자산의 환원	ⓘ 본인이 경락받은 경우

2 양도소득세 과세대상 자산

양도소득세의 과세대상이 되는 자산의 범위는 다음과 같다. 이 외에도 파생상품과 신탁 수익권, 사업용 고정자산과 함께 양도하는 영업권 등이 있으나 여기서는 부동산과 관련된 내용을 중점적으로 살펴본다.

구분	과세대상 자산
부동산	토지 및 건축물
부동산에 관한 권리	부동산을 취득할 수 있는 권리(아파트 당첨권, 주택청약예금통장 등)
	지상권, 전세권, 등기된 부동산 임차권
주식 또는 출자지분	상장 또는 코스닥주식(대주주 양도 또는 장외거래인 경우)
	비상장주식
	증권예탁증권
기타 자산	특정 주식, 부동산 과다보유 법인의 주식
	사업용 고정자산과 함께 양도하는 영업권
	특정시설물 이용권, 회원권 등

Tips 양도소득세의 과세대상에서 대주주와 특정 주식, 부동산 과다 법인의 주식은 무엇을 말하는가?

■ **대주주의 범위**

대주주의 범위는 종목별로 주식 양도일의 직전사업연도 말 현재 주주 1인 및 특수 관계자 주식을 합산하여 지분율 또는 종목별 보유액 10억 원을 유지하면서 코스피 1% 이상, 코스닥 2% 이상, 코넥스 · 비상장 4% 이상 지분율을 가진 경우로 정해져 있다. 다만, 최대주주가 아닌 경우에는 본인이 보유한 지분만으로 대주주 여부를 판정한다.

■ **특정 주식**

당해 법인의 자산 총액 중 부동산 등이 차지하는 비율이 50% 이상인 법인으로 주식 지분의 50% 이상을 양도하는 주식을 말한다.

■ **부동산 과다보유 법인의 주식**

골프장, 휴양시설 관련업, 부동산업 · 부동산개발업을 영위하는 법인으로 총자산 대비 부동산 비율이 80% 이상인 주식을 말한다.

이상에 해당하는 주식 등을 양도하는 경우에는 양도소득세를 계산해서 신고 · 납부해야 한다.

Tips 비상장주식을 양도할 경우에는 어떤 세금 신고를 해야 하는가?

비상장주식을 양도할 경우에는 양도소득세의 대상이 되므로 이에 대한 양도소득세 신고를 해야 한다. 예정신고는 양도일이 속하는 반기의 말일로부터 2개월 이내에 신고하면 된다.

비상장주식을 양도한 경우에는 양도소득세 이외에 증권거래세도 부과된다. 증권거래세는 거래금액에 세율 0.35%를 적용하며, 신고기한은 양도소득세와 같다.

〈사례〉 양도일 2023년 5월 10일 주식양도계약 잔금 완료된 경우

양도소득세 : 8월 말까지 신고 · 납부

증권거래세 : 8월 말까지 신고 · 납부

3 양도시기

구분	양도시기
대금청산일이 분명한 경우	당해 자산의 대금을 청산한 날. 다만, 대금청산 전에 소유권이전등기(등록 및 명의개서 포함)한 경우에는 등기 등 접수일
대금청산일이 불분명한 경우	등기 · 등록접수일, 명의개서일
장기할부조건부 매매인 경우	소유권이전등기 접수일 · 인도일 또는 사용 수익일 중 빠른 날

세금 에세이

양도시기가 가지는 의미는?

양도소득세에서 양도시기는 중요한 의미를 가진다. 양도소득세에서 양도시기는 파는 사람 입장에서는 양도일이 될 것이고, 사는 사람 입장에서는 취득일이 된다. 양도시기가 갖는 의미는 보유기간과 관련이 있다. 취득일과 양도일의 사이 기간을 '보유기간'이라고 하는데, 이는 세율 적용, 장기보유 특별공제, 주택 비과세, 농지감면의 기준 기간이 된다. 양도시기는 둘 중 빠른 날(① 잔금청산일 ② 등기접수일)을 기준으로 일반적으로 측정하게 된다.

4 1세대 1주택에 대한 양도소득세의 비과세

4.1 양도소득세가 과세되지 않는 1세대 1주택

일반적으로 부동산을 팔 때에는 그 양도소득에 대한 양도소득세가 과세되는 것이 원칙이지만, 국민의 기본적인 주거생활을 보호하고 서민층의 세부담을 경감시켜 주려는 사회정책적인 측면에서 다른 부동산과는 달리 일정한 요건을 갖추어 1세대 1주택을 양도하는 경우에는 양도소득세를 과세하지 아니한다.

고가주택을 제외한 주택으로서 거주자 및 그 배우자가 그들과 동일한 주소 또는 거소에서 생계를 같이하는 가족과 함께 구성하는 1세대가 양도일 현재 국내에 1주택을 소유하고 그 주택에서 취득일 이후 2년 이상 보유한 주택과 그 주택에 부수되는 토지로서 도시지역 안의 경우에는 건물이 정착된 면적의 5배, 도시지역 밖의 경우에는 10배 이내의 토지의 양도로 인하여 발생하는 소득에 대하여는 양도소득세가 비과세된다.

〈주택에 부수되는 토지의 범위〉

도시지역			도시지역 밖
수도권		수도권 밖	
주거 · 상업 · 공업지역	녹지지역		
3배	5배		10배

Add-on 1세대 1주택의 비과세 요건을 알아보자

거주자가	1세대 1주택을
보유기간을 갖추고	양도할 경우 비과세

⬇

거주자	1세대 1주택	보유기간	양도할 경우
국내에 1년 이상의 거소를 둔 자	1세대가 1주택을 가지고 있는 경우	2년	양도가액이 12억 원을 넘지 않을 것

세금 에세이 절세효과가 가장 큰 항목은 무엇인가?

절세는 최근에 많은 화두를 낳고 있다. 절세의 가장 큰 효과는 머니[money] 머니[money] 해도 '과세 제외'가 되는 것이다. 처음부터 과세권이 없는 항목을 말한다. 그러나 과제 제외되는 항목은 극히 드물다. 그 다음으로 효과가 큰 것은 '비과세'이다. 비과세는 세법이 정한 일정한 요건을 갖추는 경우에 과세권을 행사하지 않는 것이다. 그 다음이 '감면'이다. 감면은 일정 요건을 갖추는 경우 세금은 부과하되 일정 한도까지 세금을 깎아주는 제도를 말한다. 절세효과가 큰 순서대로 부등호로 표시하면 다음과 같다.

과세 제외 > 비과세 > 감면 > 일반 과세 > 중과세

Add-on 1세대 1주택의 비과세 요건을 알아보자

<table>
<tr><th>구분</th><th>내용</th></tr>
<tr><td>1세대 의미</td><td>거주자 및 그 배우자가 동일한 주소 또는 거소에서 생계를 같이하는 가족과 함께 구성하는 거주 단위
① 원칙 : 배우자가 있어야 한다.
② 예외 : 다음의 어느 하나에 해당되는 경우에는 배우자가 없는 때에도 1세대로 본다.
■ 거주자의 연령이 30세 이상인 경우
■ 배우자가 사망하거나 이혼한 경우
■ 소득세법에 따른 소득이 "국민기초생활 보장법(제2조 제6호)"의 규정에 따른 최저생계비 수준 이상으로서 소유하고 있는 주택 또는 토지를 관리·유지하면서 독립된 생계를 유지할 수 있는 경우. 다만, 미성년자의 경우를 제외하되, 미성년자의 결혼, 가족의 사망 등의 사유로 1세대가 불가피한 경우는 제외함

〈가족의 의미〉
거주자와 그 배우자의 직계존비속(그 배우자를 포함한다) 및 형제자매를 말하며, 취학·질병의 요양, 근무상 또는 사업상의 형편으로 본래의 주소 또는 거소를 일시퇴거한 자를 포함한다.</td></tr>
<tr><td>1주택 의미</td><td>공부상 용도 구분에 관계없이 사실상 주거용으로 사용하는 건물을 말하며 그 용도가 불분명한 경우에는 공부상의 용도에 의한다. 다시 말하면, 공부상 사무실 용도로 되어 있으나 주거용으로 사용하고 있으면 주택으로 보고, 그 반대로 공부상 주택으로 되어 있으나 영업용으로 사용하면 주택으로 볼 수 없다. 그런데 주거용에 공했는지의 여부가 분명하지 아니한 경우에는 공부상의 용도에 따라야 한다.
① 원칙 : 양도일 현재 1주택만 소유해야 한다.
단 콘도, 고급주택, 별장, 주말농장 등은 주택으로 보지 아니한다.
② 예외 : 이사, 상속, 혼인 등으로 일시적으로 2주택이 된 경우에는 1세대 1주택으로 보아 비과세한다.</td></tr>
<tr><td>보유 요건</td><td>1세대 1주택과 그 부수토지의 양도로 인하여 발생하는 소득에 대하여는 12억이 넘지 않으면 소득세를 과세하지 않는다. 1세대가 양도일 현재 1주택을 보유하고 있는 경우로서 보유기간이 2년 이상인 것을 말한다.

〈보유요건의 예외〉
상기 보유요건은 주택의 단기전매차익을 목적으로 하는 부동산투기를 억제하고자 하는 것임에 따라, 다음과 같이 투기목적이 아닌 불가피한 경우 예외를 인정하고 있다.
① 5년 이상 거주한 건설임대주택을 양도한 경우
② 공익사업의 수행을 위해 협의매수 또는 수용되는 경우
③ 해외이주 등의 경우
④ 1년 이상 거주한 주택을 취학, 질병요양 또는 근무상 형편으로 양도하는 경우</td></tr>
</table>

4.2 일시적 2주택

일상생활 중에 어쩔 수 없는 사정으로 주택을 1채 이상 보유하는 일도 생기곤 한다. 가장 흔하게는 이사를 위해서 새집을 먼저 구입하거나, 부모님의 사망으로 상속을 받게 되는 경우가 그것이다. 이런 경우를 일시적 2주택이라고 하는데 그중 1채를 먼저 양도할 때 양도소득세 비과세 혜택을 받을 수 있다. 단, 정해진 요건을 갖추어야 한다.

(1) 이사를 가기 위해 일시적으로 두 채의 집을 갖게 된 경우

양도소득세 비과세 요건을 충족하는 집 한 채를 가지고 있는 1세대가 이사를 가기 위해 새 집을 사고 3년2014년 6월 28일 이전에 취득한 주택의 경우는 2년 안에 전에 살던 집을 팔게 되면 양도소득세가 과세되지 않는다. 단, 비과세되는 집을 취득한 지 1년이 지난 후에 이사 갈 집을 취득할 경우만 해당한다.

(2) 상속을 받아 두 채의 집을 갖게 된 경우

1주택 보유자가 별도 세대원으로부터 1주택을 상속받아 1세대 2주택이 된 경우로서 일반주택을 먼저 팔 때에는 상속주택에 관계없이 국내에 1개의 주택을 소유한 것으로 보아 비과세 여부를 판단한다. 그러나 상속주택을 먼저 팔 때에는 양도소득세가 과세된다.

(3) 직계존속을 모시기 위하여 세대를 합쳐 1세대가 두 채의 집을 갖게 된 경우

1주택을 소유하고 있는 1세대가 1주택을 소유하고 있는 60세 이상의 직계존속배우자의 직계존속 포함을 모시기 위해 세대를 합친 경우, 합친 날로부터 5년 이내에 먼저 양도하는 주택이 비과세 요건을 갖춘 경우에 양도소득세가 과세되지 않는다.

(4) 혼인으로 인하여 두 채의 집을 갖게 된 경우

1주택을 보유하는 자가 1주택을 보유하는 자와 혼인함으로써 1세대가 2주택을 보유하게 되는 경우 또는 1주택을 보유하고 있는 60세 이상의 직계존속을 동거 봉양하는 무주택자가 1주택을 보유하는 자와 혼인함으로써 1세대가 2주택을 보유하게 되는 경우, 각각 혼인한 날부터 5년 이내에 먼저 양도하는 주택은 소득세가 과세되지 않는다.

Add-on 1세대 2주택이지만 비과세에 해당되는 특이한 경우는?

① 한 울타리 안에 두 채의 집이 있을 경우

한 울타리 안에 집이 두 채가 있어도 1세대가 주거용으로 모두를 사용하고 있을 때에는 1세대 1주택으로 본다.

② 집을 매수한 사람이 등기이전을 해가지 않아 등기상 보유주택이 두 채가 된 경우

양도소득세가 비과세되는 1세대 1주택을 팔았으나, 집을 사간 사람이 등기이전을 하지 않아서 공부상 1세대 2주택으로 나타난 경우, 매매계약서 등에 의하여 종전의 주택을 판 사실이 확인되면 양도소득세를 과세하지 않는다.

③ 1세대 1주택에 해당되어도 양도소득세가 과세되는 경우

■ **미등기전매**

1세대 1주택이라도 취득등기를 하지 않고 매도하는 이른바 '미등기전매'는 양도소득세를 부담해야 한다. 이때는 양도차익의 70%에 해당되는 무거운 세금을 내게 된다. 그러나 건축법에 따른 허가를 받지 않아 등기를 할 수 없는 무허가 건물은 미등기전매로 보지 않는다.

■ **고가주택**

1세대 1주택이라도 고가주택에 해당되면 양도소득세를 부담해야 한다. 고가주택이란 주택과 그 부수토지의 양도 당시의 실지거래가액의 합계액이 12억 원을 초과하는 것을 말한다.

〈1세대 1주택 비과세 요건을 갖춘 고가주택 양도차익의 계산방법〉

$$\text{고가주택의 양도차익} = \text{양도차익} \times \frac{\text{양도가액} - \text{12억 원}}{\text{양도가액}}$$

Tips 계산 사례

다음은 김정원이 양도한 아파트에 관한 자료이다. 다음 자료를 이용하여 양도차익을 계산해 보자(1세대 1주택의 고가주택임).

〈취득 및 양도에 관한 자료〉

구분	일자	실지거래가액	요경비
취득	2021. 1. 20	750,000,000원	18,000,000원
양도	2023. 4. 10	1,500,000,000원	

〈양도차익 계산내역〉

① 양도자산의 양도차익 :

1,500,000,000원 − (750,000,000원 + 18,000,000원) = 732,000,000원

② 고가주택의 양도차익

$$732{,}000{,}000\text{원} \times \frac{1{,}500{,}000{,}000\text{원} - 1{,}200{,}000{,}000\text{원}}{1{,}500{,}000{,}000\text{원}} = 146{,}400{,}000\text{원}$$

5 양도소득세 계산구조

5.1 계산 절차

양도가액	−	취득가액 + 필요경비	=	양도차익
양도차익	−	장기보유 특별공제	=	양도소득금액
양도소득금액	−	양도소득 기본공제	=	양도소득 과세표준
양도소득 과세표준	×	세율	=	산출세액
산출세액	−	세액공제, 세액감면	=	총결정세액
	+	가산세		

5.2 양도차익의 계산

양도차익 = 실지양도가액 − 실지취득가액 − 기타필요경비

(1) 양도가액의 계산

양도소득세는 실제 증빙에 의한 실지거래가액으로 계산하여 신고·납부해야 한다. 실지양도가액이 확인되지 않는 경우에는 추계결정방법에 의한다. 추계결정하는 경우에는 매매사례가액·감정가액·기준시가의 순서로 양도가액을 계산한다. 이 경우 실지양도가액·매매사례가액·감정가액은 실지거래가액으

로 본다. 납세자는 양도가액을 추계결정할 수 없으며 과세당국만 가능하다.

(2) 취득가액의 계산

양도차익은 동일기준의 원칙을 적용하여 산정한다. 즉, 양도가액을 실지거래가액에 의하는 때에는 취득가액도 실지거래가액에 의하여 계산한다. 실지취득가액이 불분명한 경우에는 추계결정방법에 의하여 매매사례가액 · 감정가액 · 환산취득가액의 순서로 취득가액을 계산한다.

(3) 기타필요경비

취득가액이 실지취득가액에 의한 경우에는 다음과 같은 실제 지출액을 기타필요경비로 공제한다.

- 부동산을 취득하면서 지출한 비용으로서 취득세, 중개수수료 등 취득에 소요된 모든 비용
- 소유권 확보를 위한 소송비용 · 명도비용 · 인지대 등의 비용
- 부동산을 취득한 후 발생한 자본적 지출액
- 자산을 양도하기 위하여 직접 지출한 양도비용(계약서 작성비용, 공증비용, 인지대, 소개비 등)

취득가액을 매매사례가액, 감정가액, 환산가액으로 적용한 경우에 필요경비는 기준시가의 3%로 계산한다.

구분		양도가액	취득가액
납세자 신고 시	원칙	실지거래가액	실지거래가액
	기타	매매사례가액, 감정가액, 환산가액은 인정하지 않음	실가를 확인할 수 없는 경우는 매매사례가액 감정가액, 환산가액을 순차적으로 적용 가능
정부 결정·경정 시	원칙	실지거래가액, 매매사례가액, 감정가액, 기준시가를 순차적으로 적용할 수 있음	실지거래가액, 매매사례가액, 감정가액, 환산가액, 기준시가를 순차적으로 적용할 수 있음
	기타	환산가액은 인정하지 않음	

5.3 양도소득금액의 계산

양도소득금액 = 양도차익 – 장기보유 특별공제

장기보유 특별공제는 부동산을 3년 이상 보유하고 등기한 후 양도하는 토지 · 건물에 대하여 적용한다. 다만, 1세대 1주택자가 적용받는 장기보유 특별공제는 거주자인 1세대에만 적용되는 것으로 비거주자에게는 적용되지 않는다. 또한 조합원입주권을 양도하는 경우에는 조합원으로부터 취득하는 것은 제외하며, "도시 및 주거환경정비법" 제48조에 따른 관리처분계획 인가 전 토지분 또는 건물분의 양도차익에 한해서 장기보유 특별공제를 적용한다.

(1) 장기보유 특별공제 제외대상

- 부동산이 아닌 자산
- 보유기간 3년 미만의 부동산
- 미등기자산의 양도
- 국외 부동산

(2) 보유기간에 따른 공제율

■ 토지 · 건물

보유기간	3년	4년	5년	6년	7년	8년	9년	10년	11년	12년	13년	14년	15년 이상
공제율	6%	8%	10%	12%	14%	16%	18%	20%	22%	24%	26%	28%	30%

■ 3년 이상 보유한 1세대 1주택

보유기간	-	3년 이상 4년 미만	4년 이상 5년 미만	5년 이상 6년 미만	6년 이상 7년 미만	7년 이상 8년 미만	8년 이상 9년 미만	9년 이상 10년 미만	10년 이상
공제율	-	12%	16%	20%	24%	28%	32%	36%	40%
거주기간	2년 이상 3년 미만	3년 이상 4년 미만	4년 이상 5년 미만	5년 이상 6년 미만	6년 이상 7년 미만	7년 이상 8년 미만	8년 이상 9년 미만	9년 이상 10년 미만	10년 이상
공제율	8%	12%	16%	20%	24%	28%	32%	36%	40%

5.4 양도소득 과세표준의 계산

양도소득 과세표준 = 양도소득금액 – 양도소득 기본공제

양도소득 기본공제는 거주자 또는 비거주자에게 종합소득 등의 다른 소득이 있는지 여부와 관계없이 공제하며 예정 또는 확정 신고를 하지 않더라도 공제된다. 다만, 미등기 양도 자산에 해당하는 경우에는 공제하지 않는다. 1년에 2회 이상 양도하는 경우에는 연중에 먼저 양도하는 양도소득금액에서부터 순차로 공제한다.

양도소득금액에서 다음의 소득별로 각각 연간 250만 원을 공제한다.

- 부동산, 부동산에 관한 권리, 기타자산
- 주식 또는 출자지분

5.5 양도소득 산출세액

양도소득 산출세액은 당해연도의 양도소득 과세표준에 다음의 양도소득세 세율을 적용하여 계산한다.

〈기본 세율〉

과세표준	세율	누진공제
1,400만 원 이하	6%	–
1,400만 원 ~ 5,000만 원 이하	15%	1,260,000원
5,000만 원 ~ 8,800만 원 이하	24%	5,760,000원
8,800만 원 ~ 1억 5,000만 원 이하	35%	15,440,000원
1억 5,000만 원 ~ 3억 원 이하	38%	19,940,000원
3억 원 ~ 5억 원 이하	40%	25,940,000원
5억 원 ~ 10억 원 이하	42%	35,940,000원
10억 원 초과	45%	65,940,000원

자산	구분		2021. 6. 1~
토지건물 부동산에 관한 권리	보유기간	1년 미만	50%[1)](70%)[2)]
		2년 미만	40%[1)](60%)[2)]
		2년 이상	기본세율
	분양권		60%(70%)[3)]
	1세대 2주택 이상(1주택과 1조합원 입주권·분양권 포함)인 경우의 주택		보유기간별 세율 (조정대상 지역 기본세율 + 20%p)
	1세대 3주택 이상(주택 + 조합원 입주권 + 분양권 합이 3 이상 포함)인 경우의 주택		보유기간별 세율 (조정대상 지역 기본세율 + 30%p)

	구분	세율
	비사업용 토지	기본세율 + 10%p
	미등기양도자산	70%
기타자산		기본세율

주 : 1) 둘 이상의 세율에 해당할 때는 큰 것을 적용. 2) 주택 및 조합원입주권. 3) 보유기간 1년 미만.

6 양도소득세 신고 및 납부

(1) 예정 신고 및 납부

구분	예정신고 및 납부기한
토지·건물·부동산에 관한 권리, 기타자산	양도일이 속하는 달의 말일부터 2월 이내
토지거래허가구역 내의 토지로서 허가 전에 잔금을 청산한 경우	허가일이 속하는 달의 말일부터 2월 이내
주식 및 출자지분	양도한 날이 속하는 반기의 말일부터 2월 이내

양도소득세 과세대상 부동산을 양도한 거주자는 당해 부동산에 대한 양도소득세 과세표준을 양도자산별 구분에 따른 기간 이내에 관할 세무서장에게 예정신고하고 양도소득세액을 납부해야 한다.

(2) 확정신고 및 납부

양도소득이 있는 자는 양도일이 속하는 연도의 다음 연도 5월 1일부터 5월 31일까지 확정신고 의무가 있다. 과세표준이 없거나 결손금이 있는 때에도 신고해야 한다. 그러나 예정신고를 한 자는 원칙적으로 확정신고 대상자가 아니지만 다음의 경우에는 반드시 확정신고를 해야 한다.

- 당해연도에 누진세율의 적용대상 자산에 대한 예정신고를 2회 이상 한 자가 2회 이후 양도 시 이미 신고한 양도소득금액과 합산하여 신고하지 아니한 경우
- 당해연도에 양도소득세 과세대상 자산을 2회 이상 양도한 경우로서 양도소득 기본공제를 공제함에 따라 당초 신고한 양도소득 산출세액이 달라지는 경우

(3) 분할납부

예정신고 자진 납부할 세액 또는 확정신고 자진 납부할 세액이 각각 1천만 원을 초과하는 자는 다음의 분납할 세액을 납부기한 경과 후 2개월 이내에 분납할 수 있다.

구분	분납가능금액
납부할 세액이 2천만 원 이하	1천만 원을 초과하는 금액
납부할 세액이 2천만 원 초과	그 세액의 1/2 이하의 금액

Tips 모든 국세는 분납이 가능한가?

부가가치세를 제외한 모든 국세는 1천만 원이 넘으면종합부동산세는 250만 원 초과 분납이 가능하다. 법인세는 납부기한이 경과한 날로부터 1월중소기업은 2월 내에 분납할 수 있다. 한편 다른 국세인 소득세와 양도소득세의 경우는 납부기한이 경과한 날로부터 2개월 내 분납이 가능하다. 그러나 부가가치세는 분납이 안 된다. 그것은 부가가치세가 사업자로부터 거래징수된 것으로서 자신의 돈이 아니라 타인의 돈을 납기까지 보관하는 것이기 때문이다. 종합부동산세 분납과 관련하여 분납대상자를 250만 원 초과자로 하고 종전의 분납 2개월에서 6개월 내 분납이 가능토록 분납기간을 확대하였다.

7 양도소득세의 부가세

(1) 농어촌특별세

양도소득세가 면제되거나 감면되는 경우에는 감면되는 양도소득세액의 20%의 농어촌특별세를 납부해야 한다.

(2) 지방소득세

2014년 세법 개정으로 지방소득세도 별도로 따로 계산되어야 하나 양도소득세가 과세되는 경우에는 양도소득세액의 10%를 지방소득세로 납부하면 된다.

8 부동산과 관련된 세금을 줄일 방법은 없는가?

(1) 부동산을 팔려거든 6월 1일 전에 팔아라

부동산을 보유하는 데 대하여 부과되는 세금인 재산세와 종합부동산세는 매년 6월 1일을 과세기준일로 정하여 이날 현재 주택, 건물 및 토지를 사실상 소유하고 있는 자에게 세금을 부과하고 있다. 따라서 5월 31일에 부동산을 양도하였다면 6월 1일 현재 소유자인 매수자가 당해연도분 재산세를 납부해야 하며, 6월 2일에 양도하였다면 매도자가 보유한 기간이 5개월뿐이더라도 1년 치세금을 매도자가 납부해야 한다. 그러므로 과세기준일[6월 1일]을 전후하여 부동산을 양도하고자 하는 경우에는 6월 1일 전에 양도해야 재산세 및 종합부동산세 납세의무가 없다.

반면, 매수자의 입장에서는 6월 1일을 지나서 매입해야 납세의무가 없다. 위에서 양도한다는 말은 실제로 잔금을 받는 경우를 말하며, 잔금을 받기 전에 소유권이전등기를 마쳤다면 등기접수일을 양도일로 본다.

따라서 6월 1일을 전후하여 부동산을 양도하고자 하는 경우에는 가급적 6월 1일 전에 양도하도록 하자. 그래야 재산세 및 종합부동산세를 내지 않는다.

(2) 부부 등이 공동명의로 부동산을 취득하면 양도 시 세부담을 줄일 수 있다

공동명의로 취득한 부동산을 양도하는 경우 양도소득세가 공동명의자 각각에 대해 별도로 계산됨에 따라 현행 누진세율 체계하에서 단독명의로 양도하는 경우에 비해 세부담을 줄일 수 있다.

Tips 실전 사례

남편 단독명의로 2채를 소유하다가 2년 후 판 경우와 아내와 공동명의로 소유하다가 판 경우의 세금 비교지분은 1/2이며, 개인지방소득세는 제외함.

구분	단독명의	공동명의
양도 과세표준 (1억 6천만 원 기준)	41,400,000	남편 : 13,980,000 아내 : 13,980,000 합계 : 27,960,000
차이	13,440,000원	

세부담은 약 13,440,000원을 줄일 수 있다. 단, 공동명의로 할 경우에는 배우자의 소득이 충분한 상태이어야 한다는 것이다. 명의를 분산할 경우에는 추가로 증여세 부담이 있을 수 있다. 부부 간의 증여세 면세점은 10년간 6억 원이므로 이를 이용하는 것이 절세에 도움이 된다.

(3) 따로 거주하고 있는 부모의 주민등록을 함께 해놓은 경우에는 주택을 양도하기 전에 분리해 놓는 것이 좋다

부모와 자녀가 각각 주택을 하나씩 가지고 있으면서 농촌과 도시에 따로 살고 있으나 건강보험 등의 문제로 부모의 주민등록을 자녀의 주소로 옮겨 놓는 경우가 종종 있다. 이런 경우 주택을 팔지 않으면 별문제가 없으나, 부모 또는 자녀의 집 중 어느 하나를 팔게 되면 1세대 2주택자가 주택을 양도한 것으로 되어 양도소득세 과세문제가 발생한다.

1세대 1주택에서 '1세대'라 함은 거주자 및 배우자가 그들과 동일한 주소 또는 거소에서 생계를 같이하는 가족과 함께 구성하는 1세대를 말한다. 여기서 '생계를 같이하는 가족'이라 함은 동일한 생활공간에서 동일한 생활자금으로 생계를 같이하는 거주자와 그 배우자의 직계존 · 비속그 배우자를 포함한다 및 형제자매를 말한다. 따라서 주민등록상으로는 동일 세대원으로 등재되어 있다 하더라도 사실상 따로 거주하고 있고 생계를 같이하지 아니하면 동일 세대원으로 보지 않는다. 다만, 이 경우에는 납세자가 객관적인 증빙자료를 첨부하여 생계를 같이하고 있지 않다는 사실을 입증해야 한다.

Tips 세대 합가가 되어 있는 경우에 세무서에서는 어떤 조치를 취하는가?

세무서에서는 부동산의 소유권이전등기가 끝난 자료를 수집하여 전산처리 후 이에 의하여 과세대상 자료를 분류하는데, 위와 같이 양도일 현재 부모와 자녀가 각각 주택을 소유하고 있고 동일한 주소지에 주민등록이 되어 있으면서 부모와 자녀의 집 중 어느 하나를 팔게 되면 1세대 2주택자가 주택을 양도한 것으로 분류된다. 따라서 세무서에서는 비과세대상이 아니므로 양도소득세를 결정하여 고지하게 된다. 일단 고지서가 발부되면 공식적인 불복 절차를 거쳐 생계를 같이하지 않았음을 증명해야 하는데, 주민등록상 같이 거주한 것으로 되어 있는 것을 따로 거주하였다고 입증하기란 쉬운 일이 아니다. 1세대 1주택 해당 여부는 양도일 현재를 기준으로 판단하는데, 주민등록상 동일세대로 등재되어 있는 것을 양도일로부터 상당한 시일이 지난 시점에서 사실상은 별도세대였다는 것을 입증하기란 대단히 어렵다. 그러므로 부모 또는 자녀의 주택 중 어느 하나를 양도할 계획이라면 양도하기 전에 주민등록을 분리해 놓는 것이 좋다. 그러면 별도세대 입증 등 복잡한 문제없이 1세대 1주택으로 인정받을 수 있기 때문이다. 부모를 봉양하기 위해 합가하여 일시적으로 1가구 2주택이 되는 경우 합가 후 10년 내에 먼저 양도하는 주택에 대하여 비과세 혜택이 주어지는 것으로 세법이 개정되었다.

세금 에세이 생계를 같이하지 않았다는 증거는 어떻게 입증하는 것이 좋은가?

생계를 같이하지 않았다는 증거를 마련하는 것은 참 어려운 일 중에 하나이다. 육아를 맡기기 위해서 어머니가 집 주소로 전입되어 있는 경우에도 1세대 2주택이 될 수 있다. 이럴 경우에는 생활 근거지가 부모님 집이라는 것을 밝혀야 하는데 이 과정이 어려운 것이다. 정답은 없으나 이런 서류를 준비하여 실제 생활 근거지가 다른 곳에 있다는 것을 입증해야 한다.

- 아파트 관리사무소 관리비 고지서 명부
- 교회나 성당, 절의 신자 명부

- 신용카드 주요 사용지역 분석
- 병원 사용내역
- 인터넷 사용내역
- 주변의 인후 보증서
- 우유, 신문, TV 등 계약서
- 지역 주민 센터의 회원명부 등
- 기타 서류

(4) 상가 겸용 주택을 신축하는 경우 주택 부분을 조금 더 크게 하면 전체를 주택으로 인정받는다.

1세대 1주택 규정을 적용할 경우 한 동의 건물이 주택과 주택 외의 부분으로 되어 있는 겸용주택의 경우와 한 울타리 내에 주택과 주택 외의 건물이 있는 경우에는 그 전부를 주택으로 본다. 다만, 주택의 면적이 주택 외의 면적보다 작거나 같을 때에는 주택 외의 부분은 주택으로 보지 아니한다.

〈주택 판단〉

- 주택 연면적 > 주택 외 면적 : 전부를 주택으로 봄
- 주택 연면적 ≤ 주택 외 면적 : 주택 부분만 주택으로 봄

겸용주택의 경우 주택의 면적이 주택 외의 면적보다 큰 경우에는 전체를 주택으로 보므로, 1세대 1주택자의 경우 겸용주택을 신축하고자 할 때 주택부분을 조금 크게 신축하면 양도소득세 비과세 적용을 받을 수 있다. 그러나 이 방안은 세금 측면에서만 검토한 것이므로 건축규제 여부, 임대수입 등 제반사항을 고려하여 결정해야 할 것이다.

그러나 실거래가 12억을 초과하는 고가 겸용주택의 양도차익과 장기보유 특별공제를 적용할 때는 주택 부분만 주택으로 본다.

세금 에세이

겸용주택의 절세 전략은 어떻게 해야 하는가?

주택 면적 150m², 상가 면적 150m²일 경우에는 주택은 주택이고, 상가는 상가로 간주된다. 1세대 1주택일 경우에는 주택의 면적이 단 1m²라도 크면 모든 면적이 주택이므로 이 경우에는 주택 면적을 더 크게 만들어 놓는 전략이 필요하다. 예를 들자면 옥탑방을 설치하는 방안, 주택 전용 계단, 지하방을 만드는 방법 등을 써서 주택 면적을 좀 더 크게 만드는 것이 절세 전략이다. 단, 옥탑방을 무단으로 만들 경우에는 불법 건축물에 해당이 되어 이행강제금 등이 부과될 수도 있으므로 주의를 요한다.

(5) 이혼 위자료로 부동산을 줄 때 양도소득세를 과세받지 않으려면?

요즘에는 이혼하는 부부가 많이 늘고 있는데 위자료 명목으로 넘겨주는 부동산에 대하여 소유권이전등기를 잘못하면 거액의 양도소득세를 부담하는 경우가 생긴다. 이혼 위자료로 부동산의 소유권을 이전해 주는 데 대하여 세법에서는 다음과 같이 취급하고 있다.

① 등기원인을 '이혼 위자료 지급'으로 하는 경우

당사자 간의 합의에 의하거나 법원의 확정판결에 의하여 일정액의 위자료를 지급하기로 하고 동 위자료 지급에 갈음하여 당사자 일방이 소유하고 있던 부동산의 소유권을 이전하여 주는 것은 그 자산을 양도한 것으로 본다. 따라서 이전하여 주는 부동산이 양도소득세 과세대상인 경우에는 양도소득세를 내야 한다. 다만, 이전하여 주는 부동산이 1세대 1주택으로서 비과세요건을 갖춘 때에는 등기원인을 위와 같이 하더라도 양도소득세가 과세되지 않는다.

② 등기원인을 '재산분할청구에 의한 소유권이전'으로 하는 경우

민법 제839조의 2에서 규정하는 재산분할청구로 인하여 부동산의 소유권이 이전되는 경우에는 부부 공동의 노력으로 이룩한 공동재산을 이혼으로 인하여 이혼자 일방이 당초 취득 시부터 자기 지분인 재산을 돌려받는 것으로 보기 때문에 양도 및 증여로 보지 아니한다. 따라서 등기원인을 위와 같이 하면 양도소득세 및 증여세를 부담하지 않고 소유권을 이전할 수 있다.

③ 등기원인을 '증여'로 하는 경우

배우자로부터 증여를 받은 경우에는 6억 원2007. 12. 31 이전 증여분은 3억 원을 공제하고 나머지에 대하여 증여세를 과세하므로 부동산가액이 6억 원 이하인 경우에는 등기원인을 증여로 하더라도 증여세가 과세되지 않는다. 다만, 이때에는 이혼하기 전에 증여를 해야 하며, 이혼하고 난 후에 증여하면 배우자가 아닌 타인으로부터 증여를 받는 것이 되어 증여세가 과세되므로 주의해야 한다.

그러므로 이혼 위자료로 부동산을 넘겨줄 때에는 등기원인을 '재산분할청구에 의한 소유권이전'으로 해야 양도소득세나 증여세를 물지 않고 소유권을 이전해 줄 수 있다.

세금 에세이

이혼 시 부동산을 이전해 올 경우에 세금문제를 정리해 보자

구분	양도세	취득세
위자료로 인한 소유권이전등기	○	○
재산분할로 인한 소유권이전등기	×	○
증여로 인한 소유권이전등기	×(증여세 과세 : 6억 원까지 비과세)	○

(6) 부동산을 양도할 경우 양도시기를 조절하면 세부담을 줄일 수 있다

양도소득세 세부담을 줄이기 위해서는 부동산의 보유기간을 늘릴 필요가 있다. 세율표를 살펴보면 보유기간이 1년 미만이면 50~70%의 세율이 적용되고, 2년 미만 40~60%의 세율이 적용되지만, 보유기간이 2년 이상일 때는 양도소득의 크기에 따라 6%에서 45%까지의 세율인 기본세율을 적용한다.

보유기간은 취득시기와 양도시기의 차이에 의해서 결정된다. 취득시기와 양도시기는 잔금청산일과 등기접수일 중 빠른 날에 적용되므로 이를 조정하여 세금을 절세할 수 있다.

아울러 한 해 동안에 파는 부동산이 2개 이상일 경우에는 이를 합산하여 신고하는 경우가 있으므로 양도시기를 정하는 것도 중요하다. 예를 들어 잔금일이 12월 31일인 두 건의 부동산을 매도할 때 1건의 잔금일을 다음 해 1월 3일에 맞춰놓으면 3일 차이지만 세금이 합산되지 않아 절세에 도움이 된다.

(7) 확정신고 안내문을 받은 경우에는 반드시 신고하여 불이익을 받지 않도록 하자

당해연도에 부동산 등을 여러 건 양도한 경우에는 그다음 해 5월 1일부터 5월 31일 사이에 주소지 관할 세무서에 확정신고를 해야 한다. 다만, 1건의 양도소득만 있는 자가 예정신고를 마친 경우에는 확정신고를 하지 않아도 된다.

현재 세무서에서는 부동산등기 신청 자료와 예정신고자료 등을 전산으로 대사하여 확정신고 대상자를 가려낸 다음 신고안내문을 보내주고 있다. 따라서 신고안내문을 받았다면 세무서에서 확정신고 대상자로 분류한 자이므로 반드시 신고기한 내에 신고하여 위와 같은 불이익을 받지 않도록 하자.

세금 에세이

확정 신고 · 납부를 하지 않으면 다음과 같은 불이익을 받게 된다.

① 산출세액의 20% 또는 40%에 상당하는 무신고가산세와 납부기한의 다음 날부터 자진납부일 또는 고지일까지의 기간에 대해 1일 0.022% 연 8.03%에 상당하는 무납부가산세를 물어야 한다.

② 납부할 세액이 1천만 원을 초과하는 경우에는 세액의 일부를 2개월 이내에 분할납부할 수 있는데 이러한 분할납부 혜택을 받지 못한다.

③ 수정신고 또는 경정청구를 할 수 없다.

④ 양도소득세 감면대상인 경우에는 확정신고와 함께 감면신청을 해야 하는데 감면신청을 하지 않았으므로 감면이 배제되는 경우가 있다.

(8) 확정신고를 한 후 과다 신고한 사실이 밝혀지면 경정청구를 하여 세금을 돌려받도록 하자

세금을 신고하다 보면 신고해야 할 금액보다 적게 신고하는 경우도 있지만, 공제받을 수 있는 사항이 있는데도 이를 공제받지 아니하여 정당하게 내야 할 세금보다 많이 내는 경우도 있다. 이러한 경우에는 법정신고기한 경과 후 5년 이내에 관할 세무서장에게 정당하게 세액을 결정 또는 경정하여 줄 것을 청구할 수 있는데 이를 '경정청구'라 한다.

경정청구를 할 수 있는 경우의 예를 들면 다음과 같다.

- 실지거래가액으로 신고하면서 증빙서류를 확보하지 못해 필요경비를 공제받지 못하였으나 신고기한이 지난 후 증빙서류를 확보한 경우
- 장기보유 특별공제를 하지 아니한 경우

경정청구는 법정신고기한 내에 신고를 한 자만이 할 수 있으며, 신고기한 경과 후 5년 이내에 해야 한다. 다만, 다음의 경우에는 그 사유가 발생한 날로부터 2월 이내에 경정청구를 할 수 있다.

① 최초의 신고·결정 또는 경정에서 과세표준 및 세액의 근거가 된 거래 또는 행위 등이 그에 관한 소송에 대한 판결에 의해 다른 것으로 확정된 때
② 소득 기타 과세물건의 귀속을 제3자에게로 변경시키는 결정 또는 경정이 있은 때
③ 조세조약의 규정에 의한 상호합의가 최초의 신고·결정 또는 경정의 내용과 다르게 이루어진 때
④ 당초 신고의 근거가 된 거래 또는 행위 등의 효력에 관계되는 관청의 허가 기타의 처분이 취소된 때
⑤ 당초 신고의 근거가 된 거래 또는 행위 등의 효력에 관계되는 계약이 해제권의 행사에 의하여 해제되거나 당해 계약의 성립 후 발생한 부득이한 사유로 인하여 해제되거나 취소된 때
⑥ 당초 신고할 때는 장부 및 증빙서류의 압수 기타 부득이한 사유로 인하여 과세표준 및 세액을 계산할 수 없었으나 그 후 당해 사유가 소멸한 때
⑦ 기타 위와 유사한 사유가 법정신고기한 경과 후에 발생한 때

경정청구를 하면 세무서에서 그 내용을 확인한 다음 청구를 받은 날로부터 2개월 이내에 그 결과를 통지해 주도록 되어 있다. 그러므로 양도소득세 신고를 한 후 잘못 신고하여 정당한 세금보다 더 많은 세금을 낸 사실이 밝혀지면 경정청구를 하여 잘못 낸 세금을 돌려받도록 하자.

(9) 개인기업을 법인으로 전환하는 경우 현물출자를 하거나 사업양수도 방법을 택하면 이월과세를 적용받을 수 있다

거주자가 사업용 고정자산을 현물출자하거나 사업양수도 방법에 의하여 법인(소비성 서비스업을 영위하는 법인을 제외한다)으로 전환하는 경우 당해 사업용 고정자산에 대하여는 이월과세를 적용받을 수 있다.

법인으로 전환하는 방법에는 다음과 같은 방법이 있다.

① 현물출자 방법

개인사업자가 사업장별로 당해 사업에 사용한 사업용 고정자산을 새로이 설립되는 법인에 현물출자하여 법인으로 전환하는 방법이다. 사업장별로 감면규정을 적용하는 것이므로 하나의 사업장을 분할하여 그중 일부만을 법인으로 전환하는 경우에는 감면을 받지 못한다.

② 사업양수도 방법

당해 사업을 영위하던 자가 발기인이 되어 소멸하는 사업장의 순자산가액 이상을 출자하고, 법인 설립일로부터 3개월 이내에 당해 법인에게 사업에 관한 모든 권리와 의무를 포괄적으로 양도해야 한다.

개인기업을 법인으로 전환하게 되면 개인 명의로 사용하던 부동산이나 기계장치 등을 법인 명의로 이전해야 하는데, 개인과 법인은 실체가 다르므로 이에 대하여도 세금을 내야 한다. 즉, 부동산을 이전하는 데 대하여는 양도소득세가, 기계장치 등을 이전하는 데 대하여는 부가가치세가 과세되는 것이 원칙이다. 그러나 개인기업을 법인으로 전환함에 따라 사업용 고정자산을 법인 명의로 이전하는 경우에는 현물출자 방법을 택하든 사업양수도 방법을 택하든 이전 시점에서는 양도소득세를 과세하지 않고 이월과세를 한다. 기계장치 등의 경우는 사업양수도 방법에 의하여 법인으로 이전하는 경우에만 부가가치세를 과세하지 않는다. 또한 개인기업을 법인으로 전환함으로 인하여 취득하는 자산에 대하여는 현물출자 방식에 의하든 사업양수도 방식에 의하든 모두 지방세인 취득세도 면제하고 있다.

세금 에세이

이월과세 한다는 의미는 무엇인가?

'이월'이라는 단어는 '다음에'라고 해석하면 된다. 즉, 현재 개인에서 법인으로 전환할 때에는 과세하지 않다가 법인에서 그 자산을 처분할 경우에는 과세하겠다는 뜻이다. 법인에서 과세되므로 당연히 법인세로 과세가 된다. 그럼 이 경우에 취득가액이 문제가 된다. 취득가액은 개인이 취득한 가액이 들어가서 계산이 된다. 세율은 법인세율이 적용된다.

재산을 증여받으면 어떤 세금을 내야 하는가?

1. 증여세의 기초 / 2. 증여세의 계산구조 / 3. 증여세의 신고·납부 / 4. 증여세를 줄일 방법은 없는가?

14

1 증여세의 기초

1.1 증여세란 무엇인가?

증여세란 생전에 타인으로부터 경제적 가치가 있는 재산을 무상으로 취득할 때에 그 무상으로 취득한 재산가액을 기초로 하여 재산의 취득자에게 부과하는 조세를 말한다. 증여세는 재산의 무상이전이라는 점은 상속세와 동일하나 사망을 요건으로 하지 아니하고 생전에 이루어진다는 점에서 차이가 있다.

세금 에세이

세금의 이름은 어떻게 지어지는가?

부동산을 취득할 때 내는 세금은 취득세, 보유할 때 내는 세금은 재산세와 종합부동산세, 양도할 때 내는 세금은 양도소득세이다. 이와 같이 납세의무가 있는 자를 기준으로 명칭을 부르는 경우가 대부분이다.

그런데 증여세의 경우에 납세의무자는 증여자가 아닌 수증자가 된다. 따라서 증여세의 명칭은 수증세로 하는 것이 맞을 것 같다. 명칭도 국민이 이해할 수 있는 용어로 바뀌는 것이 좋다.

1.2 증여세 과세거래에는 어떤 것이 있는가?

상속세를 면탈하기 위한 방법으로 다양한 방법의 증여거래가 이루어질 수 있으므로 세법은 완전포괄주의 개념을 도입하였다. 증여세가 과세되는 거래의 예시는 다음과 같다.

증여세 과세유형	증여자의 연대 납세의무 면제
1) 소유권 변동을 통한 증여거래	
① 재산의 무상이전으로 이익을 분여하는 거래	연대납세
② 재산의 저가양도 또는 고가양수로 이익을 분여하는 거래	면제
2) 재산사용을 통한 증여거래	
③ 부동산의 무상사용으로 이익을 분여하는 거래	면제
④ 금전의 무상대출로 이익을 분여하는 거래	면제
3) 신탁상품 또는 보험상품을 이용한 증여거래	
⑤ 신탁원본 또는 그 원본이익을 타인으로 하는 증여거래	연대납세
⑥ 보험금 수익자를 타인으로 하는 증여거래	연대납세
4) 기존채무를 탕감해 주는 증여거래	
⑦ 채무자의 기존채무를 면제·인수·변제하여 이익을 분여하는 거래	연대납세
5) 자본거래를 활용한 증여거래	
⑧ 불공정 합병으로 대주주에게 이익을 분여하는 거래	면제
⑨ 불균등 유상증자로 이익을 분여하는 거래	면제
⑩ 불균등 감자로 이익을 분여하는 거래	면제
⑪ 현물출자의 평가액을 이용하여 이익을 분여하는 거래	면제
⑫ 전환사채·신주인수권부사채 등을 활용한 이익의 분여거래	면제
6) 상장방법을 활용한 증여거래	
⑬ 증여·양도 이후 해당 주식을 상장시켜 이익을 분여하는 거래	면제
⑭ 증여·양도 이후 해당 주식을 상장법인과 합병시키는 증여거래	면제
7) 특정법인(결손법인 등)**과의 거래를 통한 증여거래**	면제
8) 특수관계법인과의 거래를 통한 이익의 증여 의제	면제
9) 기타 위와 유사한 형태의 증여거래	

세금 에세이

완전포괄주의란 무엇인가?

2004. 1. 1부터 완전포괄주의 증여세 과세제도가 도입·시행되고 있다. 이는 민법상 증여 또는 상증법상 구체적으로 과세요건을 규정한 것에 해당되지 아니하더라도 사실상 타인으로부터 무상으로 취득한 재산이나 이익이 있는 경우에는 증여세를 과세할 수 있다는 것이다. 즉, 그 행위 또는 거래의 명칭·형식·목적 등에도 불구하고 경제적 가치를 계산할 수 있는 유형·무형의 재산을 타인에게 직접 또는 간접적인 방법에 의하여 무상으로 이전현저히 저렴한 대가로 이전하는 경우 포함하는 것 또는 타인의 기여에 의하여 재산의 가치가 증가하는 것을 증여세 과세대상으로 보고 있다.

Tips 위자료에 대한 증여세 과세 제외

이혼 등에 의하여 정신적 또는 재산상 손해배상의 대가로 받은 위자료는 조세포탈의 목적이 있다고 인정되는 경우를 제외하고는 이를 증여로 보지 아니한다.

구분	재산을 이전해 주는 자	재산을 이전받는 자
위자료	양도소득세 과세대상으로 위자료를 지급하는 경우 양도소득세 과세(단, 1세대 1주택은 비과세)	증여세 과세되지 않음 (소득세도 과세되지 않음)
재산분할청구	양도소득세 과세되지 않음	증여세 과세되지 않음

1.3 증여받은 재산의 반환은 시점이 중요하다

증여를 받은 후 증여받은 재산금전은 제외을 당사자의 합의에 의하여 증여세 신고기간 내에 반환하는 경우반환 전에 과세표준과 세액의 결정을 받은 경우에는 제외한다에는 당초의 증여와 반환 모두 증여로 보지 않는다. 또한 수증자가 증여받은 재산금전은 제외을 6개월 이내에 반환하거나 재증여하는 경우에는 반환하거나 재증여하는 것을 증여로 보지 않는다. 요약하면 다음과 같다.

구분	반환 또는 재증여 시기		증여세 과세 여부	
			당초 증여	반환, 재증여
금전	반환 또는 재증여 시기에 관계없음		과세	과세
금전 외	① 신고기한 내에 반환		과세 제외	과세 제외
	② 신고기한 경과 후 반환	신고기한으로부터 3월 이내	과세	과세 제외
		신고기한으로부터 3월 후	과세	과세

다만, 지방세인 취득세는 증여할 때와 반환할 때에도 부과된다는 점에 유의하기 바란다.

Tips 실전 사례

예를 들어 2016년 7월 5일 부동산 3억 원을 아들에게 증여한 후 2016년 10월 31일신고기한 내까지 반환한 경우에는 당초 증여 및 반환 모두 증여로 보지 않는다. 하지만 2017년 1월 31일신고기한 경과 후 3개월 이내 반환한 경우에는 당초 증여 3억 원은 과세하고 반환에 대해서는 과세하지 않는 것이다.

1.4 차명재산의 증여세 부담

권리의 이전이나 그 행사에 등기 등이 필요한 재산토지와 건물은 제외한다의 실제 소유자와 명의자가 다른 경우에는 그 명의자로 등기 등을 한 날에 그 재산의 가액을 명의자가 실제 소유자로부터 증여받은 것으로 보도록 하고 있다. 즉, 재산을 명의신탁하게 되면 명의자는 원칙적으로 증여세를 부담한다. 그것은 명의

신탁을 이용한 변칙적인 상속·증여 행위를 차단하고자 하는 정책적 목적에서 조세벌의 성격으로 과세되는 것이다.

세금 에세이

어머니가 그동안 모아놓은 종자돈을 아들의 계좌로 넣어주어 이자소득을 피한다면 어떻게 될까?

2013년 1월 1일 이후에는 차명 계좌로 이자소득을 피하기 위해서 아들의 계좌로 넣어줄 경우 재산 취득자금 등의 증여 추정 규정이 적용된다. 즉, 명확한 이체 용도가 있어야 증여로 추정되지 않으며 이를 입증하지 못할 경우에는 증여세가 추징된다.

〈관련 규정〉 재산 취득자금 등의 증여 추정상증세법 제45조 ④

"금융실명거래 및 비밀보장에 관한 법률" 제3조에 따라 실명이 확인된 계좌 또는 외국의 관계 법령에 따라 이와 유사한 방법으로 실명이 확인된 계좌에 보유하고 있는 재산은 명의자가 그 재산을 취득한 것으로 추정하여 증여세법을 적용한다.

1.5 증여세의 비과세 및 면제거래

세법에서 규정하는 증여거래에 따라 재산을 증여받은 자는 증여세의 납세의무를 진다. 그러나 조세정책상 비록 타인으로부터의 증여가 있다 할지라도 과세권자인 정부가 원칙적으로 과세권을 포기함으로써 근본적으로 납세의무가 발생하지 아니하는 비과세제도와 일정한 요건에 해당되고 신청하는 경우에 한하여 세액을 면제해 주는 제도가 있다.

① 국가나 지방자치단체로부터 증여받은 재산의 비과세

② 우리사주조합을 통해 증여받은 해당 주식소액주주에 한함의 비과세

③ 정당법에 따른 정당이 증여받은 재산의 비과세

④ 사회통념상 인정되는 이재구호금품 등의 비과세

⑤ 사내근로복지기금 등이 증여받은 재산의 비과세

⑥ 신용보증기금 등이 증여받은 재산의 비과세

⑦ 국가나 지방자치단체, 공공단체가 증여받은 재산의 비과세

⑧ 장애인이 증여받은 재산의 비과세 또는 과세가액 불산입

세금 에세이

장애인이 증여받은 재산의 비과세 또는 과세가액 불산입 규정

장애인이 친족배우자 제외으로부터 증여받은 금전, 부동산, 유가증권을 증여세 신고기한 이내에 신탁업법에 의한 신탁회사에 신탁하여 그 신탁의 이익 전부를 당해 장애인이 지급받을 때에는 5억 원까지 증여세 과세가액에 산입하지 않는다. 또한 장애인 전용 보험상품에 가입하여 장애인이 보험금을 지급받는 경우에는 연간 4천만 원을 한도로 비과세한다.

Tips

생활에 유용한 감면제도에는 어떤 것이 있는가?

① 영농 자녀가 증여받는 농지 등에 대한 증여세 감면

자경 농민이 영농 자녀에게 농지 등을 2014년 12월 31일까지 증여하고 증여세 과세표준 신고기한까지 감면신청을 하는 경우에는 증여세를 감면해 준다. 다만, 5년간 합산하여 1억 원까지 감면해 준다. 이는 농촌 인구의 급격한 감소 및 영농 인력의 고령화에 따른 영농승계인력의 부족 등을 감안하여 도입한 감면제도이다.

② 공익목적 출연재산의 증여세 과세가액 불산입

사회복지 및 공익을 목적으로 하는 공익법인 등이 출연받은 재산에 대해서도 증여세 과세가액에 산입하지 않는다. 다만, 출연목적물이 주식인 경우에는 공익법인이 지주회사 역할을 하지 못하도록 일정한 요건과 규제조항을 두고 있다. 이를 위반한 경우에는 증여세를 추징하도록 하고 있다.

세금 에세이

증여의제 및 증여추정은 어떻게 다른가?

1. 의의

증여세법을 적용하기 위해서 민법상의 증여 개념을 차용하여 사용하였고, 예외적으로 민법상의 증여의 개념은 아니지만 경제적 실질이 재산의 무상이전 효과가 발생하는 경우에는 증여로 의제하거나 증여로 추정하여 증여세를 과세하였다.

그러나 2004년 이후 증여세 완전포괄주의 과세제도가 도입되면서 "상속세및증여세법"에서 별도의 '증여의 개념'을 창설하여 증여세를 과세함에 따라 구법상 증여로 '의제' 하던 규정들은 의제가 아닌 '세법상 증여'의 범주 안으로 흡수되었다. 다만, 명의신탁에 대해서는 증여의 개념에 의하여 과세하는 것이 아니라 조세벌의 차원에서 증여세를 과세하게 되어 유일하게 증여의제로 과세하고 있다. 증여의제와 증여추정에 대한 개념은 다음과 같다.

2. 증여의제

증여의제는 반대사실에 대한 증명이 있더라도 세법에 정해진 요건에 해당하는 때에는 그 증여사실이 번복되지 아니하는 것을 말한다. 즉, 세법상의 요건을 만족하면 납세자가 아님을 증명하더라도 과세가 된다.

3. 증여추정

증여추정은 그 반대사실에 대한 증명이 있는 경우에 그 추정이 번복되는 것을 의미하는 것으로 입증책임을 납세자에게 부여하여 일반 증여와 달리 입증의 절차를 거쳐야 한다. 즉, 납세자가 증여가 아니었음을 입증하면 증여세를 과세하지 않는다.

4. 증여추정의 대표적 사례

아버지가 가지고 있던 아파트를 아들에게 양도할 경우에는 일단 증여로 추정하나 아래와 같이 입증하면 증여세를 부과하지 않는다.

- 아파트 시가대로 거래할 것
- 아들이 취득할 수 있는 소득이 있을 것
- 실제로 매매대금을 거래한 금융자료 등을 완비할 것

즉, 부동산 취득자금 등을 실제로 증여받지 않았다는 사실과 아들과의 매매가 사실상 유상 양도에 해당하는 사실에 대한 입증책임은 납세자가 지게 되며, 이를 입증하는 경우에는 증여세가 과세되지 않는다.

Tips 재산취득자금 등의 증여추정

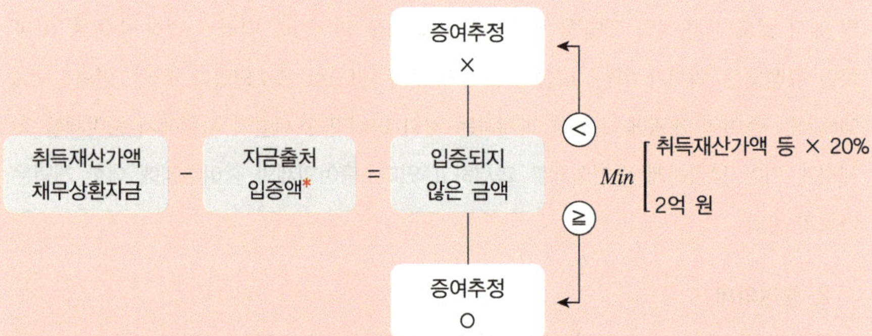

* 자금출처로 입증된 금액은 다음에 해당하는 금액의 합계액으로 한다.

- 신고하였거나 과세[비과세 · 감면받은 경우 포함]받은 소득금액
- 신고하였거나 과세받은 상속 또는 수증재산의 가액
- 재산을 처분한 대가로 받은 금전이나 부채를 부담하고 받은 금전으로 해당 재산의 취득 또는 해당 채무의 상환에 직접 사용한 금액

출처 : 『세법 워크북 2』, 상경사

2 증여세의 계산구조

증여재산가액	(+)	10년 이내 증여재산가액	=	증여세 과세가액
	(−)	비과세, 과세가액 불산입액		
	(−)	채무인수액		

↓

증여세 과세가액	(−)	증여재산공제	=	증여세 과세표준
		재해손실공제		
		감정평가수수료		

↓

증여세 과세표준	(×)	누진세율	=	증여세 산출세액

↓

증여세 산출세액	(+)	세대생략 할증세액	=	신고납부세액
	(−)	각종 세액공제액		

2.1 증여세 과세가액

증여세 과세가액 = 증여재산가액
+ 합산대상 증여재산가액 당해 증여 전 10년 내의 동일인 증여분 합산
− 비과세, 과세가액 불산입액 − 채무인수액

(1) 합산대상 증여

분산증여를 통한 세부담의 회피를 방지하기 위해 증여 전 10년 이내에 동일인직계존속인 경우 그 직계존속의 배우자 포함으로부터 증여받은 가액의 합계가 1천만 원 이상일 경우에는 이를 합산하여 누적적으로 과세한다.

> **Tips 실제 사례**
>
> **(1) 2010년 6월 어머니로부터 2억 원 증여**
> **2017년 4월 아버지로부터 3억 원 증여받은 경우 증여세 과세가액은?**
>
> **〈해답〉** 10년에 동일인으로부터 증여받았으므로 증여세 과세가액은 5억 원이 된다.
>
> **(2) 2010년 6월 할머니로부터 2억 원 증여**
> **2017년 4월 할아버지로부터 3억 원 증여받은 경우 증여세 과세가액은?**
>
> **〈해답〉** 할아버지와 할머니도 동일인에 해당하므로 증여세 과세가액은 5억 원이 된다.

(2) 비과세, 과세가액 불산입 재산

① 비과세되는 증여재산

- 국가 · 지방자치단체로부터 증여받은 재산
- 우리사주조합원인 소액주주의 시세차익
- 정당이 증여받은 재산
- 우리사주조합, 사내근로복지금, 근로복지진흥기금이 증여받은 재산
- 사회통념상 인정되는 이재민 구호품, 기타 이와 유사한 것
- 신용보증기금 및 기술보증기금이 증여받은 재산
- 국가 · 지방자치단체 또는 공공단체가 증여받은 재산

장애인이 지급받는 보험금 중에서 연간 4천만 원

② 과세가액 불산입 재산

■ **공익목적 출연재산**

공익법인 등이 출연받는 재산의 가액. 단, 내국법인의 주식을 출연받은 경우로서 총발행주식수의 5%성실공익법인은 10%를 초과하여 받 는 주식에 대해서는 증여세가 과세된다.

■ **공익신탁재산**

증여자가 공익신탁을 통하여 공익법인 등에 출연하는 재산가액은 증여세 과세가액에 산입하지 않는다. 공익신탁이란 종교, 제사, 학술 또는 그 밖의 공익을 목적으로 하는 신탁을 말한다.

■ **장애인이 증여받은 재산**

장애인이 친족으로부터 증여받은 재산을 신탁회사에 신탁하여 그 신탁의 이익을 전부 지급받는 경우에는 그 증여받은 재산가액한도 5억 원은 과세가액에 산입하지 않는다.

③ 채무인수액

증여재산에 담보된 증여자의 채무로서 수증자가 인수한 금액은 증여재산가액에서 차감한다. 부담부증여의 인수채무액은 증여재산에서 차감하여 증여세를 과세하며, 배우자 간 직계존비속 간의 부담부증여는 수증자가 증여자의 채무를 인수한 경우에도 그 채무액은 수증자에게 인수되지 아니한 것으로 추정한다. 다만, 국가 등 객관적으로 인정되는 경우는 제외한다.

Tips 부담부증여는 왜 양도소득세를 신고 · 납부해야 하는가?

증여자의 증여재산에 담보된 채무를 수증자가 인수하는 부담부증여의 경우 증여가액 중 그 채무액에 상당하는 부분은 그 자산이 유상으로 사실상 이전된 것으로 본다. 따라서, 양도소득세의 과세대상이 되는 자산을 채무와 함께 증여하는 경우에는 증여(증여재산가액 – 채무액)에 해당될 뿐만 아니라 양도채무액에도 해당되는 것이다.

예를 들어, 2015년 1월 1일 아버지가 2억 원에 취득하여 보증금 2억 원에 전세를 주고 있는 아파트를 아들에게 2018년 1월 1일 증여할 경우에 일반증여와 부담부증여를 비교해 보자. 이때 시가는 5억 원이고, 양도소득세 계산 시 기타 필요경비는 없는 것으로 가정한다.

일반증여의 경우 수증자인 자녀가 증여세로 7천 760만 원을 납부해야 하고, 부담부증여의 경우 수증자인 자녀가 증여세로 3천 880만 원을 납부하고 아버지가 양도소득세로 2천 623만 원을 납부해야 한다.

〈일반증여 시 납부할 세액 : 7천 600만 원〉

구분	증여세
증여재산가액	5억 원
채무액	–
증여세 과세가액	5억 원
증여재산공제	5천만 원
증여세 과세표준	4억 5천만 원
세율	20%(누진공제 1천만 원)
산출세액	8천만 원
신고세액공제	240만 원
납부할 세액	7천 760만 원

〈부담부증여 시 납부할 세액 : 6천 423만 원〉

구분	증여세	구분	양도소득세
증여재산가액	5억 원	양도가액	2억 원
채무액	2억 원	취득가액	8천만 원
증여세 과세가액	3억 원	양도차익	1억 2천만 원
증여재산공제	5천만 원	기본공제	250만 원
증여세 과세표준	2억 5천만 원	과세표준	1억 1,750만 원
세율	20%	세율	35%
산출세액	4천만 원	산출세액	2천 623만 원
신고세액공제	120만 원		
납부할 세액	3천 880만 원		

출처 : 『2018년 세금절약가이드 2』, 국세청

2.2 증여세 과세표준

증여세 과세표준 = 증여세 과세가액 − 증여재산공제 − 재해손실공제 − 감정평가수수료

(1) 증여재산공제

거주자가 배우자, 직계존비속, 배우자 또는 직계존비속이 아닌 친족으로부터 증여받은 경우 증여세 과세가액에서 다음의 금액을 한도로 공제한다. 공제액은 10년간 누적으로 합산한다.

증여자	공제액
배우자(사실혼 관계 제외)	6억 원
직계존속(계부모 포함)	5천만 원(수증자가 미성년자인 경우 2천만 원)
기타 친족	1,000만 원

세금 에세이

직계존속과 직계비속은 누구를 말하는가?

직계존속은 아버지, 어머니, 할아버지, 할머니, 증조할아버지, 증조할머니를 말한다.

직계존속에는 계부, 계모도 포함된다.

직계비속은 아들, 딸, 손자, 손녀를 말한다. 입양한 자녀도 포함된다.

시부모와 며느리는 기타 친족 관계에 해당이 된다. 아울러, 장인어른과 사위도 기타 친족에 해당이 된다.

Tips 실전 사례

(1) 아버지가 아들 1성인, 아들 2성인에게 동시에 각각 1억 원씩 증여 시 아들의 증여재산공제액은?

〈해답〉 아들 1 : 5천만 원 공제

아들 2 : 5천만 원 공제

(2) 아들성인에게 아버지가 2억 원, 어머니가 3억 원을 동시에 증여 시 과세가액과 증여재산공제액은?

〈해답〉 증여세 과세가액 : 5억 원부모는 동일인으로 보아 합산

증여재산공제액 : 5천만 원각각 5천만 원을 공제하지 않음

(3) 할아버지가 2억 원, 아버지가 3억 원을 한 자손성인에게 동시 증여 시 과세가액과 증여재산공제액은?

〈해답〉 증여세 과세가액 : 할아버지 2억 원, 아버지 3억 원동일인이 아니므로 합산하지 않음

증여재산공제액 : 5천만 원각각 5천만 원을 공제하지 않음

– 할아버지 : 2천만 원, 아버지 : 3천만 원

(4) 할아버지가 2억 원을 아들에게 1억 원, 손자에게 5천만 원, 며느리에게 5천만 원 증여 시 과세가액과 증여재산공제액은?

〈해답〉 증여세 과세가액 : 아들 1억 원, 손자 5천만 원, 며느리 5천만 원

증여재산공제액 : 아들 5천만 원, 손자 5천만 원, 며느리 1,000만 원

(5) 계부가 1억 원, 친모가 1억 원을 아들성인에게 증여 시 과세가액과 증여재산공제액은?

〈해답〉 증여세 과세가액 : 계부 1억 원, 친모 1억 원계부와 친모는 동일인이 아님

증여재산공제액 : 계부와 친모는 직계존속에는 해당이 되므로 5천만 원을 재산가액 비율로 나눠서 계부 2천 5백만 원, 친모 2천 5백만 원을 공제하게 된다.

(2) 재해손실공제

타인의 증여에 따라 재산을 취득하는 경우로서 증여일이 속하는 달의 말일부터 3월 이내에 재해 등으로 인하여 증여재산이 멸실·훼손된 경우에는 그 손실된 증여재산가액을 증여세 과세가액에서 공제한다.

(3) 감정평가수수료

납세자가 증여세를 신고·납부하기 위하여 소요된 감정평가수수료를 공제한다.

구분	공제한도
부동산 등에 대한 감정평가수수료	5백만 원 한도
비상장주식의 평가수수료	비상장법인별 · 감정평가기관별 평가수수료를 각 1천만 원 한도 내에서 공제

2.3 증여세 산출세액

증여세 산출세액 = 증여세 과세표준 × 세율 + 세대생략 증여세 할증세액

(1) 세율

과세표준	증여세율
1억 원 이하	과세표준의 10%
1억 원 초과~5억 원 이하	1천만 원 + 1억 원 초과금액의 20%
5억 원 초과~10억 원 이하	9천만 원 + 5억 원 초과금액의 30%
10억 원 초과~30억 원 이하	2억 4천만 원 + 10억 원 초과금액의 40%
30억 원 초과	10억 4천만 원 + 30억 원 초과금액의 50%

(2) 직계비속에 대한 증여의 할증과세

수증자가 증여자의 자녀가 아닌 직계비속인 경우에는 증여세 산출세액의 30%에 상당하는 금액을 가산한다. 다만, 증여자의 최근친인 직계비속이 사망하여 그 사망자의 최근친인 직계비속이 증여받는 경우에는 할증과세하지 않는다.

$$\text{세대생략 증여세할증세액} = \text{증여세 산출세액} \times \frac{\text{수증자 부모 외 직계존속 증여재산가액}}{\text{총 증여재산가액}} \times 30\%$$

다음과 같은 예를 들어 살펴보자. 아버지가 불의의 교통사고로 사망하신 후 2017년 7월 1일 조부로부터 10억 원을 증여받은 경우 증여세 산출세액 2억 4천만 원= 9천만 원 + (10억 원 − 5억 원) × 30%이나 아버지가 생존해 계시는 경우 조부로부터 증여받은 10억 원에 대한 증여세 산출세액은 3억 1천 2백만 원= 2억 4천만 원 × (1 + 30%)이 된다.

2.4 세액공제

(1) 기납부세액공제

증여세 과세가액에서 가산한 증여재산가액2 이상의 증여가 있는 경우 그 가액의 합계액에 대하여 납부하였거나 납부할 증여세액을 증여세 산출세액에서 공제한다.

- 기납부세액공제 = MIN(ⓐ 가산한 증여재산의 증여세 산출세액, ⓑ 공제한도액)
- $\text{공제한도액} = \text{증여세 산출세액} \times \frac{\text{가산한 증여재산의 과세표준}}{\text{(당해 증여재산 + 가산한 증여재산)의 과세표준}}$

(2) 외국납부세액공제

타인으로부터 증여받은 재산 중 외국에 있는 증여재산에 대하여 외국의 법령에 의하여 증여세를 부과받은 경우 그 부과받은 증여세에 상당하는 금액을 증여세 산출세액에서 공제한다.

- 외국납부세액공제 = MIN(ⓐ 외국에서 부과된 증여세액, ⓑ 공제한도액)
- 공제한도액 = 증여세 산출세액 × $\frac{\text{외국의 법령에 의한 증여세 과세표준}}{\text{증여세 과세표준}}$

(3) 신고세액공제

증여세 과세표준 신고기한 내에 증여세 신고서를 제출한 경우에는 증여세 산출세액의 3%를 공제한다.

3 증여세의 신고·납부

3.1 신고 · 납부기한

증여일이 속하는 달의 말일부터 3개월 이내에 증여세 납세의무가 있는 자는 증여세 과세가액과 과세표준을 주소지 관할세무서에 신고 및 납부해야 한다. 이 기간 내에 신고하면 내야 될 세금의 3%를 공제한다. 그러나 미신고하거나 미달 신고하는 경우에는 신고불성실 가산세산출세액의 10~40%를, 증여세를 신고만 하고 납부를 하지 않으면 납부지연 가산세산출세액의 1일 0.022%를 물어야 한다.

〈증여세 신고 시 제출할 서류〉

- 증여세 과세표준 신고 및 자진납부계산서
- 증여재산 및 그 평가명세서
- 증여자와 수증자의 관계를 알 수 있는 가족관계증명서
- 증여재산에서 공제되는 채무인 경우 채무사실을 입증할 수 있는 서류
- 연부연납또는 물납 허가신청서
- 재해손실의 경우 재해손실공제신고서
- 외국에서 납부한 세액이 있는 경우 외국납부세액공제신청서 등

3.2 분납

납부할 세액이 1천만 원을 초과하는 경우 납부할 세액의 다음의 일부를 납부기한이 지난 후 2개월 이내에 나누어 낼 수 있다.

① **납부할 세액이 2천만 원 이하인 때** : 1천만 원을 초과하는 금액
② **납부할 세액이 2천만 원을 초과하는 때** : 세액의 50% 이하의 금액

3.3 연부연납

납부할 세액이 2천만 원을 초과하는 경우에는 납세담보를 제공하고 연부연납기간을 정하여 매년 세액을 균등하게 나누어 낼 수 있는 '연부연납제도'를 이용할 수 있다. 이는 증여재산이 대부분 부동산으로 구성된 경우 세금의 일시납부에 대한 납부 어려움을 덜어주기 위해 만들어진 제도이다. 연부연납하려면 증여세 신고기한 내에 관할 세무서장에게 신청하여 허가를 받아야 하며, 기간은 연부연납 허가일로부터 5년 내로 제한된다. 연부연납 허가를 받은 세액에 대해

서는 일정한 이자를 부담해야 한다.

4 증여세를 줄일 방법은 없는가?

4.1 현금보다는 부동산으로 증여하는 것이 일반적으로 유리하다

증여재산은 증여 당시의 시가로 평가하는 것이 원칙으로서 현금이나 예금의 경우에는 그 액면금액이 시가에 해당한다. 그러나 부동산의 경우에는 시가 산정이 어려우므로 ① 토지 및 주택의 경우에는 개별공시지가 및 개별(공동)주택가격, ② 주택 이외의 건물에 대하여는 국세청 기준시가로 평가할 수 있다. 일반적으로 개별공시지가나 국세청 기준시가는 통상 시가보다 20~30% 낮은 수준에서 결정되기 때문에 부동산으로 증여하는 것이 현금으로 증여하는 것보다 유리한 경우가 많다.

4.2 증여일 전 6개월, 증여일 후 3개월 이내에는 증여재산을 팔지 마라

부동산을 증여하는 경우 증여재산은 증여 당시의 시가로 평가하는 것이 원칙(예외, 시가를 확인할 수 없는 경우 보충적 평가방법으로 평가)이다. '시가'란 불특정다수인 사이에 자유로이 거래가 이루어지는 경우에 통상 성립된다고 인정되는 가액이며, 증여일 전 6개월, 증여일 후 3개월 이내의 기간 중 매매 · 감정 · 수용 · 경매 또는 공매가 있는 경우에는 그 가액을 시가로 하고 있다. 매매가액이나 감정가액 등은 통상 기준시가보다 높기 때문에 기준시가로 평가한 경우보다 세금부담이 늘어난다. 따라서 증여일 전 6개월, 증여일 후 3개월 이내에는 가급적 매매나 감정을 하지 말고 부득이하게 매매 또는 감정을 하거나 수용·경매·공매가 있는 경우에는 그 가액으로 증여세를 신고해야 한다.

4.3 사전계획에 따라 내는 증여세는 기꺼이 부담하라

상속세를 절세하기 위해서 또는 미리 재산을 분배해 줄 목적으로 사전에 재산을 증여하는 경우가 흔히 있다.

왜냐하면 증여세를 어느 정도 물더라도 지금 자녀에게 재산을 증여해 주면 10년, 20년 후에는 그 재산이 몇 배, 몇십 배로 늘어날 수 있는데, 증여를 하지 않고 나중에 상속을 하면 지금 증여세를 내는 것보다 훨씬 많은 상속세를 내야 하는 경우가 발생하기 때문이다.

예를 들어 지금 아들25세에게 1.2억 원짜리 부동산을 증여하면 자녀공제 5,000만 원을 공제한 7,000만 원에 대하여 증여세가 과세되는데 이에 대한 세율이 10%이므로 700만 원이 세금이 되며, 이 금액을 3개월 내에 자진신고하고 납부하면 3%를 공제해 주므로 내야 할 세금은 679만 원이 된다. 그런데 증여를 하지 않고 20년 후에 아버지가 사망하였다고 가정할 경우 사망 당시 상속재산이 50억 원가량 되고 위 부동산가액이 5억 원이라면 상속세는 50%의 세율이 적용되어 위 재산에 대한 상속세만 하더라도 2억 5천만 원이 된다. 따라서 세금부담이 약 40배 정도 늘어난다.

위 사례는 재산이 증가하는 것을 전제로 하였으나 현재의 1억 원이 20년 후에 얼마로 늘어날지 아니면 오히려 줄어들지는 알 수 없으며, 현재의 세율이 20년 후에도 변하지 않는다고 할 수도 없다. 하지만 증여를 하고 10년 이내에 증여자가 사망하면 증여한 재산가액을 상속재산가액에 가산한다. 그러나 이 경우에도 상속재산가액에 가산하는 증여재산의 가액은 증여 당시의 가액으로 하므로 부동산이나 주식 등을 증여한 후 가격이 오르면 상속세는 크게 절약된다. 만약 상속재산이 적어 내야 할 상속세가 없다면 이미 납부한 증여세를 환급받을 수 없기 때문에 손해를 볼 수도 있다. 이럴 때에는 증여세 면세점인 5,000만 원미성년자인 경우에는 2,000만 원 이하로 증여하면 된다.

이와 같이 사전에 증여하면 장래의 상속세를 크게 절약할 수 있을 뿐만 아니라 소득이 없거나 적은 자녀가 나중에 다른 재산을 취득할 때 증여받은 재산에서 발생된 소득을 취득자금의 소명자료로도 활용할 수 있다.

그러므로 사전계획에 따라 납부하는 증여세는 즐거운 마음으로 납부해도 된다.

세금 에세이

증여는 빠를수록 좋다

증여는 자녀가 어릴 적부터 이루어지는 것이 좋다. 미리미리 증여해 주면 절세의 지름길이 되거니와 자녀에게는 스스로 경제활동을 할 기회가 되어 좋다. 자녀에게 여러 가지 공부를 시켜야 하나 재산을 관리하는 경제적인 측면의 공부도 많이 시켜야 한다. 요즘은 영어에만 혈안이 되어서 영어 공부만 시키는 경향이 짙다. 자본주의 사회에서 부모의 재산을 지키는 기술을 익히는 것은 물고기를 직접 잡아주는 것보다 물고기 잡는 기술을 가르쳐 주는 것과 같다.

4.4 상속재산 협의분할은 상속등기 전에 하라

피상속인이 유언을 하지 않고 사망하면 민법의 규정에 의한 법정상속이 이루어지며, 법정상속은 지분으로 상속되기 때문에 상속인이 여러 명 있는 경우에는 상속재산을 공유하게 된다. 그런데 재산을 공유하게 되면 관리하거나 처분하는 데 불편이 따르므로 공동상속인들이 협의해 상속재산을 분할하는 경우가 있는데 이를 '협의분할'이라 한다. 협의분할을 하게 되면 지분에 변동이 생기게 되는데, 협의분할이 각 상속인의 상속분이 확정되어 등기 · 등록 전에 이루어졌느냐 후에 이루어졌느냐에 따라 증여세를 내고 안 내고 하는 차이가 있다.

(1) 상속등기를 하기 전에 협의분할한 경우

상속등기 등을 하기 전에 협의분할을 한 경우에는 특정상속인이 법정상속분을 초과하여 상속재산을 취득하게 되더라도 이는 공동상속인으로부터 증여받은 것으로 보지 않고 피상속인으로부터 상속받은 것으로 보므로 증여세 문제가 발생하지 않는다.

(2) 상속등기를 하여 상속지분이 확정된 후 협의분할한 경우

법정상속분대로 상속등기 등을 하여 각 상속인의 상속지분이 확정된 후에 협의분할을 하여 특정상속인이 법정상속분을 초과하여 상속재산을 취득하는 경우 그 초과된 부분에 상당하는 재산가액은 공동상속인 중 지분이 감소된 상속인으로부터 증여받은 것으로 본다. 다만, 법정지분대로 상속등기 등을 하였다가 상속인 간 협의에 의해 상속분을 재확정하여 상속세 신고기한 내에 경정등기를 하고 상속세를 신고한 경우에는 지분변동분에 대하여 증여세를 과세하지 않는다.

그러므로 상속재산을 협의분할하고자 하는 경우에는 등기 · 등록 · 명의개서 등을 하기 전에 분할하되, 등기 등을 했다가 재분할을 하더라도 상속세 신고기한 내에 경정등기를 하고 변경된 내용대로 상속세를 신고해야 상속지분 변동분에 대해 증여재산에 포함되지 아니한다.

Tips 상속재산의 협의 분할

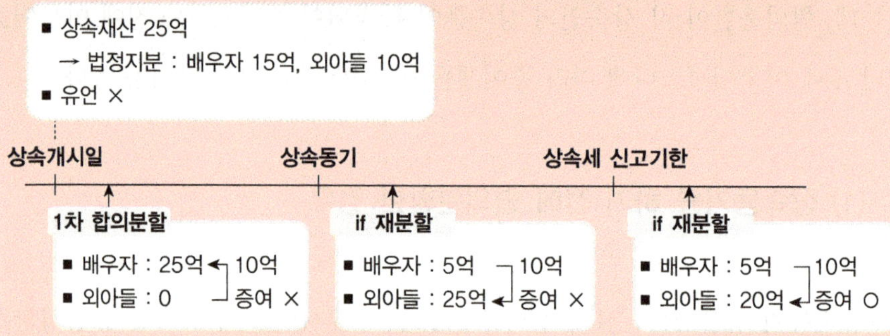

– 재산분할행위로서 증여 ×

출처 : 『세법 워크북 2』, 상경사

4.5 증여한 재산을 돌려받으려면 3개월 내에 받아라

증여를 받은 후 당사자 간의 합의에 의하여 그 증여받은 재산 금전은 제외 을 증여세 신고기한 증여를 받은 달의 말일로부터 3개월 이내에 반환하는 경우에는 처음부터 증여가 없었던 것으로 본다. 따라서 당초 증여한 것이나 반환받은 것 모두에 대하여 증여세를 과세하지 않는다. 그러나 재산을 반환하기 전에 세무관서에서 증여세를 결정하는 경우에는 증여세를 내야 한다.

한편 수증자가 증여받은 재산 현금은 제외 을 증여세 신고기한이 지난 후 3개월 당초 증여가 있은 달의 말일로부터 6개월 이내에 증여자에게 반환하거나 다시 증여하는 경우에는 당초 증여에 대하여는 과세하되, 반환하거나 재증여하는 것에 대해서는 과세하지 않는다.

그러나 당초 증여가 있은 달의 말일로부터 6개월이 경과한 후에 반환하거나 재증여하는 경우에는 당초 증여뿐만 아니라 반환 · 재증여 모두에 대하여 증여세를 과세한다.

Tips 증여재산의 반환

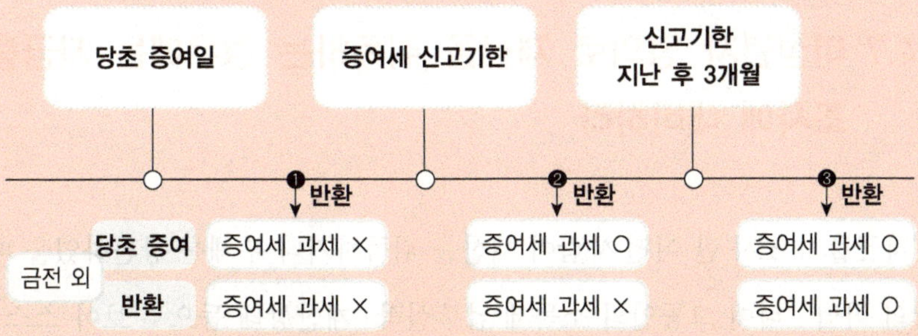

주 : 다만, 다음과 같은 예외가 있다.
- 금전은 그 시기에 관계없이 당초 증여·반환 모두 증여세를 과세한다.
- 증여재산 반환 전에 과세표준과 세액을 결정받은 경우에는 그 시기에 관계없이 당초 증여·반환 모두 증여세를 과세한다.

출처 : 『세법 워크북 2』, 상경사

4.6 6억 원 범위 내에서 배우자에게 자산을 증여해 주어라

부부 간에 재산을 증여하면 증여세를 계산할 때 10년간 6억 원을 공제해 준다. 즉, 6억 원까지는 증여세가 과세되지 않는다. 이를 잘 활용하면 세금을 절약할 수 있으며, 재산도 보존할 수 있다.

따라서 6억 원 한도 내에서 부인 명의로 재산을 취득하거나 부인에게 재산을 증여해 주면 증여세를 물지 않으면서 나중에 자녀들의 상속세 부담도 덜어줄 수 있다. 또한 부인 명의로 재산을 취득하게 되면 남편이 빚 보증을 섰다가 잘못되는 경우에도 그 재산만큼은 지킬 수 있으며, 남편이 사업을 하다가 부도 등의 사유로 세금을 체납하여 재산이 공매되는 경우에도 재산을 지킬 수 있다. 다만, 고의로 세금을 면탈할 목적으로 재산을 부인 명의로 돌려놓는 경우에는 세무서에서 "사해행위취소소송"을 제기하여 체납 세금을 징수하고 있으므로, 이를 잘못 이용하면 취득세 등만 부담하게 되므로 이러한 행위는 하지 않는 것이 좋다.

4.7 미성년자 명의로 재산을 취득하는 경우에는 자금출처 조사에 대비하라

'자금출처 조사'란 어떤 사람이 재산을 취득하거나 부채를 상환하였을 때 그 사람의 직업 · 나이 그동안의 소득세 납부실적 · 재산상태 등으로 보아 스스로의 힘으로 재산을 취득하거나 부채를 상환하였다고 보기 어려운 경우, 세무서에서 소요자금의 출처를 제시하도록 하여 출처를 제시하지 못하면 이를 증여를 받은 것으로 보아 증여세를 추가징수하는 것을 말한다.

자금출처 조사는 모든 경우마다 하는 것은 아니며, 10년 이내의 재산취득가액 또는 채무상환금액의 합계액이 일정한 기준금액 미만인 경우에는 자금출처 조사를 하지 않는다. 다만, 기준금액 이내라 하더라도 객관적으로 증여사실이 확인되면 증여세가 과세된다. 자금출처 조사 배제기준에 해당되지 않아 자금출처 조사 대상자로 선정되거나 세무서에서 자금원천을 소명하라는 안내문을 받은 경우, 이때에는 증빙서류를 제출하여 취득자금의 출처를 밝혀야만 증여세 과세를 피할 수 있다.

취득자금의 80% 이상을 소명하지 않으면취득자금이 10억 원 이상인 경우에는 소명하지 못한 금액이 2억 원 미만이 되지 않으면 취득자금에서 소명금액을 뺀 나머지를 증여받은 것으로 보므로 소명자료를 최대한 구비하여 제출해야 한다.

자금출처로 인정되는 대표적인 항목과 증빙서류는 다음과 같다.

구분	자금출처로 인정되는 금액	증빙서류
근로소득	총급여액 – 원천징수세액	원천징수영수증
퇴직소득	총지급액 – 원천징수세액	원천징수영수증
사업소득	소득금액 – 소득세 상당액	소득세신고서 사본
이자 · 배당 · 기타소득	총급여액 – 원천징수세액	원천징수영수증
차입금	차입금액	부채증명서
임대보증금	보증금 또는 전세금	임대차계약서
보유재산 처분액	처분가액 – 양도소득세 등	매매계약서

특히 개인 간의 금전거래의 경우에는 사적인 차용증, 계약서, 영수증 등으로는 거래사실을 인정받기 어려우므로 이를 뒷받침할 수 있는 예금통장사본, 무통장입금증 등 금융거래 자료를 준비하는 것이 좋다.

4.8 부채를 상환할 때도 상환자금의 출처조사에 대비해야 한다

상속세를 결정할 때 공제받은 채무나 재산취득자금에 대한 출처를 조사할 때 자금의 원천으로 소명한 부채는 상속세 과세 시 또는 자금출처 조사 시 세무서에서 인정해 주었다고 하여 다 끝난 것이 아니다. 세무서에서는 상속 · 증여세[부담부증여 등]를 결정하거나 재산취득자금의 출처를 확인하는 과정에서 인정한 부채를 국세청 컴퓨터에 입력하여 관리한다. 국세청에서는 매년 정기적으로 금융회사 등 채권자에게 채무변제 여부를 조회하며, 조회결과 부채를 갚은 사실이 확인되면 부채를 갚은 자금을 소명하라는 안내문을 발송한다. 안내문을 받으면 상환자금의 출처를 소명해야 하며, 소명을 하지 못하거나 타인이 갚은 사실이 확인되면 증여세가 과세된다.

그러므로 부채를 갚는 경우에는 자금출처 조사에 대비하여 미리미리 입증 서류를 챙겨두는 것이 좋다.

4.9 세대를 건너뛰어 증여하면 세금을 30% 더 내야 한다

할아버지가 손자에게 재산을 증여하면 일반적인 경우, 즉 할아버지에서 아들에게로 재산이 이전되었다가 다시 손자에게로 이전되는 경우에 비하여 한 단계가 생략되므로 세금 부담이 훨씬 줄어든다.

이와 같이 한 세대를 건너뛰어 재산을 이전함으로써 상속세 또는 증여세를 회피하는 행위를 방지하기 위하여 세법에서는 증여자의 자녀가 아닌 직계비속에게 재산을 증여하는 경우에는 증여세액에 세액의 30%에 상당하는 금액을 더해서 내야 한다. 다시 말해 일반적으로 계산한 증여세액이 1,000만 원이라고 할 경우 세대를 건너뛰어 증여하면 1,300만 원의 증여세를 내야 한다. 그러므로 세대를 건너뛰어 증여하고자 할 때에는 30% 할증과세를 한다는 것을 고려하여 증여 여부를 결정하는 것이 좋다.

다만, 증여자의 최근친인 직계비속이 사망하여 그 사망자의 최근친인 직계비속이 증여를 받는 경우에는 증여세를 할증하여 과세하지 않는다. 즉, 아들이 사망한 상태에서 할아버지가 손자에게 증여하는 경우에는 할증과세를 하지 않는다. 이 경우 직계존·비속 간인지의 여부를 판정할 때는 부계와 모계를 모두 포함한다. 따라서 할아버지, 할머니가 손자녀에게 증여하는 경우뿐만 아니라 외할아버지, 외할머니가 외손자녀에게 증여하는 경우에도 할증과세가 된다. 이때는 물론 증여재산공제도 성년인 경우에는 5,000만 원, 미성년자인 경우에는 2,000만 원까지 공제된다.

4.10 자녀의 증여세를 부모가 대신 납부하면 또다시 증여세가 과세된다

자녀에게 부동산이나 주식 등을 증여하는 경우 증여세는 증여를 받은 자녀가 납부해야 되는데 자녀가 소득이 없으면 세금을 납부할 능력도 없다. 현금으로 증여받으면 증여받은 현금으로 세금을 납부하면 되지만 부동산이나 주식을 증여받으면 이를 처분하지 않는 한 세금을 납부할 방법이 없다. 그렇다고 세금을 안 낼 수도 없으므로 결국 부모가 대신 납부하게 된다.

이와 같이 자녀를 대신하여 납부한 증여세는 부모가 또다시 증여한 것으로 보므로 당초 증여한 재산가액에 대신 납부한 증여세를 합산하여 추가로 과세한다. 이를 모르고 자녀에게 증여한 후 증여세 신고를 하고 세금까지 납부하여 증여세 문제가 깨끗이 종결되었다고 잊고 있다가 나중에 세무서로부터 증여세를 더 내야 한다는 고지서를 받는 경우가 있다. 이런 경우는 바로 부모가 자녀를 대신하여 증여세를 납부했기 때문이다. 그러므로 자녀가 증여세를 납부할 수 있는 정도의 소득이 없는 경우에는 증여세 상당액만큼의 현금을 더하여 증여하면 한 번의 신고·납부로 증여세 문제를 깨끗이 해결할 수 있다.

나중에 증여세를 추징당하게 되면 그에 상당하는 가산세까지 물어야 하므로 부담만 더 늘어나게 된다.

4.11 증여세를 신고하지 않으면 정상신고한 때에 비해 세금을 25% 이상 더 내야 한다

다른 사람으로부터 재산을 증여받은 자는 증여를 받은 달의 말일로부터 3개월 이내에 증여세를 신고해야 하며, 신고를 하면 내야 할 세금의 3%를 공제해준다. 혹자는 증여는 개인 간에 그것도 특수관계에 있는 자 간에 이루어지는 것인데 국세청에서 어떻게 증여사실을 알까 하여 신고를 하지 않는 경우가 있는데 이는 아주 잘못된 생각이다. 국세청에서는 "과세자료의제출및관리에관한법률"의 제정·시행, 세법규정에 의한 과세자료 제출의무 부여, 소속공무원을 통한 수집 등을 통하여 거의 모든 과세자료를 수집·전산 입력하여 관리하고 있다.

따라서 등기· 등록이나 명의개서 등을 요하는 재산의 변동사항은 물론이고 각종 기관이나 단체를 통하여 거래된 자료도 대부분 국세청에서 관리하고 있다고 보면 된다. 그러므로 증여를 받았으면 적법하게 신고를 하고 3% 세액공제를 받는 것이 조금이라도 세금을 절약하는 길이다.

또한 증여세를 신고해야 할 자가 신고를 하지 않거나, 신고해야 할 금액에 미달하게 신고한 경우에는 내야 할 세금의 10~40%허위신고의 경우 40%에 상당하는 가산세를 물어야 하며, 납부할 세금을 납부하지 아니하였거나 납부해야 할 세금에 미달하게 납부한 때에는 납부하지 아니한 기간에 1일 0.022%를 곱한 금액을 추가로 내야 한다.

물론 증여받은 재산가액이 증여재산공제액에 미달하는 경우에는 내야 할 세금이 없으므로 신고를 해도 공제받을 세액이 없으며, 신고를 하지 않더라도 가산세가 부과되지 않는다. 즉, 신고를 하거나 하지 않으나 마찬가지다. 그러나 이 경우에도 신고를 해 놓으면 나중에 증여받은 사실에 대한 증빙이 필요할 때 요긴하게 활용할 수 있으므로 신고를 하는 것이 좋다.

재산을 상속받으면 어떤 세금을 내야 하는가?

1. 상속과 관련된 기본적인 법률상식 / 2. 상속세의 기초 / 3. 상속공제 / 4. 상속세의 계산구조
5. 상속세의 신고·납부 / 6. 상속세를 줄일 방법은 없는가?

15

1 상속과 관련된 기본적인 법률상식

1.1 상속세란 무엇인가?

우리는 일생을 살면서 벌고 소비하고 남는 재산을 사회에 환원하기도 한다. 모든 재산을 사회에 기부하는 사람도 있지만 대부분은 일정 재산을 가족에게 물려준다. 이처럼 사람[피상속인]이 사망하였을 때[상속개시일] 남겨진 재산[상속재산]을 일정한 사람[상속인]에게 물려주는 것을 '상속'이라 한다. 이때 상속인은 피상속인의 사망으로 상속재산을 공짜로 받았으므로 '상속세'라는 세금을 내야 한다. 즉, 상속세는 상속인이 무상으로 얻은 불로소득에 대한 과세이다. 그것은 가진 자들 중심의 부나 소득의 집중 현상을 어느 정도 해소하고 소득재분배 측면에서

Tips 재산의 무상이전에 대한 과세체계

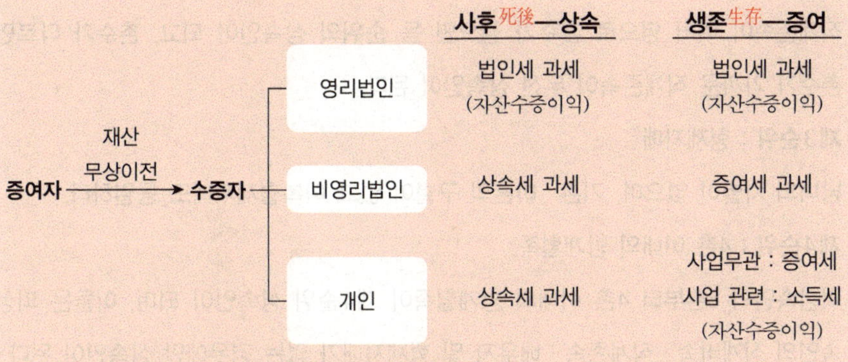

주 : 법인격 없는 사단 · 재단 또는 그 밖의 단체에 대한 취급

- 법인격이 없는 사단 · 재단 또는 그 밖의 단체는 다음 중 어느 하나에 해당하는 자로 보아 상속세 및 증여세법을 적용한다.
  ① 국세기본법에 따른 법인으로 보는 단체에 해당하는 경우 : 비영리법인
  ② ① 외의 경우 : 거주자 또는 비거주자

출처 : 『세법 워크북 2』, 상경사.

그 의의가 있는 세금이라고 볼 수 있다.

1.2 상속인에도 순위가 있다

상속인은 피상속인의 사망으로 재산을 상속받은 자를 말한다. 상속인 자격을 가진 자가 한 명인 경우에는 분쟁의 소지가 없으나, 여러 명인 경우에는 상속재산에 대한 다툼이 종종 발생한다. 상속재산은 사망자의 유언이 있다면 그 유언에 의하여 상속하면 된다[지정상속]. 유언이 없는 경우에는 민법에서 다음과 같은 상속순위를 정하고 있다[법정상속].

〈민법상 상속 순위〉

① **제1순위** : 피상속인의 직계비속[자손, 증손 등, 태아 포함]

직계비속이 여러 명으로 촌수가 같으면 동 순위의 상속인이 되고, 촌수가 다르면 촌수가 가까운 직계비속이 우선 상속인이 된다.

② **제2순위** : 피상속인의 직계존속[부모, 조부모 등]

직계존속이 여러 명으로 촌수가 같으면 동 순위의 상속인이 되고, 촌수가 다르면 촌수가 가까운 직계존속이 우선 상속인이 된다.

③ **제3순위** : 형제자매

남녀의 차별이 없으며, 기혼 · 미혼의 구별이 없고 이복형제자매도 동일하다.

④ **제4순위** : 4촌 이내의 방계혈족

피상속인의 3촌부터 4촌 이내의 방계혈족이 제4순위 상속인이 되며, 이들은 피상속인의 직계비속 · 직계존속 · 배우자 및 형제자매가 없는 경우에만 상속인이 된다.

⑤ **배우자**

배우자는 제1순위 상속인[직계비속]과 동 순위가 되고, 제1순위 상속인이 없을 경우에는 제2순위 상속인[직계존속]과 동 순위가 되며, 직계비속과 직계존속이 모두 없는 경우에는 단독 상속인이 된다.

⑥ 상속인이 없는 경우에는 상속재산은 국고에 귀속된다.

〈법정상속분 예시〉

<table>
<tr><th rowspan="2">구분</th><th rowspan="2">상속인</th><th colspan="2">상속인</th></tr>
<tr><th>상속분</th><th>배분비율</th></tr>
<tr><td rowspan="3">피상속인의 자녀 및 배우자가 있는 경우</td><td>장남 · 배우자만 있는 경우</td><td>장남 1
배우자 1.5</td><td>2/5
3/5</td></tr>
<tr><td>장남 · 장녀(미혼), 배우자가 있는 경우</td><td>장남 1
장녀 1
배우자 1.5</td><td>2/7
2/7
3/7</td></tr>
<tr><td>장남 · 장녀(출가), 2남, 2녀, 배우자가 있는 경우</td><td>장남 1
장녀 1
2남 1
2녀 1
배우자 1.5</td><td>2/11
2/11
2/11
2/11
3/11</td></tr>
<tr><td colspan="2">피상속인의 자녀가 없고 배우자 및 직계존속(부 · 모)이 있는 경우</td><td>부 1
모 1
배우자 1.5</td><td>2/7
2/7
3/7</td></tr>
</table>

주 : 같은 순위의 상속인이 여러 명인 때에는 그 상속분은 동일한 것으로 한다. 배우자의 상속분은 직계비속과 공동으로 상속하는 때에는 직계비속의 상속분에 5할을 가산하고, 직계존속과 공동으로 상속하는 때에는 직계존속의 상속분에 5할을 가산한다.

세금 에세이

대습상속제도란 무엇인가?

상속인이 될 직계비속 또는 형제자매가 상속 개시 전에 사망하거나 결격자가 된 경우에 그 직계비속이 있을 때에는 그 직계비속이 사망하거나 결격된 자의 순위에 갈음하여 상속인이 되는 것을 '대습상속'이라고 한다. 이때 상속개시 전에 사망 또는 결격된 자의 배우자도 그 직계비속과 함께 동 순위로 공동상속인이 되며, 그 상속인이 없을 때에는 단독 상속인이 된다. 그러므로 배우자는 항상 상속인이 된다.

세금 에세이

동시에 사망할 경우에는 어떻게 처리해야 하는가?

해외여행이나 국내여행을 할 경우에는 비행기나 배편을 이용하여 가는 경우가 많다. 이 경우 사고가 나 사망하게 되면 이해관계자들이 서로의 권리를 주장할 수 있는데 이를 조정하기 위해서 '동시사망의 추정' 규정을 두고 있다.

〈사례〉

1. 가족 관계

시어머니 + (남편 + 아내) + 아들

2. 사고 경위

남편과 아들이 여행을 가다가 교통사고로 사망한 경우

3. 상속 문제 검토

〈상속순서〉

배우자만 있는 경우 : 배우자가 단독 상속

아들과 배우자가 있는 경우 : 아들과 배우자가 공동 상속

아들이 없는 경우 : 직계비속이 없는 경우 직계존속과 배우자가 공동 상속

〈케이스 1〉 남편이 아들보다 먼저 사망한 경우

상속순서 : 아들 + 배우자만 상속

아들 상속분은 배우자가 단독 상속, 즉 시어머니는 상속권이 없게 된다.

〈케이스 2〉 아들이 남편보다 먼저 사망한 경우

상속순서 : 아들 상속분은 남편과 아내가 상속함

남편 상속분은 시어머니와 아내가 상속하게 되어 아내가 시어머니보다 5할을 더 상속받게 된다.

4. 동시사망의 추정

이런 경우에는 서로 간의 많은 논쟁을 만들어낼 수 있으므로 동시사망으로 추정되어 시어머니와 아내가 공동 상속하게 된다. 그러나 아내가 임신을 하고 있어 태아도 상속권이 있을 경우에는 시어머니는 절대로 상속권을 가질 수 없다. 다만, 그 태아가 무사히 출생해야 한다는 전제가 있어야 한다.

1.3 상속재산 분할의 방법

상속재산을 조금이라도 더 갖기 위한 상속인 사이의 법정 다툼이 자주 언론에 비추어지고 있다. 상속은 가족 간의 사랑을 송두리째 빼앗아 가기도 한다. 이유가 무엇일까? 그것은 상속재산의 분할 때문이다. 상속재산의 분할이란 상속개시로 인하여 생긴 상속재산을 공동상속인별 상속분에 따라 그 배분귀속을 확정시키는 일종의 청산행위를 말한다. 상속재산의 분할방법에는 유언에 의한 분할, 협의에 의한 분할 및 법원조정에 의한 분할 등이 있다.

(1) 유언에 의한 분할

피상속인은 유언으로 상속재산의 분할방법을 정하거나, 이를 정할 것을 제3자에게 위탁할 수 있다. 이는 피상속인의 자유의사를 존중하고 피상속인의 각 상속인에 대한 개인적인 감정 및 상속인의 상속재산 증가에 대한 협력의 정도

세금 에세이

유류분 제도란 무엇인가?

유류분 제도란 상속이 개시되면 상속인이 피상속인 재산의 일정한 비율을 확보할 수 있는 지위를 갖게 되는 것을 말한다. 상속인의 유류분은 다음과 같다.

- **배우자 및 직계비속** : 법정상속분의 1/2
- **직계존속 및 형제자매** : 법정상속분의 1/3

"열 손가락 깨물어 안 아픈 손가락이 없다"라는 속담이 있다. 그러나 그중에도 덜 아픈 손가락이 있기 마련이다. 더 아픈 손가락에 신경을 더 많이 쓰게 되어 있다. 이때 덜 아픈 손가락은 유류분 청구를 통해서 권리를 찾을 수 있다.

를 반영하고자 하는 취지인 것이다. 지정분할은 피상속인의 유언대로 상속이 원칙적으로 가능하지만 피상속인이 여러 사람의 상속인 중에서 1명에게만 유언으로 재산을 상속하는 경우에 민법에서는 유류분 제도를 두어 각 상속인이 최소한도로 상속을 받을 수 있도록 보호하고 있다.

(2) 상속인 간 협의분할

협의분할이란 유언에 의한 분할방법의 지정이 없었거나 분할방법의 위탁이 없었을 경우 등에는 공동상속인이 언제든지 서로 협의하여 상속재산을 분할할 수 있다. 협의에 의하여 상속재산을 분할할 경우에는 공동상속인 전원이 참가하여야 하며 일부의 상속인만으로 이루어진 협의분할은 무효이다.

(3) 가정법원에 의한 법정분할

공동상속인 간에 상속재산의 분할협의가 이루어지지 아니한 경우에는 각 공동상속인은 가정법원에 재산분할을 청구할 수 있다. 법정상속에 의하여 재산을 분할하는 경우에는 피상속인의 배우자 상속분은 직계비속과 공동으로 상속하는 때에 직계비속 상속분의 5할을 가산하고, 직계존속과 공동으로 상속하는 때에도 직계존속의 5할을 가산한다. 또한 남녀 간의 상속비율과 미혼 · 기혼의 상속비율의 차이가 없다.

세금 에세이

돈을 벌어야 하는 이유?

돈을 벌어야 하는 이유는 무엇일까? 부자가 되고자 하는 이유는 무엇일까? 실제로 사회교육원에서 일정 자산을 가지고 있는 사람들을 대상으로 여론조사를 하였더니 이런 답이 나왔다.

외롭지 않기 위해서 …….

외롭지 않기 위해서 돈을 벌어야 하고, 효를 받기 위해서는 돈이 있어야 하는 현실이 안타깝기만 하다.

2 상속세의 기초

2.1 상속세의 과세방법

아들 2명을 둔 아버지가 사망하면서 20억 원의 상속재산을 법정상속 비율대로 물려주었다. 다른 공제액이 없다고 가정하면 상속세는 어떻게 계산할까? 첫 번째 방식은 유산과세방식이다. 이는 피상속인의 상속재산 전체에 대하여 계산된 상속세액을 공동상속인 상속지분에 따라 나누는 방법이다. 즉, 상속세는 20억 원 × 누진세율$^{10\sim40\%}$ = 6.4억 원이다. 아들 2명은 각각 3.2억 원의 상속세를 부담한다. 두 번째 방식은 유산취득세방식이다. 이는 피상속인의 상속재산을 공동상속인별로 분할한 후 각 상속인의 상속지분에 따라 상속세를 계산하는 방법이다. 즉, 두 아들은 각각 10억 원 × 누진세율$^{10\sim30\%}$ = 2.4억 원의 상속세를 부담한다. 우리나라는 누진세율 때문에 상속세가 상대적으로 많이 계산되는 유산과세방식을 채택하고 있다.

Tips 유산과세형과 취득과세형

유산과세형과 취득과세형 사이에 차이가 생기는 것은 누진세율 때문이다. 예를 들어 유산총액은 100억 원이고 상속인은 10명이며, 유산총액은 각 상속인들이 동일하게 나눈다고 가정한다. 또한 상속재산 10억 원에 대한 세율은 10%, 100억 원에 대한 세율은 50%라고 가정한다.

① 유산과세형

- 유산총액 100억 × 50% = 상속세 50억

② 취득과세형

- 유산총액 100억 → 재산취득가액 10억 × 10% = 상속세 1억
  → ⋮ ⋮
  → 재산취득가액 10억 × 10% = 상속세 1억
  계 10억

취득과세형은 부의 분산을 촉진한다는 장점이 있지만 상속인 각자가 받은 유산이 얼마인가를 파악해야 하므로 세무행정의 부담이 커진다는 단점도 있다. 반면에 유산과세형은 남긴 유산이 얼마인가만 파악하면 나머지는 기계적 계산이므로 세무행정이 용이한 장점이 있다.

구분	**유산과세형**(estate tax system)	**취득과세형**(inheritance tax system)
개념	피상속인의 유산총액에 대하여 과세하는 방식 → 상속인이 여러 명인 경우 각자의 몫으로 분할하기 전의 유산총액에 누진세율을 적용하여 과세	상속인이 취득하는 재산가액에 대하여 과세하는 방식 → 상속인이 여러 명인 경우 먼저 상속재산을 상속분에 따라 분할하고, 분할된 각자의 몫에 누진세율을 적용하여 과세
장점	▪ 세수증대 효과 ▪ 세무행정의 용이	▪ 각자의 담세력에 상응하는 과세 ▪ 부의 분산을 촉진
우리나라 입법례	상속세는 유산과세형을 채택하고 있음	증여세는 취득과세형을 채택하고 있음

출처 : 『세법 워크북 2』, 상경사

2.2 상속세 과세대상

상속세 계산은 상속세 과세대상을 확정하는 것에서 시작한다. 상속세 과세대상은 본래의 상속재산, 의제상속재산, 사전증여재산, 추정상속재산의 합계액을 말한다.

Tips 상속 사례

얼마 전 40대 중반의 반도체 분야 최고의 기술자 A씨가 집에서 기기를 설치하다 낙마하여 사망했다. 피상속인은 거주하는 주택, 콘도회원권, 임대를 주고 있는 상가와 일부 예금을 가지고 있다. 또한 보험과 매월 일정 금액을 신탁상품에 가입한 상태였다. 다른 상속인은 없으며 배우자만 존재한다. 배우자는 A씨로부터 4년 전에 상장주식 10억원을 증여받아 증여세를 납부했었다.

(1) 본래의 상속재산

상속세가 과세되는 재산이란 금전으로 환가할 수 있는 경제적 가치가 있는 물건과 재산적 가치가 있는 법률상 및 사실상의 권리를 말한다. 예를 들어 토지, 건물, 유가증권, 현금과 예금, 서화, 골동품과 채권 및 특허권, 저작권, 광업권 등 모든 재산이 포함된다. A씨의 상속개시로 인한 본래의 상속재산은 주택, 콘도회원권, 상가와 예금이 될 것이다.

(2) 의제상속재산

사망[상속개시]으로 인하여 받게 되는 보험금, 퇴직금, 신탁재산도 상속세 과세 대상에 포함된다. 상속인은 본래의 상속재산 외에도 A씨가 다니던 회사로부터 퇴직금을, 보험회사로부터 보험금을, 신탁회사로부터 신탁원금과 수익금을 받게 될 것이다. 이러한 금액도 '의제상속재산'이라고 하여 상속세 과세대상에 포함된다.

(3) 사전증여재산

우리나라 세법은 상속재산을 줄이기 위하여 사망 전에 미리 증여한 재산을 상속재산에 포함시키고 있다. 다만, 증여세 비과세 대상이 되는 경우에는 포함되지 않는다.

가. 상속개시일 전 10년 이내에 피상속인이 상속인에게 증여한 재산
나. 상속개시일 전 5년 이내에 피상속인이 상속인 이외의 사람에게 증여한 재산
다. 상속개시일 전에 피상속인이 자녀에게 창업자금으로 증여한 재산가액
라. 상속개시일 전에 피상속인이 자녀에게 가업승계 주식 등을 증여한 재산가액

배우자가 A씨로부터 사망 전에 증여받은 주식에 대해 증여세를 납부했음에도 불구하고 왜 상속세 계산 시에 또다시 주식 10억 원을 상속재산에 포함하는 것일까? 그것은 상속세를 낮추는 방법으로 사망 전에 증여를 활용하기 때문이다. 증여세 단계에서 증여세로 (10억 − 배우자공제 6억) × (10∼20%) = 7천만

원을 부담했을 것이다. 상속시점에 배우자에게 이전하는 것보다 유리할 수 있기 때문에 현행 세법은 일정 시점 이내의 증여재산을 상속재산에 포함하여 상속세를 계산하고 이전에 납부한 증여세를 산출세액에서 차감해 주고 있다.

Tips 사례

[Case 1] 상속개시일에 10억 원을 상속하는 경우의 세부담

[Case 2] 상속개시 전에 총 9억 원을 증여하고 상속개시일에 1억 원을 상속하는 경우의 세부담

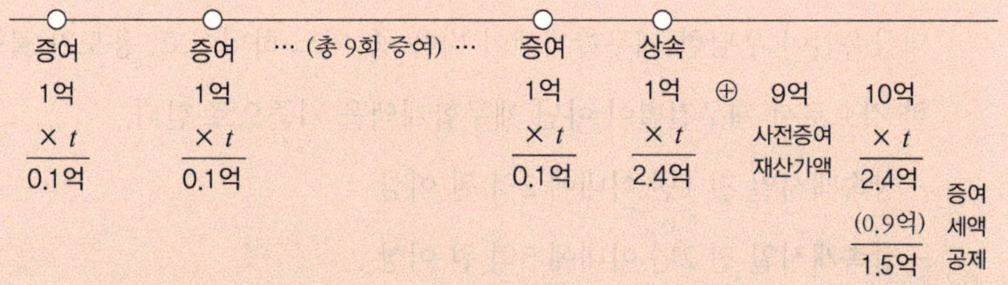

출처 : 『세법 워크북 2』, 상경사

(4) 추정상속재산

상속세 신고 실무에서 가장 쟁점이 되는 것이 추정상속재산에 대한 부분이다. 상속세 과세가액에 포함되는 추정상속재산은 다음과 같다.

■ **추정요건**

① 재산처분 · 재산인출의 경우

피상속인의 재산처분액 또는 재산인출액이 다음 중 하나인 경우로서 용도 불분명한 것

- 상속개시일 전 1년 이내에 재산 종류별로 계산하여 2억 원 이상
- 상속개시일 전 2년 이내에 재산 종류별로 계산하여 5억 원 이상

여기서 재산 종류별이란, 다음 각호의 구분에 의한 것을 말한다.

1. 현금, 예금 및 유가증권
2. 부동산 및 부동산에 관한 권리
3. 위 1, 2 외의 기타 재산

② 채무부담의 경우

피상속인이 부담한 채무합계액이 다음 중 어느 하나이고, 용도가 불분명한 것으로서 채무건별이 아닌 채무합계액을 기준으로 한다.

- 상속개시일 전 1년 이내에 2억 원 이상
- 상속개시일 전 2년 이내에 5억 원 이상

■ **추정상속가액**

용도가 불명확한 금액은 재산의 처분, 인출, 채무부담에 의한 금액에서 용도입증금액 차감

(재산처분액 · 인출액 · 채무부담액 – 용도입증액)

– Min(처분재산가액 또는 채무부담액 × 20%, 2억 원)

용도불명금액이 다음의 금액에 미달하는 경우 용도가 불분명한 것으로 보지 않는다.

용도불명금액 < Min(재산처분 등으로 인해 받은 금액 × 20%, 2억 원)

Tips 실제 사례

〈추정상속재산의 계산사례 1〉

만일 상속개시일 전 1년 이내에 예금인출액이 1억 원이고 부동산 처분금액이 5억 원일 경우 사용처 소명대상 재산은 어떤 재산일지 생각해 보자. 재산 종류별로 판단하므로 예금, 부동산 각각 구분해서 소명대상 재산에 해당하는지 판단하여야 한다. 따라서 예금 인출액은 1억 원으로 2억 원 미만에 해당되므로 사용처 소명대상이 아니고 부동산 처분금액 5억 원은 2억 원 이상이므로 사용처 소명대상 재산에 해당하게 된다. 그러면 얼마까지 소명해야 할까?

소명되지 않는 금액 한도 = MIN[2억 원, 1억 원5억 원 × 20%] = 1억 원이므로 4억 원까지는 처분금액을 어디에 사용하였는지 입증해야 한다. 만약 2억 원만 입증하였다면 2억 원이 추정상속재산이 될 것이다.

〈추정상속재산의 계산 사례 2〉

1년 전에 토지를 50억 원에 처분하였는데 50억 원 중 10억 원은 통장에 입금하고 20억 원은 그 사용처가 확인되며 입금된 10억 원은 3개월 후 전액 인출되었으나 그중 1억 원만 사용처가 확인다른 입 · 출금 내역은 없음되는 경우 추정상속재산은 얼마일까?

〈해답〉 추정상속재산가액 산정

① **토지 처분액 중 추정상속재산가액** : 18억 원

용도불분명 금액 : 50억 원 − 10억 원 − 20억 원 = 20억 원 ……… ㉠

(처분대금 중 예금한 10억 원은 사용처가 확인된 것으로 봄)

상속추정가액 : ㉠ − MIN(처분금액의 20%, 2억 원) = 18억 원

② **예금인출액 중 추정상속재산가액** : 7억 원

상속추정가액 : 10억 원 − 1억 원 − MIN(인출금액의 20%, 2억 원) = 7억 원

③ **추정상속재산가액 합계** : 25억 원

한편, 상속개시일 전 1년2년 이내 기간 계산 시 초일은 산입하지 아니하고 기간의 만료일을 계산한다. 단, 그 기간이 오전 영시부터 시작되는 경우에는 해당되지 않는다.

〈사례〉 상속개시일 : 2017년 12월 31일

상속개시일 전 1년 이내 : 2016. 12. 31～2017. 12. 31 사망시간 전

상속개시일 전 2년 이내 : 2015. 12. 31～2017. 12. 31 사망시간 전

세금 에세이

추정상속재산 규정은 왜 있는 것인가?

일반적으로 상속세 대상 재산을 처분하거나 채무를 많이 받으면 상속세가 줄어든다고 생각하기 쉽다. 그래서 처분을 하거나 대출을 많이 받아 통장에 입금을 해놓는데 이렇게 되면 결국 예금 자산이 늘어나 상속재산에는 영향이 없다. 그러므로 현금을 인출하여 상속인에게 미리 증여할 경우에는 상속세를 회피하게 된다. 이를 방지하기 위해서 인출한 돈에 사용처가 명확히 있지 않으면 이 금액은 상속재산에 합산하도록 규정을 둔 것이다. 이 규정은 추정규정이므로 1차로 과세관청에서 미입증금액을 소명하면 납세자가 미입증금액에 대해서 출처를 소명하면 된다. 소명을 하지 못하게 되면 이를 상속가액으로 편입하여 상속세를 과세하게 된다. 모두 입증하는 것은 피상속인이 유고되어 불가능하므로 일정 금액 이상만 입증하도록 만들어 놓은 것이다.

2.3 비과세되는 상속재산

다음의 재산에 대하여는 상속세가 과세되지 않는다.

① 전사 또는 이에 준하는 사망 또는 전쟁 및 이와 유사한 공무로 사망한 경우 피상속인의 모든 재산

② 국가, 지방자치단체, 기타 공공단체에 유언에 의하여 증여한 재산

③ 문화재 보호구역 안의 토지

④ 분묘에 속한 9,900m^{2}의 금양임야와 1,980m^2 이내의 묘토인 농지한도액 : 2억 원

⑤ 족보와 제구 한도액 : 1천만 원

2.4 상속재산의 평가

상속세는 상속개시로 인하여 무상으로 취득하는 재산을 과세물건으로 하여 부과되는 세금이기 때문에 상속세 과세재산의 가액을 얼마로 할 것인지는 매우 중요하다. 현금이나 예금은 평가가 어렵지 않다. 그러나 거래가 자주 이루어지지 않는 부동산이나 비상장주식, 회원권 등은 얼마로 평가하여야 할까? 납세자가 임의적인 평가방법으로 평가하여 신고해도 될까? 현행 세법은 평가의 원칙을 정하고 있다. 즉, 상속개시 당시의 현황에 의한 상속재산의 가액은 그 당시의 '시가'에 의하도록 하고 있다. 여기서 '시가'라 함은 각 재산의 현황에 따라 불특정다수인 간에 자유로이 거래되는 가격을 말한다. 이 경우 매매사례가액 · 감정가액 · 수용가액 등이 시가의 범위에 포함된다.

상속재산의 평가는 시가에 의하여 평가하는 것이 원칙이나 시가의 산정이 어려울 때에는 다음과 같은 보충적 평가방법에 의하여 평가한다.

① **토지** : 개별공시지가. 다만, 국세청장이 지정하는 지역은 개별공시지가에 배율을 곱한 금액으로 한다.
② **주택** : 개별(공동)주택가격
③ **주택 이외의 건물** : 국세청장이 산정하여 고시하는 가액으로 한다.
④ **선박, 항공기, 차량, 건설기계 및 입목** : 지방세법상의 과세시가표준액으로 평가한다.

세금 에세이

아파트의 경우에는 매매사례가액으로 평가받기가 쉽다

아파트의 경우에는 기성 상품이어서 매매가격의 차이가 별로 없으므로 사례가액을 찾기 쉽다. 예를 들어 상속개시일 근방에 상속받은 아파트가 202호인데 옆집이 매매되었다면 이는 매매사례가액으로 보아 상속재산가액을 늘리게 된다. 아파트의 경우에는 매매사례가액이 있을 수 있음을 기억하자. 아파트의 경우에 매매사례가액은 국토교통부 홈페이지에서 실거래가를 조회하면 알 수 있다.

* 국토교통부 실거래가 http://rt.molit.go.kr

2.5 상속재산에서 차감해 주는 금액

상속세 계산과정에서 상속재산에서 차감해 주는 금액도 있다. 피상속인이 부담하고 있거나 부담하여야 할 공과금이나 채무 및 장례비용 등이 그것이다.

(1) 공과금

상속재산에서 공제되는 공과금이란 피상속인이 부담하여야 할 세금, 공공요금 등을 말한다. 그러나 상속개시일 이후 상속인의 착오로 납부할 가산금, 체납처분비, 벌금, 과료, 과태료 등은 공과금에 포함되지 아니한다.

(2) 장례비용

장례비용은 피상속인이 사망한 날부터 장례일까지 장례에 직접 소요되는 금액봉안시설 또는 자연장지에 소요되는 금액을 제외한다으로 하며 시신의 발굴 및 안치에 직접 소요되는 비용과 묘지구입비공원묘지 사용료를 포함한다, 비석, 상석 등 장례에 직접 소요된 제반비용을 포함하며 다음 금액의 합계액으로 한다.

가. 장례비용으로 지출한 금액의 합계액이 500만 원 미만인 경우에는 장례비용은 500만 원으로 하고, 그 금액이 1,000만 원을 초과하는 경우에는 1,000만 원으로 한다.

나. 봉안시설 또는 자연장지에 소요된 금액500만 원을 초과하는 경우에는 500만 원을 공제한다

세금 에세이

봉안시설과 자연장지는 무엇을 말하는가?

봉안이란 유골을 봉안시설에 안치하는 것을 말하며, 봉안시설이란 봉안묘, 봉안당, 봉안탑 등 유골을 안치매장 제외하는 시설을 말한다.

자연장지란 화장한 유골의 골분을 수목, 화초, 잔디 등의 밑이나 주변에 묻어 장사하는 것을 말한다.

(3) 채무

상속개시 당시 피상속인이 부담하는 채무로서 상속인이 실제로 부담하는 사실이 입증되어야 한다.

3 상속공제

피상속인의 사망으로 인한 경제적 충격을 고려하여 상속세의 부담을 완화함으로써 상속인의 생활안정 및 생활기초의 유지를 위하여 상속공제제도를 두고 있다. 상속공제에 관한 규정을 사례를 들어 설명해 보자.

Tips 상속 공제사례

홍길동은 비상장주식 20억 원, 예금 4억 원, 주택 6억 원, 상가 10억 원을 보유하고 있던 중 교통사고로 2017년에 사망하게 되었다. 모친70세, 배우자 및 장애를 가진 아들20세(기대여명 50년)과 10년 이상 함께 살고 있었다. 비상장주식은 아들에게 예금, 주택, 상가는 무주택자인 배우자에게 전부 상속되었다. 상속공제액을 계산해 보자.

〈1단계〉 인적공제액의 최소는 5억 원이다.

① 최소공제액은 5억 원이지만, '기초공제 및 기타 인적공제의 합계액'이 5억 원을 초과하면 그 전체 금액을 공제한다.

② '기초공제 및 기타의 인적공제의 합계액'은 다음과 같이 계산한다.

상속공제		공제금액	공제한도
기초공제 및 기타의 인적공제	기초공제	2억 원	
	자녀공제	자녀 1인당 5천만 원	인원수 제한 없음
	미성년자공제	19세까지의 연수 × 1천만 원	인원수 제한 없음
	연로자공제	65세 이상 1인당 5천만 원	인원수 제한 없음
	장애인공제	1인당 1천만 원 × 기대여명 연수	인원수 제한 없음
일괄공제		5억 원	'기초공제 및 기타 인적공제의 합계액'과 선택하여 적용 가능

③ 사례의 경우 기초공제 2억 원 + 자녀공제 5천만 원 + 미성년자공제 0원 + 연로자공제 5천만 원 + 장애인공제 5억 원 = 8억 원이다.

④ 기초공제 및 기타의 인적공제의 합계액인 8억 원을 선택한다.

※ 다만, 배우자가 단독으로 상속을 받는 경우(상속인이 배우자 혼자인 경우를 말함)에는 일괄공제 5억 원은 적용하지 않는다.

〈2단계〉 〈1단계〉의 인적공제와 별도로 배우자상속공제가 최소 5억 원이 가능하다.

① 배우자상속공제액은 배우자가 실제로 상속받은 금액 전체를 공제하되, 다음 산식에 의하여 계산금액을 한도 최대 30억 원 로 하며, 배우자가 상속받은 재산이 없어도 최소 5억 원을 공제한다.

> 한도액 = 상속재산가액 × 배우자의 법정상속지분
> − 배우자에게 상속개시 전 증여한 재산에 대한 과세표준
> = (20 + 4 + 6 + 10)억 원 × (1.5)/(1 + 1.5) − 0원 = 24억 원

※ 민법상 법정상속지분율은 피상속인의 배우자는 1.5, 나머지 상속인은 1임

② 따라서 사례의 경우 배우자상속공제액은 실제 상속받은 20억 원이다.

※ 만약 배우자의 실제 상속재산이 5억 원 미만인 경우에도 최소 5억 원은 공제된다.

〈3단계〉 가업상속 및 영농상속의 경우에는 추가 상속공제된다.

① 가업상속공제는 다음 중 큰 금액으로 한다.

가. 가업상속 기초공제액

기초공제액	요건	한도액
가업상속 재산가액	10년 이상 사업을 계속한 경우	200억 원
	20년 이상 사업을 계속한 경우	300억 원
	30년 이상 사업을 계속한 경우	500억 원

나. 2억 원. 다만, 해당 가업상속 재산가액이 2억 원 미만인 경우에는 그 가업상속 재산가액으로 한다.

② 사례의 경우 가업상속 공제액은 14억 원이다. 왜냐하면 가업상속 기초공제액이 20

억 원 × 70% = 14억 원으로 2억 원보다 크기 때문이다.

③ 한편, 영농상속공제는 피상속인 및 상속인 모두 상속개시 2년 전부터 영농에 종사하면서 종지, 초지, 산림지 등을 상속받는 경우 영농상속 재산가액을 공제받는데 5억 원을 한도로 한다.

〈4단계〉 금융재산을 상속받은 경우에는 금융재산상속공제를 받을 수 있다.

① 상속재산 중 순금융재산가액이 포함되어 있는 경우에는 2억 원을 한도로 다음과 같이 상속재산가액에서 공제한다.

가. 순금융재산가액이 2천만 원 이하인 경우

당해 순금융재산가액

나. 순금융재산가액이 2천만 원을 초과하는 경우

순금융재산가액 × 20%최저 2천만 원 최고 2억 원

② 순금융재산은 금융재산가액에서 금융채무를 차감한 가액으로 한다.

③ 금융재산은 금융기관이 취급하는 예금, 적금, 부금, 계금, 출자금, 금전신탁재산, 보험금, 공제금, 주식, 채권, 수익증권, 출자지분, 어음 등의 금전 및 유가증권을 말한다.

④ 사례의 경우 금융재산공제액은 4억 원 × 20% = 8천만 원이다.

〈5단계〉 동거주택 상속공제가 될 수도 있다.

① 상속개시일 현재 무주택자인 상속인직계비속인 경우에 한정한다이 상속개시일 직전까지 10년 이상 계속하여 동거한 1세대 1주택고가주택 포함에 대하여 상속주택가격의 80%5억 원 한도를 상속세 과세가액에서 공제한다.

② 사례의 경우 배우자는 10년 이상 무주택자로서 피상속인과 동거한 1세대 1주택을 상속받았으므로 동거주택 상속공제가 적용 가능하다.

③ 사례의 경우 동거주택 상속공제액은 6억 원 × 80% = 4억 8천만 원이다.

〈6단계〉 상속재산에 재해가 발생하면 재해손실공제가 가능하다.

① 상속세 신고기한 내에 화재, 붕괴, 폭발, 환경오염사고 및 자연재해 등으로 인하여 상속재산이 멸실, 훼손된 경우에는 그 손실가액을 공제한다. 다만, 보험금의 수령 등 구상권 등의 행사에 의해 보전받을 수 있는 경우에는 제외한다.

② 본 사례에는 재해가 없으므로 재해손실공제액은 영0이다.

〈7단계〉 상속공제 적용의 한도와 비교하라.

① 상속공제액은 다음의 금액을 초과할 수 없다.

<table>
<tr><td>상</td><td rowspan="4">≤</td><td>상속세 과세가액[1)]</td></tr>
<tr><td>속</td><td>– 상속인이 아닌 자에게 유증 등을 한 재산가액</td></tr>
<tr><td>공</td><td>– 상속인의 상속포기로 차순위 상속인이 상속받은 재산가액</td></tr>
<tr><td>제</td><td>– 상속세 과세가액에 가산한 증여재산가액공제받은 증여재산공제액은 차감</td></tr>
</table>

주 : 1) 상속세 과세가액 = 총상속재산가액 – 비과세 재산가액 – 과세가액 불산입액(공익법인 출연재산 등) – 공과금 · 장례비용 · 채무 + 증여재산가산액

② 사례의 상속세 과세가액은 39.95억 원= 40억 원 – 5백만 원이고, 따라서 상속공제 한도는 39.95억 원이다.

③ 6단계까지 계산된 사례의 상속공제의 합계액은 총 47.6억 원= 인적공제 8억 원 + 배우자공제 20억 원 + 금융재 제 0.8억 원 + 동거주택상속공제 4.8억 원 + 가업상속공제 14억 원이다.

④ 따라서 총상속공제액은 상속공제 한도액인 39.95억 원이다.

4 상속세의 계산구조

〈상속세 계산구조〉

(+)	상속재산가액	①	(+) 민법상의 상속재산가액
		②	(+) 의제상속재산가액(보험금 · 퇴직금 · 신탁재산)
		③	(+) 추정상속재산가액(1년 이내 2억 원, 2년 이내 5억 원)
			(+) 증여재산가액(피상속인이 증여한 재산)상속인 10년, 상속인이 아닌 자 5년 이내 합산
		④	(+) 증여세 과세 특례를 받는 창업자금 · 가업승계주식은 기간 제한 없이 가산
(–)	비과세 과세가액불산입		(–) 비과세 및 상속세 과세가액 불산입재산
(–)	과세가액 공제액	①	공과금
		②	장례비용
		③	채무
=	상속세 과세가액		
(–)	기초공제		2억 원 (5억 원)
(–)	그 밖의 인적공제		(자녀공제, 미성년자공제, 연로자공제, 장애인공제) (5억 원)
(–)	배우자상속공제		
(–)	가업상속공제		
(–)	영농상속공제		
(–)	금융재산공제		
(–)	재해손실공제		
(–)	동거주택상속공제		
(–)	감정평가수수료공제		
=	과세표준		
×	세율		
=	산출세액		
(–)	징수유예금액		
(–)	증여세액공제		
(–)	외국납부세액공제		
(–)	단기상속세액공제		
(–)	신고세액공제		
=	상속세 신고납부세액		

4.1 상속세 과세가액

상속세 과세가액은 상속재산의 가액에서 상속재산에서 차감하는 공과금, 장례비용, 채무를 차감한 후 상속세 과세가액에서 가산하는 증여재산가액을 가산한 금액이다.

상속세 과세가액	=	상속재산가액	–	공 과 금 장례비용 채 무

※ 상속재산가액 = 민법상 상속재산가액 + 의제상속재산가액 + 증여상속재산가액 + 추정상속재산가액

4.2 상속세 과세표준

상속세의 과세표준은 다음 산식과 같이 계산하며 계산된 과세표준이 50만원 미만인 경우에는 상속세를 부과하지 않는다.

상속세 과세표준	=	상속세 과세가액	–	기 초 공 제 기 타 인 적 공 제 배 우 자 상 속 공 제 가 업 상 속 공 제 영 농 상 속 공 제 금융재산상속공제 재 해 손 실 공 제 감 정 평 가 수 수 료 동거주택상속공제

4.3 상속세의 산출세액

상속세 산출세액 = 상속세 과세표준 × 세율

상속세의 산출세액은 상속세의 과세표준에 상속세율을 곱하여 계산한다.

(1) 상속세의 세율

과세표준	세율
① 1억 원 이하	과세표준의 10/100
② 1억 원 초과 5억 원 이하	1천만 원 + 1억 원을 초과하는 금액의 20/100
③ 5억 원 초과 10억 원 이하	9천만 원 + 5억 원을 초과하는 금액의 30/100
④ 10억 원 초과 30억 원 이하	2억 4천만 원 + 10억 원을 초과하는 금액의 40/100
⑤ 30억 원 초과	10억 4천만 원 + 30억 원을 초과하는 금액의 50/100

(2) 세대생략상속에 대한 할증과세

피상속인과 상속인 간의 상속이 한 세대를 건너뛰어 이루어지는 경우가 있다. 즉, 할아버지가 아들에게 상속하지 않고 손자에게 직접 상속을 하는 것이다. 이것은 1세대를 생략함으로써 상속세를 회피하기 위한 수단으로 이용된다. 이러한 상속을 방지하기 위하여 세대를 생략하고 상속이 이루어진 경우에는 상속세액의 30%를 가산하여 과세한다. 다만, 대습상속의 경우에는 그러하지 아니한다.

$$\text{상속세 산출세액} \times \frac{\text{피상속인의 자녀를 제외한 직계비속의 상속재산가액}}{\text{총상속재산가액}} \times 30\%$$

피상속인의 자녀를 제외한 직계비속이면서 미성년자에 해당하는 상속인 또는 수유자가 받았거나 받을 상속재산의 가액이 20억 원을 초과하는 경우에는 40%를 적용한다.

4.4 상속세의 신고납부세액

상속세의 납세의무자가 실질적으로 납부할 세금은 상속세의 산출세액에서 공제 또는 감면되는 세액을 공제한 금액으로 한다.

상속세 신고납부세액	=	상속세 산출세액	-	① 징수유예세액공제 ② 증 여 세 액 공 제 ③ 외국납부세액공제 ④ 단기상속세액공제 ⑤ 신 고 세 액 공 제

(1) 징수유예세액공제

피상속인의 상속재산에 문화재 자료 및 등록문화재와 보호구역 안의 토지 그리고 박물관 자료 또는 미술관 자료로서 전시 또는 보존 중에 있는 재산가액이 포함되어 있는 경우에는 다음과 같이 계산된 금액을 공제한다.

$$\text{징수유예세액} = \text{상속세 산출세액} \times \frac{\text{문화재 자료 등의 가액}}{\text{상속재산가액}}$$

(2) 증여세액공제

증여재산가액이 상속세 과세가액에 가산된 경우 그 증여재산에 대하여 부과한 증여세액을 부과한다.

$$\text{한도액} = \text{상속세 산출세액} \times \frac{\text{상속재산에 가산하는 증여재산의 과세표준}}{\text{상속재산의 과세표준}}$$

(3) 외국납부세액공제

국내 거주자가 외국에 있는 상속재산에 대하여 외국의 법령에 따라 부과받은 상속세액을 공제하되 다음을 한도로 한다.

$$\text{한도액} = \text{상속세 산출세액} \times \frac{\text{외국에서 상속세가 부과된 재산의 과세표준}}{\text{총상속재산가액의 과세표준액}}$$

(4) 단기상속세액공제

상속이 개시된 후 10년 이내에 재상속이 이루어진 경우 전의 상속세가 부과된 상속재산 중 재상속분에 대한 전의 상속세 상당액을 상속세산출세액에서 공제한다.

$$\text{공제세액} = \text{전의 상속세 산출세액} \times \frac{\text{재상속분의 재산가액} \times \dfrac{\text{전의 상속세 과세가액}}{\text{전의 상속재산가액}}}{\text{전의 상속세 과세가액}} \times \text{공제율}$$

주 : 재상속분의 재산가액은 전의 상속재산가액에서 전의 상속세 상당액을 차감한 것을 말한다.

〈공제율〉

재상속기간	공제율	재상속기간	공제율
1년 이내	100%	6년 이내	50%
2년 이내	90%	7년 이내	40%
3년 이내	80%	8년 이내	30%
4년 이내	70%	9년 이내	20%
5년 이내	60%	10년 이내	10%

(5) 신고세액공제

상속세 과세표준 신고기한 내에 신고서를 제출한 자는 상속세 산출세액에서 징수유예금액 및 기타 공제감면세액을 공제한 금액의 3/100을 신고세액공제로 공제한다.

$$\text{신고세액공제} = \left[\begin{array}{c}\text{상속세 산출세액}\\\text{(할증과세액 포함)}\end{array} \times \begin{array}{c}\text{징수유예금액 및}\\\text{기타공제감면세액}\end{array}\right] \times 3/100$$

주 : 상속세 산출세액이라 함은 법정신고기한 내에 신고한 과세표준에 대한 산출세액을 말한다.

5 상속세의 신고·납부

5.1 신고 · 납부기한과 제출서류

상속인은 상속개시일 사망일 이 속하는 달의 말일로부터 6개월 피상속인 또는 상속인이 외국에 주소를 둔 경우에는 9개월 내에 사망자의 주소지 관할 세무서에 다음의 서류를 첨부한 상속세과세표준신고서 및 자진납부계산서를 관할 세무서장에게 제출하여야 한다. 다만, 공동상속의 경우에는 상속인 중에서 한 사람이 상속세 신고서를 제출한 때에는 다른 상속인은 관련 서류를 제출하지 않아도 된다.

① 상속세과세표준신고서 및 자진납부계산서
② 상속인별 상속재산 및 평가명세서토지대장, 등기부등본, 건물대장, 예금잔액증명서 등
③ 채무, 공과금, 장례비 등의 사실입증서류
④ 상속재산이 분할된 경우에는 상속재산 분할명세서 및 그 평가명세서
⑤ 연부연납(물납) 허가신청서 및 납세담보제공서
⑥ 상속공제 대상임을 입증할 수 있는 서류와 기타 상속세법상의 서류 : 주민등록등본, 가족관계증명서 또는 사망진단서 등

5.2 분할납부

상속세는 일반적으로 1천만 원이 넘어가기 때문에 일시에 납부하는 상속인은 거의 없다. 상속세로 납부할 금액이 1천만 원을 초과하는 경우에는 납부기한 경과 후 2개월 이내에 다음과 같이 분할납부할 수 있다. 다만, 연부연납허가를 받은 경우에는 그렇지 않다.

① **납부할 세액이 2천만 원 이하인 때** : 1천만 원을 초과하는 금액
② **납부할 세액이 2천만 원을 초과하는 때** : 세액의 50% 이하의 금액

5.3 가산세는 피하자

신고납부기한 내에 신고 또는 납부를 하지 않으면 가산세가 부과된다.

① 신고불성실 가산세

신고기한 내에 신고를 하지 않은 경우는 20%의 가산세가 적용되고 적게 신고한 경우에는 10%의 가산세가 적용된다. 다만, 부당 과소신고 금액에 대해서는 40%의 가산세가 적용된다.

② 납부지연 가산세

납부기한 내에 납부하지 않거나 적게 납부한 경우에는 다음 산식에 의한 금액을 가산한다.

$$\text{미납부세액} \times \text{자진납부일 또는 고지일까지의 기간} \times \frac{2.2}{10,000}$$

5.4 담보가 있다면 연부연납 가능

(1) 연부연납의 요건

상속세는 일시에 납부하는 것이 원칙이다. 납부할 상속세액이 큰데 일시에 납부할 것을 납세자에게 강요한다면 결국 상속재산의 처분이 이루어져야 한다. 이는 상속인의 물적생활기초를 위태롭게 할 우려가 있어 일시납부의 과중한 부담을 덜어주는 목적으로 일정 기간에 걸쳐 납부하는 연부연납제도를 두고 있다. 상속세액이 2천만 원을 초과하는 경우에는 납세의무자가 신청에 의하여 담보제공과 함께 세무서장의 허가를 받아 연부연납을 할 수 있다.

(2) 연부연납기간

연부연납기간은 연부연납허가일로부터 5년 이내의 기간에서 납세의무자가 신청한 기간으로 한다. 다만, 가업상속재산에 대한 상속세 납부세액은 상속재산 중 가업상속재산이 차지하는 비율이 50% 미만이면 연부연납 허가 후 2년이 되는 날부터 5년 이내에, 가업상속재산이 50% 이상인 경우에는 연부연납 허가 후 3년이 되는 날부터 12년 이내에 연부연납할 수 있다.

5.5 상속세는 현물로 낼 수 있다

세금은 금전으로 납부하는 것을 원칙으로 한다. 그러나 상속재산 중 부동산과 유가증권의 가액이 많은 경우에는 상속세를 금전으로 납부하기가 어렵게 된다. 왜냐하면 상속재산인 부동산이나 유가증권의 처분이 쉽지 않고 실제 거래가액에 상당한 불이익이 발생할 수도 있다. 따라서 상속인에게 불이익을 주지 않기 위하여 일정한 요건을 갖춘 자에게 상속세를 현물로 내도록 허용하고 있다. 이를 '물납제도'라고 한다.

상속세를 물납하고자 하는 자는 상속재산 중 부동산과 유가증권의 가액이 상속재산가액의 1/2을 초과하여야 하고 상속세 납부세액이 2천만 원을 초과하는 경우에 한하여 적용된다. 또한 물납을 하고자 하는 자는 세무서장에게 물납신청을 하여 허가를 받아야 한다. 물납을 할 수 있는 재산은 다음으로 국한된다.

① 국내에 소재하는 부동산

② 국채, 공채, 주권 및 내국법인이 발행한 채권 또는 증권과 그 밖의 유가증권. 다만, 주식은 당해 주식 이외에 다른 상속 재산이 없거나 부족한 경우에만 인정된다.

6 상속세를 줄일 방법은 없는가?

6.1 상속받을 재산보다 부채가 많다면 상속을 포기할 수 있다

피상속인의 부채가 상속재산보다 많은 경우에는 상속을 포기할 수 있다. 상속을 포기하고자 하는 경우에는 상속개시가 있음을 안 날로부터 3개월 이내에 가정법원에 상속포기신고를 하면 된다. 그러나 상속재산보다 부채가 많은지 불분명한 경우에는 상속으로 인하여 취득할 재산의 한도 내에서 피상속인의 채무를 변제할 것을 조건으로 상속을 한정승인할 수도 있다. 상속인이 한정승인을 하고자 할 경우에는 상속개시가 있음을 안 날로부터 3개월 이내에 상속재산의 목록을 첨부하여 상속개시지의 가정법원에 한정승인신고를 하면 된다.

Tips 한정승인이 무엇인가?

상속재산으로 자산이 많은지 부채가 많은지 불분명한 때에는 상속으로 인하여 취득할 재산의 한도 내에서 피상속인의 채무를 변제할 것을 조건으로 상속을 승인할 수 있는데 이를 '한정승인'이라 한다.

따라서 한정승인을 하게 되면 상속재산보다 부채가 많다 하더라도 상속인 본인의 고유 재산을 처분하면서까지 피상속인의 채무를 변제하지 않아도 된다. 상속포기나 한정승인은 직접적으로 상속세를 절세하는 방법은 아니나 상속재산보다 부채가 많은 경우에는 상속포기나 한정승인 제도를 이용하면 상속인의 재산을 보호할 수 있다.

6.2 상속재산을 빠짐없이 신고하라

상속세 신고에서 종종 나오는 실수가 상속재산을 누락하여 가산세를 부담하는 경우이다. 부동산이나 예금 등의 본래의 상속재산 외에도 보험금, 퇴직금, 신탁재산 등이 모두 상속재산에 포함되어야 한다. 상속재산의 누락 없이 완전하게 파악하는 것이 상속세 절세의 기본이다.

6.3 장례비용이 5백만 원을 초과하면 입증서류를 잘 준비하라

피상속인의 사망일부터 장례일까지 장례에 직접 소요된 비용과 묘지구입비, 공원묘지사용료, 비석, 상석 등 장례에 직접 소요된 제반 비용을 일정한 한도 내에서 비용으로 인정해 준다. 이러한 장례비용이 5백만 원 미만인 경우에는 증빙이 없더라도 5백만 원을 공제해 주지만, 5백만 원을 초과하는 경우에는 증빙으로 지출사실이 확인되어야만 공제해 준다[한도 1천만 원]. 또한 봉안시설, 자연장지의 사용에 소요된 금액은 5백만 원을 한도로 추가로 공제해 준다. 따라서 장례비용이 5백만 원을 초과한 경우에는 지출증빙자료를 잘 챙겨두어야 공제가 가능하다.

6.4 공제 가능한 채무 유무를 반드시 확인하라

상속세 과세가액에서 빼는 채무의 금액은 상속개시 당시 피상속인의 채무로서 상속인이 실제로 부담하는 사실이 입증되어야 한다. 입증서류에는 당해 기관에 대한 채무임을 입증할 수 있는 서류, 채무부담계약서, 채권자확인서, 담보설정 및 이자지급에 관한 증빙 등이 있다. 상속개시 당시 피상속인이 부담해야 할 채무가 있는 경우에는 모두 공제받을 수 있기 때문에 증명 가능한 서류를 빠짐없이 준비해야 한다.

6.5 사망하기 1년 또는 2년 내의 재산처분금액, 예금인출액 및 채무부담액에 대해서는 철저하게 증빙을 갖추어라

사망하기 1년 또는 2년 이내에 재산을 처분하거나 예금 등을 인출하는 경우 그 금전을 어디에 사용하였는지 사용용도와 지출증빙을 반드시 갖추어야 한다. 상속세 세무조사를 받는 과정에서 일반적으로 과세당국이 납세자에게 가장 빈번하게 자료를 요청하는 분야가 바로 사망하기 일정 기간 내에 재산처분대금이나 예금인출액 등을 어디에, 어떠한 용도로 사용하였는지에 관한 사항이다. 특히 예금인출액 등의 경우에는 피상속인의 예금계좌별로 모든 입출금 명세를 과세당국이 입수하여, 주요한 출금에 대하여는 상속인에게 증여한 것이 있는지를 중점적으로 확인하며 사용용도를 입증하지 못하는 부분에 대해서는 상속인에게 현금상속한 것으로 추정한다. 따라서 재산처분대금이나 예금인출액 등에 대해서는 거래상대방, 지출근거가 되는 계약서, 거래상대방의 입금확인에 관한 증빙자료를 꼼꼼히 챙겨두어야 한다.

6.6 상속개시일 전후 6개월 이내에는 부동산 처분을 자제하라

상속재산은 상속개시 당시의 시가로 평가하는 것이 원칙이나, 시가를 산정하기 어려운 때에는 보충적 평가방법에 의할 수 있다. 부동산의 경우에는 매매가 이루어지지 않는 상황에서는 시가를 알기 어렵고 이러한 경우에는 개별공시지가나 국세청 기준시가를 활용하여 상속재산을 평가하게 된다. 이러한 개별공시지가나 국세청 기준시가에 의한 가액은 통상적으로 시가보다 낮기 때문에 상속개시일 전후 6개월 이내에 부동산을 처분하지 않는 것이 유리하다.

6.7 배우자가 있는 경우에는 배우자상속공제를 최대한 활용하라

상속인 중에 배우자가 있는 경우에는 배우자가 상속을 받지 않더라도 최소 5억 원의 배우자상속공제를 적용받을 수 있다. 그러나 상속재산이 많은 경우에는 세금 측면만 고려한다면 배우자에게 상속하는 것이 상속세 부담을 줄이는 방법이다. 이때 배우자 상속공제를 받기 위해서는 상속재산을 분할등기 · 등록을 요하는 경우에는 그 절차를 완료해야 함하여 결정기한신고기한으로부터 6개월까지 상속재산을 신고하여야 한다.

예를 들어 피상속인의 상속재산이 25억 원, 배우자와 아들 1명을 상속인으로 하는 경우의 상속세 과세표준은 다음과 같이 달라진다.

① 배우자에게 재산을 상속하지 않은 경우

상속세 과세표준 = 25억 원 – 5억 원배우자공제 – 5억 원일괄공제

= 15억 원

② 배우자에게 법정상속지분3/5에 따라 상속한 경우

상속세 과세표준 = 25억 원 – 15억 원배우자공제 : 25억 원 × (3/5) – 5억 원일괄공제

= 5억 원

6.8 증여재산공제 한도 내에서 미리 증여하는 것도 좋은 방법이다

증여세를 계산할 때 배우자에게 증여하는 경우에는 6억 원, 직계존비속에게 증여하는 경우에는 5천만 원미성년자인 경우에는 2천만 원을 공제받을 수 있다. 통상적으로 재산가치는 증가하므로 재산을 사전에 배우자나 자녀에게 증여하면 상속재산이 증여시점의 가치로 평가되어 상속세를 줄일 수 있다. 다만, 증여재산공제를 초과하는 사전증여가 있으면 상속공제 종합한도 계산 시 불리할 수 있으므로 유의해야 한다.

6.9 상속세 신고기한 내에 신고 · 납부하라

상속세는 신고기한상속개시일이 속하는 달의 말일부터 6개월 이내에 상속세를 신고하면 신고세액공제산출세액의 3%를 적용받을 수 있다. 신고기한 내에 신고하지 않거나 납부하지 않은 경우에는 10～40%의 신고불성실 가산세와 1일 2.2/10,000의 납부지연 가산세를 추가적으로 부담해야 한다. 따라서 신고세액공제의 혜택을 받고 가산세의 위험을 없애기 위해서는 상속세 신고기한 내에 신고 · 납부해야 한다.

6.10 세대를 건너뛰어 상속하면 상속세로 30%를 더 내야 한다

세대를 건너뛰어 손자에게 상속하면 아들에게 상속할 때보다 30%를 할증하여 상속세를 부담해야 한다. 그러나 상속이 개시되기 전에 아들이 사망하여 손자가 아들을 대신하여 상속을 받는 대습상속의 경우에는 할증과세를 적용하지 않는다. 따라서 상속인이 고령이거나 건강상의 문제가 있는 경우에는 할증 과세를 받더라도 세대생략상속을 하는 것이 유리할지 아니면 정상적으로 상속을 받은 후 단기상속에 대한 세액공제를 받는 것이 유리할지 잘 따져보고 더 나은 방법을 선택해야 한다.

16

"국세기본법"과 "지방세기본법"상 조세란?

1. 조세의 개념 / 2. 조세의 기능 / 3. 바람직한 조세의 요건

이번 장[제14장]과 다음 장[제15장]에서는 “국세기본법”과 “지방세기본법”에 나타난 조세[세금과 같은 의미로 사용]란 무엇이고, 조세의 규범체계는 어떻게 되어 있는지를 살펴봄으로써 지금까지 공부한 내용 전반을 정리한다.[1]

1 조세의 개념

조세는 정부의 재정수요를 충당하거나 경제·사회적 정책의 실현을 위하여 국민 또는 주민에 대해 직접적인 반대급부 없이 부과·징수하는 금전급부를 의미한다. 독일의 경우 “조세기본법” 제3조 제1항에서 조세란 “특별한 급부에 대한 반대급부로서가 아니라, 공법상의 공동체가 재원조달을 목적으로 법률이 정하는 급부의무 요건을 충족하는 모든 구성원에게 부과하는 금전급부”로 정의하고 있다.

우리나라는 조세에 대한 명시적인 정의는 없으나, “헌법”에서 모든 국민의 납세의무를 규정[제38조]하고 있고, 국민이 부담하는 조세의 종목과 세율은 법률로 정하도록 규정[제59조]함으로써 ‘조세법률주의’ 원칙을 명시하고 있다.

조세의 개념적 징표에서 파생된 기본적인 특징을 보다 구체적으로 살펴보면 다음과 같다. 첫째, 조세를 부과하는 주체는 국가 또는 지방자치단체이다. 둘째, 조세는 국가 또는 지방자치단체의 재정사업 수행을 위한 재원조달과 특정한 경제·사회적 정책의 실현을 목적으로 부과·징수된다. 셋째, 조세는 과세요건을 충족할 경우 부과된다. 과세요건은 국회가 제정한 법률로 규정되어야 하며, 이를 ‘조세법률주의’라 한다. 넷째, 조세는 직접적인 반대급부 없이 부과·징

1. 제14장과 제15장은 국회예산정책처에서 발간한 『대한민국 조세』에서 발췌하여 정리한다.

수하는 금전급부이며, 화폐경제가 확립된 현대의 조세는 금전납부를 기본으로 한다.

2 조세의 기능

조세는 정부의 재정수요 충족에 소요되는 재원을 조달하는 기능을 수행한다. 아울러 소득재분배 등 특정한 경제·사회적 정책을 실현하기 위한 효과적인 수단으로도 활용될 수 있다. 이러한 관점에서 살펴본 조세의 기능은 다음과 같다.

2.1 재정수요 충족을 위한 재원조달 기능

조세의 본질적인 기능은 정부의 제반 기능을 수행하기 위해 필요한 재원을 조달하는 것이다. 정부는 국민 개개인이 해결할 수 없는 국방, 치안, 교육, 사회복지공공부조 및 사회 인프라 구축 등 공공서비스를 제공하는 재정 활동을 수행한다. 조세는 이러한 재정 활동에 소요되는 재원을 조달하는 기능을 담당한다.

정부는 조세 외에도 부담금, 재산수입, 사용료, 임대료, 수수료 등을 부과·징수하지만, 이 중에서 가장 핵심을 이루는 것은 조세수입이다. 오늘날 대부분의 현대 국가에서는 조세를 정부 재정의 주된 수입원으로 활용하고 있다.

2.2 경제 · 사회정책적 기능

(1) 소득재분배

조세는 사회보장지출 등 재정지출과 함께 소득과 부를 재분배하는 기능을 수행한다. 조세는 일반적으로 누진적progressive, 역진적regressive, 비례적proportional 조세로 구분할 수 있다. 조세정책의 관점에서 직접적인 소득재분배의 수단이 되는 조세제도는 누진적 조세이다. 누진적 조세란 납세자의 소득 · 소비 · 자산 등 과세기반tax base이 증가할수록 세율도 상승하는 조세를 의미한다. 반대로 과세기반이 증가할수록 세율이 하락하는 조세를 역진적 조세라 칭하며, 과세기반이 증가하더라도 세율이 변하지 않는 조세를 비례적 조세라고 말한다.

누진적 조세의 대표적인 예로는 개인소득세를 들 수 있다. 개인소득세는 세율의 구조를 누진적으로 설계함으로써, 고소득층의 세부담은 증가하고 저소득층의 세부담은 상대적으로 작아지게 된다. 결과적으로 조세를 부과함으로써 고소득층과 저소득층 간의 가처분 소득disposable income의 격차는 감소하게 되며,

[누진세 · 비례세 · 역진세]

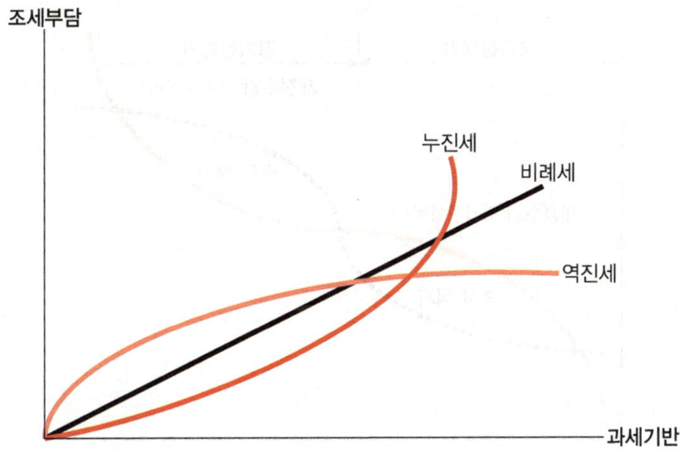

이를 통해 소득재분배 기능을 수행하게 된다. 다만, 명목세율의 누진적인 설계와 별개로 각종 소득공제와 세액감면, 세액공제 등의 적용 수준에 따라 실제 조세를 통한 소득재분배 효과의 크기는 달라질 수 있다.

(2) 경제의 안정화

경제안정화는 경기의 진폭을 완화하는 것을 의미한다. 정부는 경기의 안정화를 위해 다양한 정책수단을 활용할 수 있다. 재정정책 측면에서는 경기 침체기에 재정지출을 확대하고, 세율인하·조세감면 등을 통해 조세수입 증가율을 둔화시킴으로써 경기 부양을 도모할 수 있다. 반대로 경기 상승기에는 지출억제 및 세율인상·감면축소 등을 통해 경기과열을 막을 수 있다. 이러한 정책을 재량적 재정정책discretionary fiscal policy이라 하며, 조세는 이러한 재량적 재정정책의 수단이 될 수 있다.

반면 정부가 인위적으로 경기상황에 대응하지 않더라도 자동적으로 재정지출과 수입이 변동함으로써 경기 변동성이 완화되는 기능을 재정의 자동안정화

[경제의 자동안정화 기능]

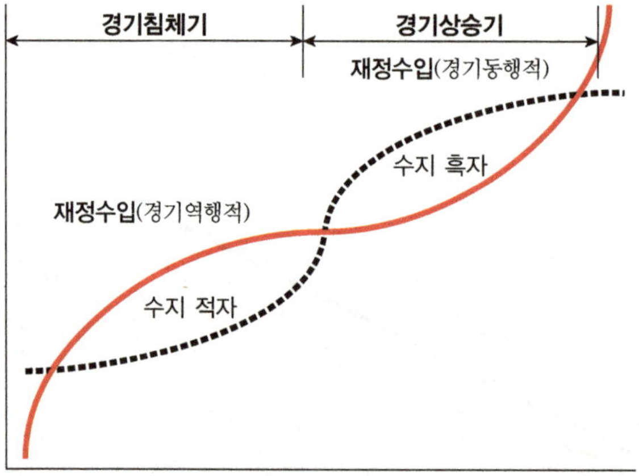

장치automatic stabilization라 한다. 재정의 자동안정화 기능은 대부분 재정수입의 경기동행성pro-cyclicality에서 발생한다. 즉 경제성장이 빨라지면 재정수입이 더 빠르게 늘어나고 경제성장이 느려지면 재정수입이 더 빠르게 줄어드는 과정을 통해 재정의 경기안정화 기능이 발휘된다. 조세의 경기안정화 기능은 조세수입의 규모가 크고, 누진도가 높을수록 더욱 커진다.

(3) 시장실패의 교정

시장실패market failure를 교정하는 것 역시 조세의 기능 중의 하나이다. 시장실패란 개별 경제주체의 의사결정에만 의존할 경우 사회 전체의 후생이 극대화되지 못하는 수준에서 경제활동이 이루어지는 상황을 말한다. 사회적 비용이 가격의 결정에 제대로 반영되지 않는 외부불경제가 존재하거나, 시장이 자원을 효율적으로 배분하지 못하는 시장실패 상황이 존재하는 경우 조세를 통해 외부불경제를 완화하거나 시장실패를 보완할 수 있다.

예를 들어 외부불경제를 야기하는 환경오염 물질의 배출을 억제하는 정책목표를 수립한 경우, 오염물질의 배출에 대한 추가적인 조세를 부과함으로써 이를 억제하는 효과를 거둘 수 있다. 반대로 외부경제의 예로는 연구개발R&D 투자를 들 수 있다. 연구개발 활동은 성공할 경우 사회 전체에 긍정적 파급효과를 유발하지만, 기술개발에 소요되는 비용과 높은 실패 확률로 인해 시장에 맡겨둘 경우 과소 공급이 이루어질 수 있다. 정부는 연구개발에 대한 조세지원을 제공함으로써 관련 투자 확대를 유도할 수 있다.

3 바람직한 조세의 요건

바람직한 조세의 요건은 관점에 따라 다양한 견해가 존재한다. 18세기 아담 스미스A. Smith는 바람직한 조세원칙으로 조세부담의 공평성, 명확성certainty, 편리성convenience, 최소징세비 원칙을 제시하였다. 이후 20세기 중반 리처드 머스그레이브R. A. Musgrave는 아담 스미스의 관점을 보다 확장하여 조세부담 배분의 공평성, 조세의 중립성, 조세정책의 공평성, 조세구조의 재정정책적 탄력성, 세무행정의 명확성 및 최소징세비의 원칙 등을 제시한 바 있다.

이상의 논의를 종합하면, 바람직한 조세가 갖추어야 할 요건은 크게 조세부담의 공평성, 단순성 및 확실성, 효율성중립성으로 집약할 수 있다. 아울러 현대적인 조세국가에서는 재정수요의 충족을 위한 재정수입이 대부분 조세를 통해 조달됨에 따라, 세수확보의 충분성도 바람직한 조세의 요건으로서 고려할 수 있을 것이다.

3.1 공평성

조세의 부담은 납세의무자들 사이에서 공평하게 배분되어야 한다. 현대 조세국가에서 조세부담의 공평에 대한 개념은 국가로부터 개인이 받는 편익의 크기에 따라 조세부담이 배분되는 것이 공평하다는 '편익원칙'과, 개인의 조세부담능력담세력에 따른 조세부담이 공평하다는 '능력원칙'으로 구분할 수 있다.

먼저, '편익원칙'은 국가가 제공하는 공공서비스에서 얻는 편익에 대응하여 조세를 부담하는 것이 공평하다는 관점으로 '응익과세의 원칙'이라고도 한다. 편익원칙은 시장의 원리에 따라 조세가격을 설정함으로써 조세부담의 공평성을 달성하고, 자원배분의 효율성도 제고할 수 있지만 각 개인이 공공서비스로부터 받는 편익을 객관적으로 파악하기 어렵다는 문제점이 있다. 또한 개인의 소득분배 상태에 대한 고려도 이루어지지 못한다.

다음으로 '능력원칙'은 납세의무자 개인의 부담능력에 따라 조세부담이 이루어지도록 하는 것이 공평하다는 관점으로 '응능과세의 원칙'이라고도 한다. 능력원칙을 적용함에 있어서 공평의 개념은 수평적 공평과 수직적 공평으로 분류할 수 있다. 수평적 공평은 동일한 경제적 능력의 소유자는 동일한 조세를 부담하는 것이 공평하다는 관점을 뜻하고, 수직적 공평은 경제적 능력에 비례하는 누진적인 조세부담이 공평하다는 관점을 의미한다. 능력원칙에 따라 조세를 부과하기 위해서는 납세의무자의 부담능력을 측정해야 하는데, 납세의무자의 부담능력을 파악하기 위한 대리지표로서 소득, 소비지출, 재산 등이 사용된다.

3.2 확실성 및 단순성

바람직한 조세는 확실성과 단순성을 갖춰야 한다. 특히 조세와 관련한 과세요건 등은 법률로써 명확하게 규정하여야 한다. 법률로 그 요건을 규정하였다고 하더라도 그 내용이 추상적이거나 불확실할 경우, 과세관청의 자의적 해석을 허용하게 되어 납세자의 예측 가능성을 침해할 수 있기 때문이다.

또한 조세는 국민이 쉽게 이해하고 받아들일 수 있도록 단순해야 한다. 조세의 복잡성이 높고 이해 가능성이 낮을수록 납세자의 납세순응비용compliance cost과 과세관청의 조세행정비용tax administration cost이 증가하기 때문이다. 현대의 조세는 대부분의 세목이 신고납세제도를 채택함에 따라 납세의무자는 자신의 경제활동으로 얻은 성과에 대하여 법령에 따라 스스로 세액을 계산하여 납부하게 된다. 따라서 조세는 가급적 그 구조가 간소하여 이를 이해하기 쉽고, 자신의 세액을 계산하기 용이하도록 단순성을 갖춰야 하며, 이를 통해 납세순응

비용과 조세행정비용이 최소화될 수 있어야 한다.

3.3 효율성

조세의 효율성이란 조세의 부과가 경제의 자원배분을 왜곡하지 않아야 하며 간섭을 최소화해야 한다는 것으로, '조세의 중립성'과 연계되는 개념이다. 조세의 부과는 상대가격의 변화를 가져옴으로써 납세자 등 민간부문의 경제행태에 왜곡을 초래하고, 이때 경제적 순손실로서 초과부담또는 사중손실이 발생하게 된다. 따라서 바람직한 조세는 자원배분 과정의 교란을 최소화하도록 중립적으로 설계됨으로써 경제적 효율성을 높일 수 있어야 한다. 이러한 관점에서 시장개입을 최소화하는 조세수단이 바람직하다고 할 수 있다. 반면 시장의 실패로 인하여 자원배분의 효율성이 저하되는 경우 조세를 통한 시장개입이 오히려 효율성을 제고하는 결과를 가져올 수도 있다.

“국세기본법”과 “지방세기본법”상 조세의 규범체계

1. 조세법의 체계 / 2. 조세법의 기본 원칙 / 3. 조세의 과세요건
4. 납세의무의 성립 · 확정 · 소멸 / 5. 납세자권리구제

17

1 조세법의 체계

조세에 관한 법의 존재형식인 법원法源은 헌법, 법률, 명령, 조례·규칙, 조세조약 등으로 나누어 살펴볼 수 있다.

(1) 헌법

국가의 최고규범인 "헌법" 제38조는 "모든 국민은 법률이 정하는 바에 의하여 납세의 의무를 진다"고 규정하고, 제59조는 "조세의 종목과 세율은 법률로 정한다"고 규정하여 법률이 규정하지 않은 자의적 과세를 금지하고 있다조세법률주의. 헌법은 조세법의 최고 법원으로서 헌법에 위반하는 조세법규 또는 과세관청의 행위는 무효이다.

(2) 법률

조세법률주의에 입각하여 납세의무자·과세대상·과세표준·세율 등 과세요건과 조세의 부과징수에 관한 사항은 모두 법률에서 규정한다. 국세는 상속세와 증여세를 제외하고는 1세목 1세법주의를 채택함에 따라 세목별 과세요건 등은 "소득세법", "법인세법", "부가가치세법" 등 개별세법에서 규정하고, 일반 공통사항은 "국세기본법", "국세징수법", "조세범 처벌법", "조세특례제한법"에서 규정한다. 지방세는 다세목 1세법주의를 채택하여 각 세목별 과세요건은 "지방세법"에서 모두 규정하고, 일반 공통사항은 "지방세기본법", "지방세징수법" 및 "지방세특례제한법"에서 규정한다.

(3) 명령, 조례, 규칙

법률의 위임 범위 안에서 행정부는 명령을, 지방자치단체는 조례 또는 규칙을 제정할 수 있다. 국세 관련 하위법령으로는 법률의 개별 위임을 받아 대통령이 제정하는 대통령령과 기획재정부장관이 제정하는 기획재정부령이 있다. 지방세와 관련해서 "지방세기본법" 또는 지방세관계법에서 정하는 범위 내에서 지방의회가 조례를 제정하고, 지방자치단체의 장은 조례의 시행에 따르는 절차와 그 밖에 시행에 관하여 필요한 사항을 규칙으로 정할 수 있다.

[조세법률 체계 및 관계]

내용	구분
▪ 납세의무 및 과세를 위한 세법의 규범근거	**헌법**
▪ 납세의무의 성립시기와 확정방법을 규정하는 법률 ▪ 조세 부과 및 징수의 권리기간 등을 규정하는 법률 ▪ 조세에 관한 납세자의 권리구제를 규정하는 법률	**국세기본법 · 지방세기본법**
▪ 누구에게 무엇에 대해 어떠한 세금이 부과되는지를 규정하는 법률 **[예시]** 소득–소득세법, 소비–부가가치세법 · 개별소비세법, 부동산 보유–종부세법 · 지방세법(재산세) ▪ 언제까지 신고하고, 납부하는지를 규정하는 법률	**개별세법**
본법인 조세 법률의 개별위임을 받아 규정하는 법규 **[예시] 본법** : 국세기본법 ▶ **위임사항** : 국세기본법 시행령 ▶ **실제 적용 세부규정** : 국세기본법 시행규칙	**명령** (시행령, 시행규칙)
지방세 관련 법령에서 정한 범위 내에서 지방자치단체가 과세요건 및 부과 · 징수에 관한 사항을 제정하는 법규 **[예시]** 과세요건 제정(지방세법 범위) ▶ **지방의회** : 서울특별시 시세 기본 조례 ▶ **위임사항** : 서울특별시 시세 기본 조례 시행규칙	**조례 · 규칙** (지방의회 : 조례 자치단체장 : 규칙)
국가 간 이중과세 또는 조세회피를 방지하기 위한 협약	**조세조약**

(4) 조세조약

조세조약이란 국제적인 거래에서 일어나는 이중과세나 조세회피를 방지하기 위한 목적 등으로 국가 간 체결하는 조약을 의미한다. 헌법에 의해 체결·공포된 조세조약은 국내법과 동일한 효력을 갖는다.

2 조세법의 기본 원칙

2.1 조세법률주의

(1) 의의

조세법률주의는 법률에 근거가 있어야만 국가가 조세를 부과·징수할 수 있고, 국민도 조세의 납부를 요구받지 않는다는 원칙을 의미한다. 조세법률주의는 국민의 대표기관인 국회가 조세의 종류·내용·부과징수 절차를 법률로 정함으로써, 국가의 과세권 행사와 국민의 조세부담에 대한 한계를 명확하게 하고 국민의 재산권 보장과 함께 법적 안정성 및 예측 가능성 보장에도 기여한다는 점에서 의의를 갖는다. 우리나라는 "헌법" 제38조와 제59조에서 조세법률주의를 규정하고 있다.

(2) 내용

조세법률주의는 조세법 규정에 관한 헌법상 원칙으로서 '과세요건 법정주의', 이에 파생되는 원리에 해당하는 '과세요건 명확주의'와 '소급과세금지 원칙'으로 구분할 수 있다.

① 과세요건 법정주의

과세요건 법정주의란 납세의무를 성립시키는 납세의무자, 과세대상 및 과세표준, 과세기간, 세율 등의 과세요건과 조세의 부과·징수 절차를 모두 국민의 대표기관인 국회가 제정하는 법률로 명확히 규정해야 한다는 원칙을 뜻한다. 국가의 과세권 행사는 기본적으로 국민의 재산권에 대한 침해적 성격을 지니기 때문에 조세법률주의에 근거하여 납세의무의 내용과 한계를 법률로 명확히 규정하도록 요구한 것이다.

다만, 빠르게 변화하는 경제 환경 및 행정영역의 전문화로 인해 국회가 제·개정하는 법률보다는 탄력성·신속성을 특징으로 하는 행정입법[시행령·시행규칙]으로 그 내용을 일정 부분 위임해야 할 필요성이 존재한다. 그러나 위임입법 역시 과세요건 법정주의에 따라 구체적이고 명확한 범위와 기준을 정하여 실시하는 개별적이고 구체적인 위임을 의미하므로 포괄적인 백지위임은 허용될 수 없다.

② 과세요건 명확주의

과세요건 명확주의는 과세요건과 부과·징수 절차를 규정한 법률 또는 그 위임에 따른 명령, 규칙은 그 내용이 일의적이고 명확해야 한다는 원칙을 의미한다. 과세요건 명확주의는 과세요건 법정주의의 실질적 내용을 보완하고, 과세관청의 자의적 해석 및 집행을 배제함으로써 국민의 법적 안정성과 예측 가능성을 보장한다는 점에서 의의가 있다.

그러나 조세법이 규율해야 하는 경제현상은 복잡하고 유동적이므로 이를 법률로써 개별적으로 명확하게 규정하는 것에는 한계가 존재한다. 따라서 불가피하게 일반적이거나 추상적인 개념 등 불확정 개념을 사용해야 할 경우가 있으나, 이러한 경우에도 법률의 취지나 목적, 전후 문맥의 내용 등을 문리적·논리적 해석을 통해 그 의미와 내용을 구체화할 수 있도록 규정하여야 한다.

③ 소급과세금지 원칙

소급과세금지의 원칙은 조세납부 의무가 성립한 소득·수익·재산 또는 거래에 대하여 그 성립 후에 제정된 새로운 세법 또는 달라진 해석 및 관행을 적용하고 소급하여 과세할 수 없다는 원칙을 의미한다. 소급과세금지의 원칙은 현행 조세법 및 해석·관행을 신뢰하여 경제활동을 영위한 납세자의 법적 안정성과 예측 가능성 제고에 기여한다.

우리나라는 소급과세금지원칙을 "헌법"과 "국세기본법"에 규정하고 있다. "헌법" 제13조 제2항은 "모든 국민은 소급입법에 의하여 재산권을 박탈당하지 아니한다"고 규정하고 있다. "국세기본법" 제18조 제2항은 "국세를 납부할 의무가 성립한 소득·수익·재산·행위 또는 거래에 대해서는 그 성립 후 새로운 세법에 따라 소급하여 과세하지 아니한다"고 규정한 후 같은 법 제18조 제3항에서 "세법의 해석 또는 국세행정의 관행이 일반적으로 납세자에게 받아들여진 후에는 그 해석 또는 관행에 따른 행위 또는 계산은 정당한 것으로 보며, 새로운 해석 또는 관행에 의하여 소급하여 과세되지 아니한다"고 규정하고 있다.

조세법령의 소급은 납세의무가 성립된 후에 새로운 법령을 소급하여 적용하는 진정소급과 과세기간 중납세의무의 성립일 전에 개정된 세법 등을 그 과세기간 개시일로부터 소급하여 적용하는 부진정소급이 있다. 대법원은 진정소급은 허용하지 않지만 부진정소급은 인정하고 있다. 또한 조세의무를 감경하는 세법 조항의 경우 후술하는 조세평등의 원칙에 반하지 않는 한 소급적용이 허용된다.

2.2 조세평등주의

조세평등주의는 조세의 부과와 징수가 납세자의 담세능력에 따라 공정하고 평등하게 이루어져야 하고, 합리적 이유 없이 특정한 납세의무자를 차별하거나 우대하는 것은 허용되지 않는 것을 의미한다. 조세평등주의는 "헌법" 제11조 제1항에서 규정하고 있는 '평등의 원칙'을 조세의 부과와 징수 과정에서 구현한 원칙에 해당한다.

조세평등주의 이념을 실현하기 위한 하부원칙으로 '실질과세의 원칙'이 있다. 실질과세의 원칙이란 법률상의 형식과 경제적인 실질이 서로 부합하지 않는 경우, 경제적 실질에 따라 조세를 부과하는 것이 평등의 원칙에 부합한다는 것을 뜻한다.

한편 조세평등주의와 관련하여 실질적인 담세력은 동일하지만 정책적인 목적을 실현하기 위하여 특정한 요건에 해당할 경우 세부담을 감경 또는 가중하는 조세특례조치를 생각해 볼 필요가 있다. 조세특례조치는 담세력이 동일한 납세자를 조세부담의 측면에서 특별한 이익감경 또는 불이익가중을 부여하는 것으로서 조세평등주의 관점에는 부합하지 못하는 측면이 있다.

조세특례조치가 조세평등주의에 반하는 위헌적 요소가 있는지 여부를 판단하기 위해서는 각각의 조세특례조치에 대하여 개별적인 판단이 필요하다. 개별적 판단에서 고려해야 할 주된 관점은 첫째, 조세특례조치의 정책목적이 합리적인지, 둘째, 정책목적을 달성하기 위하여 그 조치가 유효한 것인지, 셋째, 조세특례조치에 의하여 공평부담이 어느 정도로 침해되는지 등이다.

3 조세의 과세요건

조세의 과세요건은 납세의무라는 법률적인 효과가 발생하기 위해 충족되어야 할 법률상의 요건을 의미한다. 조세의 과세요건은 법률로 규정되어야 하며과세요건 법정주의, 그 내용은 명확해야 한다과세요건 명확주의. 일반적으로 과세요건에는 납세의무자, 과세대상, 과세표준, 세율 등이 있다.

3.1 납세의무자

납세의무자란 세법에 의해 조세를 납부할 의무가 있는 자이다. 납세의무자는 법률상 납세의무를 이행하여야 할 자로서 경제적으로 조세부담을 지는 담세자와는 구별되며, 납세의무자와 담세자가 일치하지 않을 수 있다.

자연인·법인을 불문하고 권리의무의 주체인 모든 인격체가 납세의무자로 인정된다. 자연인인 납세자는 세법상 '개인'으로 지칭하고, 거주자와 비거주자 구분에 따라 납세의무의 범위에 차이가 있다. 거주자는 무제한 납세의무를, 비거주자는 제한적인 납세의무를 부담한다.

법인은 영리목적의 유무영리/비영리법인와 국내 본점소재지 여부내국/외국법인에 따라 납세의무의 범위가 다르다. 영리법인은 모든 소득에 대해 납세의무를 부담하며, 비영리법인은 "법인세법"이 열거한 수익사업 소득에 대해서만 납세의무를 부담한다. 내국법인은 본점·주사무소 또는 사업의 실질적 관리장소가 국내인 경우 전 세계소득에 대해 납세의무를 부담하며, 외국법인은 본점 소재지 등이 국외인 경우 국내원천소득에 한정하여 제한적 납세의무를 부담한다.

개별세법상 납세의무자는 '자신의 행위, 소득 등으로 인하여 납세의무를 지는 자'로 규정되어 있으며, 주요 세목별 납세의무자는 다음 표와 같다.

〈주요 세목별 납세의무자〉

<table>
<tr><th>구분</th><th colspan="2">세목</th><th>납세의무자</th></tr>
<tr><td rowspan="15">국세</td><td colspan="2">소득세</td><td>■ 국내에 주소를 두거나 183일 이상 거소를 둔 개인
■ 국내 원천소득이 있는 개인(비거주자), 법인격 없는 단체</td></tr>
<tr><td colspan="2">법인세</td><td>■ 내국법인, 국내원천소득이 있는 외국법인</td></tr>
<tr><td colspan="2">상속세</td><td>■ 상속인 또는 유증을 받는 자</td></tr>
<tr><td colspan="2">증여세</td><td>■ 증여에 의하여 재산을 취득하는 자</td></tr>
<tr><td colspan="2">종합부동산세</td><td>■ 과세기준일 현재 재산세 납세의무자로 공시가격을 합산한 금액이 과세기준액을 초과하는 자(신탁주택 또는 신탁토지의 경우 위탁자)</td></tr>
<tr><td colspan="2">부가가치세</td><td>■ 사업자 및 재화를 수입하는 자</td></tr>
<tr><td colspan="2">개별소비세</td><td>■ 과세물품을 제조하여 반출하는 자
■ 관세를 납부할 의무가 있는 자
■ 과세장소의 경영자</td></tr>
<tr><td colspan="2">주세</td><td>■ 주류를 제조하여 제조장으로부터 출고하는 자
■ 주류를 수입하는 자</td></tr>
<tr><td colspan="2">증권거래세</td><td>■ 주권을 계좌 간 대체로 매매결제하는 전자등록기관 또는 한국예탁결제원 등</td></tr>
<tr><td colspan="2">교통 · 에너지 · 환경세</td><td>■ 과세물품(휘발유, 경유)을 제조하여 반출하는 자</td></tr>
<tr><td colspan="2">교육세</td><td>■ 국내에서 금융업 · 보험업을 경영하는 자
■ 개별소비세, 교통 · 에너지 · 환경세, 주세 납세의무자</td></tr>
<tr><td colspan="2">농어촌특별세</td><td>■ 소득세, 법인세, 관세, 취득세 또는 등록면허세(등록분) 감면을 받은 자
■ 개별소비세, 증권거래세, 취득세 또는 레저세, 종합부동산세 납세의무자</td></tr>
<tr><td colspan="2">관세</td><td>■ 수입신고하는 때의 화주 등</td></tr>
<tr><td rowspan="6">지방세</td><td rowspan="6">도세</td><td>취득세</td><td>■ 부동산, 차량, 광업권, 어업권 등 과세대상 취득자</td></tr>
<tr><td>등록면허세</td><td>■ 등록 및 면허를 받는 자</td></tr>
<tr><td>레저세</td><td>■ 경륜, 경정 및 경마 사업자
■ 소싸움 경기 시행자</td></tr>
<tr><td>지방소비세</td><td>■ 부가가치세 납세의무자(재화 및 용역을 공급하는 사업자)</td></tr>
<tr><td>지역자원시설세</td><td>■ 발전소, 지하수 채수자, 지하자원 채광자 등</td></tr>
<tr><td>지방교육세</td><td>■ 취득세, 등록면허세(등록분), 레저세, 주민세(균등할) 납세의무자</td></tr>
</table>

	시·군세	주민세	■ (개인분, 사업소분, 종업원분) 개인, (사업소분) 법인
		재산세	■ 과세기준일(매년 6월 1일) 현재 토지·건축물·주택·항공기 및 선박 등 소유자
		자동차세	■ (소유분) 자동차소유자, (주행분) 교통·에너지·환경세 납세의무자
		담배소비세	■ 담배제조업자, 수입판매자, 외국으로부터의 반입자
		지방소득세	■ 소득세 및 법인세의 납세의무자

한편 본래의 납세의무자가 아닌 자가 납세의무를 부담하는 '확장된 납세의무'로서, 연대납세의무와 보충적 납세의무를 들 수 있다. 먼저, 연대납세의무는 복수의 자가 연대하여 하나의 납세의무를 부담하는 것으로서 과세관청은 연대납세의무자 중 1인 또는 전원을 대상으로 납부 청구가 가능하다. 연대납세의무자 중 1인이 조세의 전부 또는 일부를 납부한 경우 다른 연대납세의무자의 납세의무도 그 한도 내에서 소멸한다.

다음으로 보충적 납세의무란 본래 납세의무자의 재산이 납부할 국세 등의 금액보다 적을 경우 본래 납세의무자와 법정 관계에 있는 자가 그 징수부족액에 대하여 납부할 의무를 지는 것을 말한다. 개별세법에서 규정하는 납세의무자 외에 보충적 납세의무자는 제2차 납세의무자, 물적 납세의무자, 납세보증인으로 구분할 수 있다.

마지막으로 납세의무자와 유사하지만 본질적인 납세의무가 아닌 '징수하여 납부'할 협력의무를 부담하는 자로서 징수의무자가 존재한다. 납세의무자와 징수의무자를 합하여 납세자라고 부른다.

3.2 과세대상

과세대상은 법률로 정한 과세의 대상으로서 물건·행위 또는 사실을 뜻하며, 납세의무의 성립을 위한 핵심적인 물적 기초가 된다는 점에서 의의가 있다. 보통 납세의무자의 재산, 기타 경제적 가치가 있는 물건의 취득 · 소유 · 이용 · 소비 · 이전 등이 납세자의 경제적 부담능력담세력을 파악하는 물적 기초로 활용된다. 일반적으로 과세대상은 소득 · 소비또는 지출 · 재산자산으로 구분할 수 있다.

(1) 소득

소득의 사전적 의미는 개인이나 법인이 일정 기간에 걸쳐 노동 · 토지 · 자본 등 생산요소를 투입하여 경제활동에 참여함으로써 얻는 이익으로 정의된다. 소득과세는 납세의무자의 소득을 과세대상으로 하여 과세하는 조세로서 국세 중 소득세 및 법인세, 지방세 중 지방소득세가 소득과세 세목에 속한다. 소득과세는 각종 소득공제와 세액공제 및 감면을 통해 납세의무자의 인적사정을 반영함으로써 응능부담원칙의 구현에 적합하며, 세율구조를 누진적으로 설정할 경우 수직적 공평을 실현함으로써 소득 재분배에도 기여할 수 있다.

(2) 소비

소비란 일반적으로 재화나 용역service을 사용하여 효용을 얻는 행위를 의미한다. 소비과세는 이러한 소비 · 지출 행위를 가능하게 하는 구매력을 담세력의 표상으로 보아 과세대상으로 삼는다. 소비과세는 세원의 포착이 비교적 용이하고 징세 절차가 간단한 반면, 저소득층의 조세부담이 상대적으로 증가하는 역진성이 발생할 수 있다. 국세 중 부가가치세, 개별소비세, 주세, 관세, 교통 · 에너지 · 환경세 등이 있으며, 지방세 중 담배소비세, 레저세, 지방소비세가 소비과세 세목에 해당한다.

(3) 재산

재산이란 토지·건물·주택과 같은 부동산, 예금·주식·펀드·보험 등 금융자산 및 비금융자산으로 대별할 수 있다. 재산과세는 납세의무자가 보유한 재산을 담세력의 표상으로 보아 과세대상으로 삼는다. 대체로 물적 과세에 해당하는 재산과세는 보유한 재산의 총액가치을 과세대상으로 삼으며, 소유자의 인적사정을 고려하지 않고 과세가 이루어진다. 재산과세는 자산 보유의 효용, 부wealth의 집중방지·소득재분배, 소득·소비과세의 보완 등의 관점에서 이루어지며 세원이 고정되어 안정적인 장점이 있다. 국세 중 종합부동산세, 상속세 및 증여세, 증권거래세, 인지세가 재산과세 세목에 해당하며, 지방세로는 재산세, 취득세, 등록면허세가 재산과세 세목에 해당한다.

3.3 과세표준

조세의 크기인 세액을 계산하기 위해서는 과세대상을 금액화하거나 수량화하여 측정하는 과정이 선행되어야 한다. 과세표준은 과세대상을 화폐가치로 금액화하거나 물량으로 수량화한 값을 의미한다. 종가세의 경우 금액이, 종량세의 경우 수량이 과세표준으로 사용된다. 납부세액의 정확한 산정을 위해서는 과세표준의 정확한 계산이 필수적이며, 이러한 과세표준의 산정방식은 세목별로 각각 규정하고 있다.

〈주요 세목의 과세표준〉

구분	세목	과세표준
국세	소득세	■ 개인의 1역년(曆年) 소득금액을 기초로 소득공제 또는 기본공제 차감(단, 양도소득세는 양도차익에서 장기보유 특별공제, 기본공제 차감)
	법인세	■ 법인의 1회계연도 소득금액(또는 청산소득금액)을 기초로 이월결손금, 비과세소득, 소득공제 차감
	부가가치세	■ 공급가액 또는 공급대가(공급가액에 부가가치세 포함가격)
	교통 · 에너지 · 환경세	■ 과세물품(휘발유 및 경유) 제조 반출수량, 수입신고 수량
	개별소비세	■ (유류) 유류량(L.kg) ■ (담배) 담배 개비 수, 중량, 니코틴 용액 용량 ■ (경마장, 골프장, 카지노 등 입장행위) 입장 인원 수 및 횟수
	관세	■ 수입물품의 가격
지방세	취득세	■ 부동산, 차량, 광업권, 어업권 등 취득가액
	레저세	■ 승차투표권, 승마투표권 등의 발매금 총액
	지역자원시설세	■ (지하자원) 채광된 광물가액 ■ (과세대상 토지, 건축물 및 선박) 가액, 시가표준액 ■ (발전용수 및 지하수) 용수량, (컨테이너) TEU[1], (발전소) 발전량
	담배소비세	■ 담배 개비 수, 중량 또는 니코틴 용액 용량
	지방소득세	■ 소득세 및 법인세의 과세표준

주 : 1) TEU(Twenty foot Equivalent Unit)는 컨테이너 박스 1개를 나타내는 단위
부가가치세의 과세표준 중 공급가액은 일반과세자에게 적용되며, 공급대가는 간이과세자에게 적용

3.4 세율

세율은 세액 산출을 위하여 과세표준에 곱해지는 비율이다. 보통 과세표준이 가격일 경우 비율%, 과세표준이 수량 단위일 경우 일정 금액예 : 원/kl 으로 결정된다. 세율의 종류는 일반적으로 과세표준과 세액의 비율이 일정한 비례세율, 과세표준 증가에 따라 세액의 비율이 커지는 누진세율로 구분한다.

비례세율은 과세표준 크기와 관계없이 과세표준과 세액의 비율이 일정한 세율을 의미하며, 단순비례세율과 차등비례세율로 구분한다. 단순비례세율은

모든 과세대상에 동일한 단일세율을 적용하는 반면 차등비례세율은 과세대상에 따라 차등적인 세율을 적용한다.

누진세율은 과세표준이 높아지거나 증가할수록 세액의 비율 또한 점진적으로 증가하는 세율로서 초과누진세율과 단순누진세율로 구분한다. 초과누진세율은 일정 기준을 초과하는 분에 대해서만 높은 세율을 적용하는 반면 단순누진세율은 과세표준이 증가함에 따라 과세표준 전체에 대하여 그에 해당하는 세율높은 세율을 적용한다. 탄력세율은 세법상 정해진 기본세율 또는 표준세율을 법률의 위임에 의해서 탄력적으로 변경하여 운용하는 세율을 의미한다. 탄력세율은 조세의 경기 조절기능을 수행하기 위하여 마련된 제도로서, 세율의 조정권을 위임받은 행정부 하위법령 또는 지방자치단체의 조례에 의해 일정한 범위 내에서 가감하여 조정한다. 현행 세법 중 "개별소비세법", "교통·에너지·환경세법", "증권거래세법", "지방세법" 등에서 탄력세율 제도를 활용하고 있다.

Tips 법정세율, 실효세율, 한계세율

1. **법정세율** : 세법에서 정한 세율로 명목세율로도 지칭
2. **실효세율** : 납세의무자의 실제 세부담 정도를 나타내는 지표. 소득금액 또는 과세표준 대비 부담한 세액의 비율로 측정
3. **한계세율** : 추가되는 1원의 과세표준과세소득에 적용되는 세율
   조세 부과에 따른 세후소득 변화 등 경제적 왜곡 수준을 파악하는 용도로 활용

4 납세의무의 성립·확정·소멸

4.1 납세의무의 성립

납세의무는 각 세법이 정하는 일정 시점 또는 시기에 과세요건이 충족됨으로써 성립한다. 납세의무의 성립시기는 원칙적으로 과세요건의 기초가 된 사실이나 행위가 완성되는 시점으로, 우리나라는 납세의무의 성립시기를 세목별로 각각 규정하고 있다. 이는 과세권자와 납세의무자 간의 조세채권·채무 관계를 명확히 하기 위함이다.

〈주요 세목별 납세의무 성립시기〉

구분	해당 세목	납세의무 성립시기
국세	■ 소득세, 법인세, 부가가치세	과세기간이 끝나는 때(단, 청산소득 법인세는 법인이 해산하는 때, 수입재화 부가가치세는 세관장에게 수입신고 하는 때)
	■ 개별소비세, 주세, 교통·에너지·환경세	과세물을 제조장에서 반출하거나 판매장에 판매할 때 과세장소에 입장할 때 과세유흥장소에서 유흥음식행위를 하는 때 과세영업장소에서 영업행위를 하는 때(단, 수입물품의 경우 세관장에게 수입신고를 하는 때)
	■ 상속세 및 증여세	상속이 개시되는 때 증여에 의하여 재산을 취득하는 때
	■ 인지세	과세문서를 작성한 때
	■ 관세	수입신고를 하는 때
	■ 증권거래세	매매거래가 확정되는 때
	■ 종합부동산세	과세기준일(매년 6월 1일)
지방세	■ 취득세	과세물건을 취득하는 때
	■ 등록면허세	재산권 등을 등기하거나 등록하는 때
	■ 레저세	승자투표권, 승마투표권 등을 발매하는 때

▪ 담배소비세	제조장에서 반출하거나 국내로 반입하는 때
▪ 지역자원시설세	발전용수를 수력발전에 사용하는 때 지하수를 채수하는 때 부두에서 컨테이너를 입항 · 출항하는 때 원자력 및 화력발전을 하는 때

그러나 원천징수, 납세조합 징수, 예정신고 및 중간예납, 수시부과, 특별징수 등의 경우에는 납세의무 성립시기의 예외가 존재한다.

〈납세의무 성립시기의 예외〉

구분	납세의무 성립시기
원천징수하는 소득세 · 법인세	소득금액 또는 수입금액을 지급하는 때
납세조합이 징수하는 소득세 또는 예정신고납부하는 소득세	그 과세표준이 되는 금액이 발생한 달의 말일
중간예납하는 소득세 · 법인세	중간예납기간이 끝나는 때
예정신고기간 · 예정부과기간에 대한 부가가치세	예정신고기간 · 예정부과기간이 끝나는 때
수시부과하여 징수하는 국세 및 지방세	수시부과할 사유가 발생한 때
특별징수하는 지방소득세	과세표준이 되는 소득에 대하여 소득세 · 법인세를 징수하는 때
법인세법(제67조)상 상여에 대한 주민세 종업원분	소득금액변동통지서를 받은 날 또는 신고일(수정신고일)

4.2 납세의무의 확정

국가 또는 지방자치단체의 과세권에 따른 조세의 부과와 징수를 위해서는 납세의무가 확정되어야 한다. '납세의무의 확정'이란 과세요건이 충족됨으로써 추상적으로 성립한 납세의무를 실제로 이행할 수 있도록 그 내용과 범위를 세법이 규정한 절차에 따라 구체적으로 확인하는 절차를 의미한다. "국세기본법"

제22조 제1항은 "국세는 당해 세법에 의한 절차에 따라 그 세액이 확정된다"고 규정하고 있다.

과세관청은 납세의무 확정을 위해 과세권을 행사하며, 과세권을 행사하는 방식에 따라 부과과세, 신고과세 및 자동확정과세로 구분할 수 있다.

첫째, 부과과세란 과세관청의 부과결정에 의하여 납부하여야 할 세액이 확정되는 것을 의미한다. 정부부과제도라고도 하며 확정의 권한은 과세관청정부에게만 부여된다. 동 방식에서는 납세의무자의 신고 등의 행위는 세액을 확정하는 권한이 없고, 과세관청의 부과처분에 필요한 과세자료를 제출하는 협력의무만을 부담하게 된다. 현재 부과과세방식에 따라 납세의무가 확정되는 세목은 상속세 및 증여세, 종합부동산세 등이 있다.

둘째, 신고과세란 납세의무자가 세법이 정하는 바에 따라 해당 조세의 과세표준과 세액을 정부에 신고할 때 납세의무가 확정되는 것을 의미한다. 원칙적으로 납세의무자 스스로 과세요건 충족 여부를 조사·확인한 뒤 관련된 세법을 적용하여 과세표준과 세액을 신고함으로써 조세채무가 확정된다. 따라서 납세의무의 1차적인 확정권한은 납세의무자에게만 부여된다.

이러한 방식은 자기부과방식이라고도 하며 민주적인 납세방식에 부합하는 반면 납세의무자의 윤리성과 세법에 대한 지식이 요구된다. 만약 신고과세방식의 세목에서 납세의무자가 자진신고 또는 확정신고를 하지 않았거나 자진신고에 의한 세액 계산 등이 조세법률규정을 위반한 경우에는 과세관청이 세액과 과세표준을 결정하는 때에 납세의무가 확정된다.

현재 신고과세방식 세목은 국세 중 소득세, 법인세, 부가가치세, 개별소비세, 주세, 증권거래세, 교육세 및 교통·에너지·환경세, 관세 등이며, 지방세는 지방소득세, 취득세, 등록면허세 등이 있다.

마지막으로 자동확정과세란 특별한 절차 없이 납세의무의 성립과 동시에 납부하여야 할 세액이 확정되는 것으로서, 확정된 이후에는 징수원천징수 포함 절차가 진행된다. 현재 자동확정방식 세목으로는 인지세, 원천징수하는 소득세·법인세, 납세조합이 징수하는 소득세, 중간예납 법인세세법에 따라 정부가 조사·결정하는 경우 제외 등이 있다.

4.3 납세의무의 소멸

"국세기본법"상 납세의무의 소멸은 납부·충당, 부과처분 취소가 있거나, 부과권의 제척기간이 만료하는 때, 국세징수권의 소멸시효가 완성되는 때 이루어진다. 납세의무가 소멸됨으로써 국가와 국민 간의 조세채무관계는 종료된다.

일반적으로 납세의무는 조세의 납부 또는 충당을 통해 소멸한다. 납부란 납세의무자연대납세의무자 등을 포함가 조세채무를 납부한 것이며, 조세의 납부는 납세의무의 확정 방식에 따라 차이가 있다. 신고과세방식일 경우 신고와 동시에 납부하는 것을 원칙으로 하며, 부과과세방식일 경우 납세의무를 확정시키는 부과고지 및 징수고지에 의하여 납부하는 것이 원칙이다. 충당이란 납세의무자에게 환급할 세액을 해당 납세의무자가 납부하여야 할 세액 및 가산금 등 상당액과 상계처리 함으로써 납세의무를 소멸시키는 것을 의미한다.

납부의 주체는 본래의 납세의무자, 제2차 납세의무자, 징수납부의무자이며, 납부의 방법으로는 금전납부, 인지납부, 물납이 존재한다. 물납제도의 경우 금전납부 원칙의 예외로서 개별세법에서 물납의 허가가 있는 경우에 한하여 제한적으로 인정되는 납부 방법이다.

한편, 당초 과세관청의 부과처분 자체가 취소되거나 무효가 된 경우에도 납세의무의 소멸과 동일한 효과가 발생한다. 납세의무를 소멸시키는 부과처분의 취소란 부과처분의 흠결을 발견하여 행하는 직권취소, 납세의무자의 행정심판 재결 또는 행정소송 판결에 의한 취소를 뜻한다. 부과처분의 무효란 해당 부과처분이 중대·명백한 하자로 인하여 무효인 경우 소멸시킬 납세의무 자체가 존재하지 않게 되는 것을 의미한다.

마지막으로 국세징수권의 소멸시효가 완성되었을 때 납세의무는 소멸하게 된다. 국세의 징수를 목적으로 하는 국가의 권리는 그 권리를 행사할 수 있는 때부터 5억 원 이상인 경우 10년간, 나머지 조세의 경우 5년간 행사하지 않을 때 소멸시효가 완성된다. 지방세 징수권의 경우 가산세를 제외한 지방세 금액이 5천만 원 이상인 경우 10년, 5천만 원 미만인 경우 5년 동안 행사하지 않을 때 소멸시효가 완성된다. 소멸시효가 완성된 경우 조세징수권은 당연히 소멸하게 되며, 시효 완성 후에 이루어진 징수처분은 무효가 된다.

5 납세자권리구제

납세자권리구제는 과세관청의 위법·부당한 조세처분을 받은 납세자에게 법이 정한 절차에 따라 이를 시정받을 수 있도록 함으로써 납세자기본권을 보장하는 제도이다. 납세자권리구제는 ① 과세관청의 고지 이전 단계에서 납세자의 권리를 구제하기 위한 사전적 권리구제 제도와 ② 과세관청의 위법·부당한 조세처분을 받은 이후의 사후적 권리구제 제도로 구분할 수 있다. 사전적 권리구제 제도로는 과세전적부심사가 있고, 사후적 권리구제 제도로는 이의신청, 심사청구, 심판청구 및 조세소송[행정소송]이 있다.

5.1 사전적 권리구제

사전적 권리구제인 '과세전적부심사'는 과세관청이 세무조사 결과 등에 따른 고지처분을 하기 전에 과세할 내용을 미리 납세자에게 통지한 후, 납세자의 이의가 있는 경우 과세관청이 과세의 적정성 여부를 검증하여 스스로 시정하는 제도이다. 납세자가 과세관청이 과세할 내용을 사전에 통지받고, 해당 과세처분의 부당성을 과세 전에 주장하여 적법성을 심의함으로써 납세자의 권리를 보다 신속히 구제할 수 있다는 장점이 있다.

납세의무자는 세무관서로부터 세금을 부과하겠다는 세무조사결과통지 또는 감사결과 등 과세예고통지를 받은 경우 세무관서에 대하여 과세전적부심사를 청구할 수 있다. 심사의 청구는 과세예고통지를 받은 날부터 30일 이내에 과세전적부심사청구서를 제출하여야 하며, 세무조사 결과통지 또는 과세예고통지의 경우 조사 또는 자료 처리한 세무서장 또는 지방국세청장에게, 감사결과 과세예고통지의 경우에는 그 감사를 실시한 지방국세청장 또는 국세청장에게 청구하며, 법령해석사항의 경우에는 국세청장에게 청구한다.

5.2 사후적 권리구제

(1) 이의신청, 심사청구 및 심판청구

국세기본법 또는 세법에 의한 처분으로서 위법 또는 부당한 처분을 받거나, 반대로 받지 못한 경우 사후적 권리구제 제도를 이용할 수 있다. 국세기본법 또는 세법에 의한 처분의 예로는 "납세고지서", "제2차 납세의무지정통지서 및 납부통지서", "주류면허취소", "재산압류통지서" 등을 받은 경우를 들 수 있다. 필요한 처분을 받지 못한 예로는 압류해제신청, 감면·환급신청 등을 했음에도 후속 조치가 없거나 이를 거부한 경우가 있다.

이러한 경우 납세자는 사후적 권리구제 제도로서 이의신청을 거쳐 심사청구 또는 심판청구를 하거나, 이의신청 없이 곧바로 심사청구 또는 심판청구를 할 수 있다. 또는 바로 감사원 심사청구를 할 수 있다. 구체적으로 살펴보면 심사청구나 심판청구를 하기 전에 세무서장 또는 지방국세청장에게 임의 절차로서 이의신청을 하고, 그 이의신청에서 납세자의 주장이 받아들여지지 않았을 경우기각되었을 경우 심사청구 또는 심판청구 중 어느 하나를 선택하여 이의를 제기할 수 있다. 또는 이의신청을 거치지 않고 심사청구 또는 심판청구 중 어느 하나를 선택하여 이의를 제기할 수 있으며, 이상의 방법들을 거치지 않고 곧바로 감사원에 심사청구를 제기할 수 있다. 납세자는 국세기본법에 의한 불복 절차와 감사원법에 의한 심사청구 중 하나를 선택할 수 있으나, 중복 적용은 할 수 없다.

〈이의신청 · 심사청구 · 심판청구의 비교〉

구분	이의신청(임의 절차)	심사청구	심판청구	감사원 심사청구
청구기관	세무서장 또는 지방국세청장	국세청장	조세심판원장	감사원장
청구기간	처분이 있은 것을 안 날부터 90일 이내	처분이 있은 것을 안 날 또는 이의신청 결정통지를 받은 날부터 90일 이내	좌동	심사청구의 원인이 있은 날부터 90일 이내, 그 행위가 있은 날부터 180일 이내
결정기관	국세심사위원회 심의를 거쳐 세무서장 또는 지방국세청장	국세심사위원회 심의를 거쳐 국세청장	조세심판관회의 또는 조세심판관 합동회의	감사원장
결정기간	신청을 받은 날부터 30일 이내(항변 시 60일 이내)	청구일부터 90일 이내	좌동	3개월 이내
결정의 범위	불고불리[1], 불이익변경 금지원칙[2]	좌동	좌동	좌동

주 : 1) 청구대상이 되는 처분, 부작위에 대하여만 결정할 수 있고 그 외 다른 처분이나 부작위에 대해서는 결정할 수 없다는 원칙

2) 당초 처분보다 청구인에게 불이익한 내용으로는 결정하지 못한다는 원칙

(2) 조세소송

조세소송은 조세법률관계에서 권리·의무에 관하여 과세관청과 납세자 간의 분쟁이 생긴 경우 그 당사자 한쪽이 제기한 소송 또는 법원이 그 쟁송을 심리·판단하는 재판 절차이다. 납세자는 심사청구 및 심판청구를 통해서도 권리구제를 받지 못한 경우 조세에 관한 행정소송으로서 조세소송을 제기할 수 있다. 다만, 국세 처분에 대하여 국민과 행정기관 간의 분쟁이 있을 경우 국세기본법심사청구 및 심판청구 또는 감사원법에 의한 불복 절차감사원 심사청구를 거친 후 행정소송을 제기할 수 있다. 이 경우 심사청구 또는 심판청구에 대한 결정의 통지를 받은 날부터 90일 이내에 행정소송을 제기할 수 있으며, 그 결정기간 내에 결정의 통지를 받지 못한 경우에는 그 결정기간이 지난 날부터 행정소송을 제기할 수 있다. 한편, 지방세의 경우에는 행정심판을 거치지 않고 바로 법원에 소송을 제기할 수 있다.

기타 세금

1. 증권거래세 / 2. 인지세 / 3. 교육세 / 4. 농어촌특별세 / 5. 교통 · 에너지 · 환경세 / 6. 등록면허세
7. 자동차세 / 8. 담배소비세 / 9. 주민세 / 10. 레저세 / 11. 지방교육세 / 12. 지방소득세
13. 지역자원시설세 / 14. 지방소비세

18

1 증권거래세

1.1 과세대상

주권 또는 지분의 유상 양도에 대하여 증권거래세를 부과한다. 다만, 주권 등의 양도가 다음 각 호에 해당하는 경우에는 증권거래세를 부과하지 아니한다.

- 외국 증권시장에 상장된 주권 등을 양도하는 경우
- 외국 증권시장에 주권 등을 상장하기 위해 인수인에게 주권 등을 양도하는 경우
- "자본시장과 금융투자업에 관한 법률" 제377조 제1항 제3호에 따라 채무인수를 한 한국거래소가 주권 등을 양도하는 경우

1.2 납세의무자

증권거래세의 납세의무자는 그 과세대상이 되는 주권 등을 양도하는 형태에 따라 다음과 같이 구분된다.

① 유가증권시장에서 양도되는 주권, 장외중개회사에서 양도되는 주권을 대체결제하는 경우에는 당해 대체결제를 하는 한국예탁결제원

② 제1호 외에 금융투자업자를 통한 주권 등의 양도 시는 당해 금융투자업자

③ 제1호 및 제2호 외 주권 등의 양도의 경우에는 당해 주권 등의 양도자. 다만, 국내 사업장을 가지고 있지 아니한 비거주자 또는 국내 사업장을 가지고 있지 아니한 외국법인이 주권 등을 금융투자업자를 통하지 아니

하고 양도하는 경우에는 당해 주권 등의 양수인

1.3 과세표준

과세표준은 주권 등의 양도가액으로 한다. 다만, 주권 등의 양도가액을 알 수 없는 경우 대통령이 정하는 양도가액 평가방법에 의하여 평가한 가액을 과세표준으로 한다.

1.4 세율

증권거래세의 기본세율은 1,000분의 5이나 자본시장 육성을 위하여 긴급히 필요하다고 인정되는 때에는 유가증권시장 등에서 거래되는 주권에 한하여 다음과 같이 그 세율을 인하하거나 영의 세율로 할 수 있다.

구분	장내거래	농어촌특별세	합계
상장(유가증권시장)	0.5/1,000	1.5/1,000	2/1,000
상장(코스닥시장)	2/1,000	-	2/1,000
비상장시장	3.5/1,000	-	3.5/1,000

1.5 신고 및 납부일

증권거래세 납세의무자는 신고기한까지 신고 및 해당 월분 또는 분기분의 증권거래세를 납부하여야 한다.

구분	신고 및 납부기한
증권시장 내, 증권시장 밖 또는 금융투자회사를 통해서 양도되는 주권	다음 달 10일까지
그 이외의 주권	양도일이 속하는 분기의 말일부터 2개월 이내

1.6 가산세

납세의무자가 신고기일까지 신고하지 못한 경우에는 신고불성실 가산세 10%와 미달 납부한 경우에는 납부지연 가산세를 부담해야 한다.

2 인지세

인지세라 함은 넓은 의미로는 수입인지로 납부하는 모든 조세, 즉 인지수입을 말하며, 좁은 의미로는 사업에 관한 것이든 사업에 관한 것이 아니든 간에 재산권의 창설·이전·변경에 관한 계약서, 기타 이를 증명하는 문서 및 통장을 작성할 때 과세되는 세금이다. 즉, 부동산 등의 이전에 관한 증서나 예금증서 또는 공사계약서 등에 붙이는 수입인지가격이 인지세로 납부하는 금액이다. 인지세는 문서상의 계약금액에 따라 부과되는 종가세와 문서의 수량에 따라 부과되는 종량세로 나눌 수 있다.

〈과세문서 및 세액〉

구분	과세문서	세액
1	부동산 · 선박 · 항공기의 소유권 이전에 관한 증서	기재금액이 1천만 원 초과 3천만 원 이하인 경우 : 2만 원 기재금액이 3천만 원 초과 5천만 원 이하인 경우 : 4만 원 기재금액이 5천만 원 초과 1억 원 이하인 경우 : 7만 원 기재금액이 1억 원 초과 10억 원 이하인 경우 : 15만 원 기재금액이 10억 원을 초과하는 경우 : 35만 원
2	금융 · 보험기관과의 금전소비대차에 관한 증서	제1호에 규정된 세액
3	도급 또는 위임에 관한 증서 중 법률에 따라 작성하는 문서	제1호에 규정된 세액
4	소유권에 관하여 법률에 따라 등록 등을 하여야 하는 동산으로서 자산의 양도에 관한 증서	3,000원
5	광업권, 무체재산권, 어업권, 출판권, 저작인접권 또는 상호권의 양도에 관한 증서	제1호에 규정된 세액
6	시설물 이용권의 입회 또는 양도에 관한 증서	제1호에 규정된 세액
7	계속적 · 반복적 거래에 관한 증서	1,000원(신용카드 가맹점 가입신청서 등 300원)
8	상품권 및 선불카드	권면금액이 1만 원인 경우 : 50원 권면금액이 1만 원 초과 5만 원 이하인 경우 : 200원 권면금액이 5만 원 초과 10만 원 이하인 경우 : 400원 권면금액이 10만 원을 초과하는 경우 : 800원
9	"자본시장과 금융투자업에 관한 법률"에 따른 채무증권, 지분증권 및 수익증권	400원
10	예금 · 적금에 관한 증서 또는 통장, 환매조건부채권 매도약정서, 보험증권 및 신탁에 관한 증서 또는 통장	100원
11	시설대여를 위한 계약서	10,000원

12	채무의 보증에 관한 증서 ■ 사채보증에 관한 증서 등 ■ 신용보증기금이 발행하는 채무보증증서 등 ■ 보험사업자가 발행하는 보증보험증권, 농림수산업자 신용보증기금이 발행하는 채무보증에 관한 증서	 10,000원 1,000원 200원

3 교육세

교육세는 교육재정의 확충에 소요되는 재원을 확보하기 위해 부과하는 조세로 국세인 교육세와 지방세인 지방교육세로 구분된다. 여기서는 국세로 분류된 교육세만 살펴본다.

3.1 납세의무자

① 국내에서 금융업·보험업을 경영하는 자

② "개별소비세법"에 따른 개별소비세의 납세의무자

③ "교통·에너지·환경세법"에 따른 교통·에너지·환경세의 납세의무자

④ "주세법"에 따른 주세주정, 탁주, 약주에 대한 것은 제외한다. 이하 같다의 납세의무자

3.2 과세표준 및 세율

과세표준	세율
금융 · 보험업자의 수익금액	5/1,000
"개별소비세법"에 따라 납부하여야 할 개별소비세액	30/100. 단, 등유, 중유, 석유가스 중 부탄, 석유제품 외의 물품을 제조하는 과정에서 부산물로 생산되는 유류 물품인 경우 15/100
"교통 · 에너지 · 환경세법"에 따라 납부하여야 할 교통 · 에너지 · 환경세액	15/100
"주세법"에 따라 납부하여야 할 주세액	10/100. 단, 주세의 세율이 70/100을 초과하는 주류에 대하여는 30/100

4 농어촌특별세

농어촌특별세는 농·어업의 경쟁력 강화와 농어촌의 산업기반시설의 확충 및 농어촌지역 개발사업을 위하여 필요한 재원을 확보함을 목적으로 제정된 조세이다.

4.1 납세의무자

① 소득세 · 법인세 · 관세 · 취득세 또는 등록에 대한 등록면허세의 감면을 받는 자

② 개별소비세오락용품, 수렵용 총포류 등 특정과세물품 및 골프장 입장행위 납세의무자

③ 증권거래세 납세의무자

④ 취득세 또는 레저세의 납세의무자

⑤ 종합부동산세의 납세의무자

4.2 과세표준 및 세율

과세표준	세율
소득세 · 법인세 · 관세 · 취득세 또는 등록에 대한 등록면허세의 감면세액	20/100
이자소득 · 배당소득에 대한 소득세의 감면세액	10/100
"개별소비세법"에 따라 납부하여야 할 개별소비세액 가. 골프장 입장행위(세액 : 1명 1회 입장에 대하여 1만 2천 원)의 경우 나. 가목 외의 경우	 30/100 10/100
유가증권시장에서 거래된 증권의 양도가액	15/10,000
취득세	10/100
레저세	20/100
종합부동산세	20/100

4.3 분할납부

납세의무자가 본세를 해당 세법에 따라 분납하는 경우에는 농어촌특별세도 그 분납금액의 비율에 의하여 해당 본세의 분납의 예에 따라 분납할 수 있다. 본세가 해당 세법에 따른 분납기준금액에 미달하여 그 본세를 분납하지 아니하는 경우에도 농어촌특별세의 세액이 500만 원을 초과하는 경우에는 다음과 같은 방법으로 분납할 수 있다.

① 농어촌특별세의 세액이 1천만 원 이하인 때에는 500만 원을 초과하는 금액

② 농어촌특별세의 세액이 1천만 원을 초과하는 때에는 그 세액의 100분의 50 이하의 금액

5 교통·에너지·환경세

교통·에너지·환경세는 도로·도시철도 등 교통시설의 확충 및 대중교통 육성을 위한 사업, 에너지 및 자원 관련 사업, 환경의 보전과 개선을 위한 사업에 필요한 재원을 확보하기 위해 제정된 조세이다.

5.1 납세의무자

휘발유와 경유 등의 물품을 제조하여 반출하는 자, 휘발유와 경유 등의 물품을 보세구역으로부터 반출하는 자 등은 교통·에너지·환경세의 납세의무자이다.

5.2 과세대상과 세율

과세대상	세율
휘발유와 이와 유사한 대체유류	리터당 475원
경유 및 이와 유사한 대체유류	리터당 340원

주 : 위의 세율은 국민경제의 효율적 운용을 위하여 교통시설의 확충과 대중교통 육성 사업, 에너지 및 자원 관련 사업, 환경의 보전·개선사업 및 유가 변동에 따른 지원 사업에 필요한 재원의 조달과 해당 물품의 수급상 필요한 경우에는 기본세율의 100분의 30의 범위 내에서 탄력세율을 적용할 수 있다.

6 등록면허세

6.1 과세대상

등록면허세에서 사용하는 용어의 뜻은 다음과 같다.

① '등록'이란 재산권과 그 밖의 권리의 설정·변경 또는 소멸에 관한 사항을 공부에 등기하거나 등록하는 경우를 말한다. 다만, 취득세 과세대상인 취득을 원인으로 이루어지는 등기·등록은 제외한다.

② '면허'란 각종 법령에 규정된 면허·허가·인가·등록·지정·검사·검열·심사 등 특정한 영업설비 또는 행위에 대한 권리의 설정, 금지의 해제 또는 신고의 수리 등 행정청의 행위에 대해 과세되는 조세로서 각 개별법에서 면허·허가·인가·신고·등록·지정·검열 항목으로 분류된 1종에서 5종까지를 그 대상으로 한다.

6.2 납세의무자

① 등록을 하는 자

② 면허를 받는 자 변경면허를 받는 자를 포함한다

6.3 납세지

① **등기 · 등록에 대한 등록면허세** : 재산소재지, 등기 · 등록권자 주소지 또는 영업소 소재지

② **면허에 대한 등록면허세** : 영업장 또는 사무소 소재지, 면허를 받은 자의 주소지

6.4 과세표준

① **등기 · 등록에 대한 등록면허세** : 등기 · 등록 당시의 신고가액
(신고가 없거나 신고가액이 시가표준액보다 적은 경우는 그 시가표준액)

② **면허에 대한 등록면허세** : 면허의 종류별

6.5 세율

(1) 등록분 등록면허세

① 부동산등기에 대한 등록면허세

부동산등기에 관한 등록면허세의 표준세율은 다음과 같다. 실제 적용세율은 지방자치단체의 조례에 의하여 50% 범위 내에서 가감조정할 수 있다.

과세표준	세율
① 소유권 보존등기	부동산가액의 8/1,000 (하한 6천 원)
② 유상으로 인한 소유권 이전등기	부동산가액의 20/1,000
③ 무상으로 인한 소유권 이전등기	부동산가액의 15/1,000
④ 상속으로 인한 소유권 이전등기	부동산가액의 8/1,000
⑤ 지상권의 설정 및 이전	부동산가액의 2/1,000
⑥ 저당권의 설정 및 이전	채권금액의 2/1,000
⑦ 지역권의 설정 및 이전	요역지가액의 2/1,000
⑧ 전세권의 설정 및 이전	전세금액의 2/1,000
⑨ 임차권의 설정 및 이전	월 임차금액의 2/1,000
⑩ 경매신청, 가압류, 가처분	채권금액의 2/1,000
⑪ 가등기	부동산가액의 2/1,000
⑫ 구분지상권 설정 및 이전	해당 토지가액의 2/1,000
⑬ "①~⑫" 이외의 등기	매 1건당 6,000원

② 선박 · 자동차 · 건설기계 등의 등록면허세

구분	과세물건	세율
선박	① 선박 소유권 보존	선박가액의 0.2/1,000
	② 그 밖의 등기	매 1건당 7,500원
차량	① 비영업용 소유권 등록	차량가액의 50/1,000
	② 경자동차 소유권 등록	차량가액의 20/1,000
	③ 영업용 소유권 등록	차량가액의 20/1,000
	④ 저당권 설정 등록	채권금액의 2/1,000
	⑤ 그 밖의 등기	매 1건당 15,000원
기계장비	① 소유권의 등록	기계장비 가액의 10/1,000
	② 저당권 설정 등록	채권금액의 2/1,000
	③ 그 밖의 등기	매 1건당 10,000원
공장 · 광업재단	① 저당권 설정 등록	채권금액의 1/1,000
	② 그 밖의 등기	매 1건당 9,000원

③ 법인등기에 대한 등록면허세 세율

과세대상		세율
영리법인의 설립 · 합병	① 설립과 납입	주식금액 · 출자가액의 4/1,000(하한 11만 2천 5백만 원)
	② 자본 · 출자 증가	불입금액 · 출자가액의 4/1,000
비영리법인의 설립 · 합병	③ 설립과 불입	출자총액 · 재산가액의 2/1,000
	④ 출자 · 재산 증가	출자 · 재산증가액의 2/1,000
⑤ 자산재평가	자본 · 출자 · 자산가액의 증가(자산재평가법의 규정에 의한 자본전입의 경우를 제외한다)	자산증가액의 1/1,000
⑥ 본점 · 주사무소 이전		매 1건당 112,500원
⑦ 지점 · 분사무소 이전		매 1건당 42,000원
⑧ "①~⑦" 이외의 등기		매 1건당 42,000원

④ 상호 등 등기에 대한 등록면허세 세율

과세대상	세율
① 상호의 설정 또는 취득	매 1건당 78,700원
② 지배인의 선입 또는 대리권의 소멸	매 1건당 12,000원
③ 선박관리인의 선입 또는 대리권의 소멸	매 1건당 12,000원

⑤ 광업권 등록에 대한 등록면허세 세율

과세대상		세율
① 광업권 설정		매 1건당 135,000원
광업권의 변경	② 증구, 증감구	매 1건당 66,500원
	③ 감구	매 1건당 15,000원
광업권의 이전	④ 상속	매 1건당 26,200원
	⑤ 상속 이외의 이전	매 1건당 90,000원
⑥ 기타 등록		매 1건당 12,000원

⑥ 조광권 등록에 대한 등록면허세 세율

과세대상		세율
① 조광권 설정		매 1건당 135,000원
조광권의 이전	② 상속	매 1건당 26,200원
	③ 상속 외의 이전	매 1건당 90,000원
④ 기타 등록		매 1건당 12,000원

⑦ 어업권 등록에 대한 등록면허세 세율

과세대상		세율
어업권의 이전	① 증구, 증감구	매 1건당 6,000원
	② 감구	매 1건당 42,000원
어업권의 지분이전	③ 상속	매 1건당 3,000원
	④ 상속 이외의 이전	매 1건당 21,000원
⑤ 기타 등록		매 1건당 9,000원

⑧ 저작권 등의 등록에 대한 등록면허세 세율

과세대상	세율
① 저작권, 배타적 발행권, 출판권, 저작인접권, 컴퓨터프로그램 저작권 또는 데이터베이스 제작자의 권리의 상속	매 1건당 6,000원
② "저작권법" 제54조(제90조 및 제98조에 따라 준용되는 경우를 포함한다)에 따른 등록 중 상속 외의 등록(프로그램, 배타적 발행권, 출판권 등록은 제외)	매 1건당 42,000원
③ "저작권법" 제54조(제90조 및 제98조에 따라 준용되는 경우를 포함한다)에 따른 프로그램, 배타적 발행권, 출판권 등록 중 상속 외의 등록	매 1건당 20,000원
④ 기타 등록	매 1건당 3,000원

⑨ 특허권 등록에 대한 등록면허세 세율

과세대상	세율
① 상속에 의한 특허권 등의 이전	매 1건당 12,000원
② 상속 이외의 특허권 등의 이전	매 1건당 18,000원

⑩ 상표 · 서비스표 등록에 대한 등록면허세 세율

과세대상		세율
① "상표법" 제41조 및 제43조에 따른 상표 또는 서비스표의 설정 및 존속기간 갱신		매 1건당 7,600원
② 상표 또는 서비스표의 이전	상속	매 1건당 12,000원
	상속 외의 이전	매 1건당 18,000원

(2) 면허분 등록면허세

구분	인구 50만 이상의 시	기타 시	군
제1종	67,500원	45,000원	27,000원
제2종	54,000원	34,000원	18,000원
제3종	40,500원	22,500원	12,000원
제4종	27,000원	15,000원	9,000원
제5종	18,000원	7,500원	4,500원

6.6 신고 · 납부

① 등기 · 등록에 대한 등록면허세

- 등기 · 등록을 하기 전까지 신고 · 납부
- 과세물건을 등록한 후 과세물건이 중과세 대상이 되는 경우에는 그 사유가 발

생한 날로부터 30일 이내에 신고 · 납부

② 면허에 대한 등록면허세

- 면허의 유효기간 미지정 또는 그 기간이 1년을 초과하는 면허는 매년 1월 1일에 그 면허가 갱신되는 것으로 보아 등록면허세 과세납기 1. 16~1. 31
- 새로 면허를 받거나 면허를 변경하는 자는 면허증서를 발급받거나 송달받기 전까지 신고 · 납부

※ 다음 연도의 등록면허세를 한꺼번에 납부하는 경우 그 등록면허세의 10% 공제

7 자동차세

자동차세는 자동차 소유 및 주행에 대해 과세하는 조세로서 자동차 소유에 대해서는 재산세적인 성격과 도로 이용, 손상 및 환경오염에 대한 부담금적 성격을 동시에 갖고 있다. 따라서 자동차 주행에 대해서는 휘발유, 경유 및 이와 유사한 대체류에 대한 교통세 납세의무가 있는 자에게 과세하는 조세이다.

7.1 과세대상

자동차관리법에 의하여 신고 또는 등록된 차량과 건설기계관리법에 의해 등록된 덤프트럭 및 콘크리트믹서트럭이 자동차세 과세대상이다.

7.2 납세의무자

① 과세기준일6월 1일 및 12월 1일 현재 자동차 소유자

자동차 소유자란 자동차 및 건설기계등록원부상의 소유자를 말한다.

② 과세기준일 현재 상속이 개시된 자동차로서 사실상의 소유자 명의로 이전등록이 되어 있지 않은 경우에는 민법상 상속지분이 가장 높은 자, 연장자 순으로 납세의무를 진다.

③ 과세기준일 현재 공매되어 매수대금이 납부되었으나 매수인 명의로 소유권 이전등록을 하지 아니한 자동차에 대하여는 매수인이 자동차세를 납부할 의무를 가진다.

④ 자동차를 과세기간 중에 매매 또는 증여를 통하여 승계취득한 자가 자동차에 대한 소유권 이전등록을 하는 경우에는 소유기간의 일수에 따라 각각의 소유자에게 자동차세를 과세한다.

⑤ 과세대상 자동차가 비과세 또는 감면대상으로 되거나 비과세 감면대상이 과세로 되는 경우 및 영업용 자동차가 비영업용이 되거나 비영업용 자동차가 영업용이 되는 경우에는 각각의 소유기간에 대해 일할 계산한 세액을 각각의 소유자에게 부과한다.

⑥ 자동차를 주행하는 소유자는 비영업용 승용차에 대한 자동차세의 납세지를 관할하는 지방자치단체에서 휘발유, 경유 및 이와 유사한 대체유류에 대한 교통·에너지·환경세의 납세의무가 있는 자이다.

7.3 과세표준과 세율

(1) 자동차 소유에 대한 자동차세

① 승용자동차

영업용		비영업용	
배기량	cc당 세액	배기량	cc당 세액
1,600cc 이하	18원	1,000cc 이하	80원
2,500cc 이하	19원	1,600cc 이하	140원
2,500cc 초과	24원	1,600cc 초과	200원

주 : 1) 배기량에 cc당 세액을 곱하여 산정한 세액이 자동차 1대당 연세액이 된다.

2) 차령이 3년 이상인 비영업용 승용자동차의 경우 매년 5%씩 세액을 감소시키되, 최대 감소액은 50%로 한다.

② 그 밖의 승용자동차

다음의 세액을 자동차 1대당 연 세액으로 한다.

영업용	비영업용
20,000원	100,000원

③ 승합자동차

다음의 세액을 자동차 1대당 연 세액으로 한다.

구분	영업용	비영업용
고속버스	100,000원	-
대형전세버스	70,000원	-
소형전세버스	50,000원	-
대형일반버스	42,000원	115,000원
소형일반버스	25,000원	65,000원

④ 화물자동차

다음의 세액을 자동차 1대당 연 세액으로 한다. 다만, 적재정량 1만 킬로그램 초과 자동차에 대하여는 적재정량 1만 킬로그램 이하의 세액에 1만 킬로그램을 초과할 때마다 영업용은 1만 원, 비영업용은 3만 원을 가산한 금액을 1대당 연 세액으로 한다.

구분	영업용	비영업용
1,000킬로그램 이하	6,600원	28,500원
2,000킬로그램 이하	9,600원	34,500원
3,000킬로그램 이하	13,500원	48,000원
4,000킬로그램 이하	18,000원	63,000원
5,000킬로그램 이하	22,500원	79,500원
8,000킬로그램 이하	36,000원	130,500원
1만 킬로그램 이하	45,000원	157,500원

⑤ 특수자동차

다음의 세액을 자동차 1대당 연 세액으로 한다.

구분	영업용	비영업용
대형특수자동차 (적재정량 4톤 초과)	36,000원	157,500원
소형특수자동차 (대형 이외의 것)	13,500원	58,500원

⑥ 3륜 이하의 소형자동차

영업용 3,300원, 비영업용 18,000원을 1년 세액으로 한다.

(2) 자동차 주행에 대한 자동차세

과세물품에 대한 교통·에너지·환경세액의 360/1,000으로 한다. 또한 교통·에너지·환경세율의 변동 등으로 조정이 필요할 경우 30% 범위 내에서 탄력적으로 조정할 수 있다.

7.4 부과징수

① **정기분** : 1기분 ⇒ 6월 16일~6월 30일, 2기분 ⇒ 12월 16일~12월 31일
② **수시분** : 신규 등록, 말소등록, 과세·비과세 전환 시 ⇒ 일할 계산
③ 연 세액을 일시납하는 경우에는 선납분 세액의 5%를 공제 후 자진납부

8 담배소비세

담배소비세는 제조담배 또는 수입담배 등 담배의 소비행위에 대하여 부과되는 조세로 제조담배의 개비 수20개비 또는 중량그램으로 부과되는 종량세로 운영되고 있다. 현재 우리가 피우는 담뱃값에는 원료비와 노무비, 포장비, 일반관리비에 이윤까지 포함한 원가에다 담배소비세와 교육세담배소비세의 50% 및 국민건강부담금, 소매상의 이윤, 부가가치세가 포함되어 있다.

8.1 납세의무자

① 제조자

② 수입담배업자

③ 외국으로부터 입국하는 자의 경우 그 반입자

8.2 과세표준

담배소비세의 과세표준은 담배의 개비 수, 중량 또는 니코틴 용액의 용량으로 한다.

8.3 세율

① 피우는 담배

㉠ 제1종 궐련 : 20개비당 1,007원

㉡ 제2종 파이프담배 : 1그램당 36원

㉢ 제3종 엽궐련 : 1그램당 103원

㉣ 제4종 각련 : 1그램당 36원

㉤ 제5종 전자담배 : 니코틴 용액 1밀리리터당 628원

㉥ 제6종 물담배 : 1그램당 715원

② **씹는 담배** : 1그램당 364원

③ **냄새 맡는 담배** : 1그램당 26원

이상의 세율은 30% 범위 내에서 탄력세율을 적용할 수 있다.

9 주민세

주민세는 지방자치단체의 구성원인 주민을 대상으로 과세하는 조세이다. 주민세는 소득의 크기에 관계없이 균등하게 과세되는 주민세 균등분과 환경개선 및 정비에 필요한 비용을 충당하기 위하여 사업소를 운영하는 자에게 과세되는 주민세 재산분, 종업원분으로 구분하여 과세하는 지방세이다.

9.1 납세의무자

<table>
<tr><th colspan="2">구분</th><th>납세의무자</th></tr>
<tr><td rowspan="2">균등분</td><td>(1) 개인균등분</td><td>시 · 군 내에 주소를 둔 개인(납세의무를 지는 세대주와 생계를 같이하는 가족은 제외한다)</td></tr>
<tr><td>(2) 법인균등분</td><td>시 · 군 내에 사무소 · 사업소를 둔 법인(법인세의 과세대상이 되는 법인격이 없는 단체도 포함)과 일정 규모 이상의 사업소를 둔 개인(직전연도 부가가치세 과세표준이 4,800만 원 이상인 개인사업자)</td></tr>
<tr><td colspan="2">(3) 재산분</td><td>매년 7월 1일 현재 과세대상(사업소 연면적 330m² 초과)에 등재된 사업주</td></tr>
<tr><td colspan="2">(4) 종업원분</td><td>시 · 군 내에 사업소를 둔 사업주(종업원 수 50명 초과)</td></tr>
</table>

9.2 과세표준과 세율

<table>
<tr><th colspan="2">구분</th><th colspan="2">세율</th></tr>
<tr><td rowspan="7">균등분</td><td>(1) 개인균등분</td><td colspan="2">① 지방자치단체의 관할구역에 주소를 둔 개인의 세율 : 지방자치단체의 장이 1만 원을 초과하지 아니하는 범위에서 조례로 정하는 세액
② 지방자치단체에 사업소를 둔 개인의 표준세율 : 5만 원</td></tr>
<tr><td rowspan="6">(2) 법인균등분</td><td>구분</td><td>세액</td></tr>
<tr><td>자본금 100억 원 초과, 종업원 100인 초과</td><td>50만 원</td></tr>
<tr><td>자본금 50억 원 초과 100억 원 이하, 종업원 100인 초과</td><td>35만 원</td></tr>
<tr><td>자본금 50억 원 초과, 종업원 100인 이하
자본금 30억 원 초과 50억 원 이하, 종업원 100인 초과</td><td>20만 원</td></tr>
<tr><td>자본금 30억 원 초과 50억 원 이하, 종업원 100인 이하
자본금 10억 원 초과 30억 원 이하, 종업원 100인 초과</td><td>10만 원</td></tr>
<tr><td>기타 법인</td><td>5만 원</td></tr>
<tr><td colspan="2">(3) 재산분</td><td colspan="2">① 사업소 면적 1m²당 250원을 초과하지 않는 범위 내에서 지방자치단체별로 조례로 정한다.
② 폐수 또는 산업폐기물 등을 배출하는 사업소로서 세법에서 정하는 오염물질 배출사업소는 ①에 따른 세율의 200/100으로 한다(2배 중과).</td></tr>
<tr><td colspan="2">(4) 종업원분</td><td colspan="2">급여 총액의 5/1,000</td></tr>
</table>

9.3 과세기준일

① **균등분** : 매년 8월 1일이며, 납기는 매년 8월 16일부터 8월 31일까지

② **재산분** : 매년 7월 1일이며, 납기는 매년 7월 1일부터 7월 31일까지

9.4 징수방법

① **균등분** : 매년 8. 16 ~ 8. 31까지 – 보통징수

② **재산분** : 매년 7. 1 ~ 7. 31까지 – 신고 · 납부

③ **종업원분** : 다음 달 10일까지 신고 · 납부

10 레저세

레저세는 경륜 · 경정 · 경마 등과 관련된 법률에 의하여 승자투표권 · 승마투표권 등을 발매하고 투표 적중자에게 환급금 등을 교부하는 행위로서 특정사업을 영위하는 사업자에게 부과하는 조세이다.

10.1 과세대상

① "경륜 · 경정법"에 따른 경륜 및 경정

② "한국마사회법"에 따른 경마

③ "전통 소싸움 경기에 관한 법률"에 따른 소싸움

10.2 납세의무자

과세대상 사업을 영위하는 자는 과세대상 사업장과 장외발매소가 있는 지방자치단체에 각각 레저세를 납부할 의무가 있다.

10.3 과세표준과 세율

승자투표권, 승마투표권 등의 발매금 총액의 10/100

11 지방교육세

지방교육세는 지방교육의 질적 향상에 필요한 지방교육재정의 확충에 소요되는 재원을 확보하기 위하여 부과하는 조세이다.

11.1 납세의무자

① 부동산, 기계장비자동차는 제외한다, 항공기 및 선박의 취득에 대한 취득세의 납세의무자

② 등록에 대한 등록면허세자동차에 대한 등록면허세는 제외한다의 납세의무자

③ 레저세의 납세의무자

④ 담배소비세의 납세의무자

⑤ 주민세 균등분의 납세의무자

⑥ 재산세의 납세의무자

⑦ 비영업용 승용자동차에 대한 자동차세국가, 지방자치단체 제외의 납세의무자

11.2 과세표준 및 세율

과세표준	세율
취득물건의 표준세율에서 20/1,000을 뺀 세율을 적용하여 산출한 세액	20/100
주택유상승계취득 : 해당 세율에 50/100을 곱한 세율을 적용하여 산출한 세액	20/100
납부하여야 할 등록면허세액	20/100
납부하여야 할 레저세액	40/100

과세표준	세율
납부하여야 할 담배소비세액	50/100
납부하여야 할 주민세 균등분 세액	10/100(인구 50만 명 이상 시의 경우 25/100)
납부하여야 할 재산세액	20/100
납부하여야 할 자동차세액	30/100

12 지방소득세

소득세법 제3조 및 제4조에 따른 거주자 또는 비거주자의 소득과 법인세법 제3조에 따른 내국법인 또는 외국법인의 소득에 따라 부과하는 세목으로서 개인지방소득세종합, 퇴직, 양도와 법인지방소득세각 사업연도의 소득, 청산소득, 양도소득로 구분한다.

12.1 납세의무자

① **개인지방소득세** : 소득세법에 따른 소득세의 납세의무가 있는 자

② **법인지방소득세** : 법인세법에 따른 법인세의 납세의무가 있는 자

12.2 과세기간 및 사업연도

① **개인지방소득세** : 소득세법 제5조에 따른 기간

② **법인지방소득세** : 법인세법 제6조부터 제8조까지에 따른 기간

③ **개인 · 법인 특별 징수분** : 원천징수하는 소득세 또는 법인세의 10/100에 해당하는 금액을 다음 달 10일까지 관할 자치단체에 납부

12.3 납기

① **법인세분** : 당해 사업연도 종료일부터 4월 이내

② **소득분** : 소득세 신고기간 만료일까지[소득세와 동시]

③ **특별징수분** : 매월분을 다음 달 10일까지 신고 · 납부

12.4 세율

구분	과세표준	세율
개인 지방 소득세	1천 2백만 원 이하	과세표준의 1,000분의 6
	1천 2백만 원 초과 4천 6백만 원 이하	7만 2천 원 + (1천 2백만 원을 초과하는 금액의 1,000분의 15)
	4천 6백만 원 초과 8천 8백만 원 이하	58만 2천 원 + (4천 6백만 원을 초과하는 금액의 1,000분의 24)
	8천 8백만 원 초과 3억 원 이하	159만 원 + (8천 8백만 원을 초과하는 금액의 1,000분의 35)
	3억 원 초과	901만 원 + (3억 원을 초과하는 금액의 1,000분의 38)
법인 지방 소득세	2억 원 이하	과세표준의 1,000분의 10
	2억 원 초과 200억 원 이하	200만 원 + (2억 원을 초과하는 금액의 1,000분의 20)
	200억 원 초과	3억 9천 8백만 원 + (200억 원을 초과하는 금액의 1,000분의 22)

주 : 개인·법인 지방소득세 표준세율의 100분의 50 범위에서 2017년 1월 1일부터 각 지자체 조례로 가감할 수 있다.

13 지역자원시설세

지하·해저자원, 관광자원, 수자원, 특수지형 등 지하자원의 보호 및 개발, 지역의 특수한 재난예방 등 안전관리사업 및 환경보호·개선사업, 기타 지역균형개발사업에 필요한 재원을 확보하기 위하여 부과하는 특정자원에 대한 지역자원시설세와 소방시설, 오물처리시설, 수리시설 및 그 밖의 공공시설에 필요한 비용을 충당하기 위하여 부과하는 특정부동산에 대한 지역자원시설세가 있다.

13.1 과세대상

① **특정자원**종전 지역개발세 : 발전용수, 지하수, 지하자원, 컨테이너, 원자력발전, 화력발전

② **특정부동산**종전 공동시설세 : 소방시설, 오물처리시설, 수리시설, 그 밖의 공공시설로 인하여 이익을 받는 자의 건축물, 선박 및 토지

13.2 납세의무자

① **발전용수** : 흐르는 물을 이용하여 직접 수력발전양수발전 제외을 하는 자

② **지하수** : 지하수를 개발하여 먹는 물로 제조 · 판매하거나 목욕용수로 활용하는 등 지하수를 이용하기 위하여 채수하는 자

③ **지하자원** : 지하자원을 채광하는 자

④ **컨테이너** : 컨테이너를 입항 · 출항시키는 자

⑤ **원자력발전** : 원자력을 이용하여 발전을 하는 자

⑥ **화력발전** : 석탄 · 석유 · 천연가스 등 화석연료를 이용하여 발전을 하는 자

⑦ **특정부동산** : 특정부동산의 소유자

13.3 과세표준과 세율

(1) 특정자원

① **발전용수** : 발전에 이용된 물 $10m^3$당 2원

② **지하수** : 먹는 물 m^3당 200원 · 온천수 m^3당 100원 · 기타 m^3당 20원

③ **지하자원** : 채광된 광물가액의 5/1,000

④ **컨테이너** : 컨테이너 1티이유당 15,000원

⑤ **원자력발전** : 발전량 킬로와트시당 1원

⑥ **화력발전** : 발전량 킬로와트시당 0.3원

(2) 특정부동산

과세표준	세율
600만 원 이하	4/10,000
600만 원 초과~1,300만 원 이하	2,400원 + 600만 원 초과금액의 5/10,000
1,300만 원 초과~2,600만 원 이하	5,900원 + 1,300만 원 초과금액의 6/10,000
2,600만 원 초과~3,900만 원 이하	13,700원 + 2,600만 원 초과금액의 8/10,000
3,900만 원 초과~6,400만 원 이하	24,100원 + 3,900만 원 초과금액의 10/10,000
6,400만 원 초과	49,100원 + 6,400만 원 초과금액의 12/10,000

(3) 중과세

① **화재위험건축물** : 저유장, 주유소, 백화점, 4층 이상 10층 이하 건축물은 2배 중과

② **대형화재위험건축물** : 대형마트, 복합상영관, 백화점, 호텔, 11층 이상 건축물은 3배 중과

(4) 소액징수면제

지역자원시설세로 징수할 세액이 고지서 1장당 2,000원 미만인 경우에는 그 지역자원시설세를 징수하지 아니한다.

14 지방소비세

14.1 개요

지역경제 활성화 및 지방재정 확충을 위하여 국세인 부가가치세의 일부가 지방세로 전환된 세금을 말한다.

14.2 납세의무자

① 부가가치세의 납세의무자

② 사업상 독립적으로 재화 또는 용역을 공급하는 자

③ 재화를 수입하는 자

14.3 납세지와 특별징수의무자

① **납세지** : 부가가치세 신고·납부 사업장 소재지

② **특별징수의무자** : 납세지를 관할하는 세무서장 또는 재화의 수입에 대한 부가가치세를 징수하는 세관장

14.4 과세표준 및 세율

① **과세표준** : 부가가치세 납부세액 – 감면세액 및 공제세액 + 가산세

② **세율** : 11/100

14.5 납입 및 안분 방법

① **납입** : 특별징수의무자가 다음 달 20일까지 납입관리자서울특별시장에게 납입

② **안분** : 납입관리자서울특별시장는 납입받은 날로부터 5일 이내에 해당 도에 안분

이영환 계명대학교 교수

김혜진 계명대학교 교수

구자관 계명대학교 강사

생활과 세금

초판 1쇄 인쇄 2023년 3월 6일

초판 1쇄 발행 2023년 3월 13일

지은이 이영환 · 김혜진 · 구자관

펴낸이 박기남

펴낸곳 **율곡출판사**

08590 서울시 금천구 가산디지털1로 84(에이스하이엔드 8차), 803호

전화 (代) 02) 718-9872/3

팩스 02) 718-9874

홈페이지 http://www.yulgokbooks.co.kr

이메일 yulgokbook@naver.com

등록 1989.11.10. 제2014-000031호

ISBN 979-11-91812-42-8 93320

정가 27,000원